조선시대의 **언론연구** 言論

조선시대의 언론연구
言 論

김영재

민 속 원

金弘道, 「그림보기」, 『金弘道 風俗圖帖』, 18세기 후반, 종이에 수묵담채, 28.0cm×23.5cm, 국립중앙박물관 소장

4

머리말

나는 언론인이다. 그것도 말석을 겨우 지켰던 지방의 한 무명언론인에 불과하다. 그러나 아직도 '언론'이라는 말만 들어도 가슴 펄떡이는 애정을 지녔다. 그래서인지 현직 언론인도, 언론학자도 아니면서 언론을 떠나지 못하고, 그 주위를 맴돈다. 그것은 내가 언론인 생활을 변두리 언론에서, 일천하게 밖에 하지 못한 탓으로 언론에 대한 아련한 향수와 짙은 회한이 남아있기 때문이 아닌가 한다.

내가 언론을 떠나지 못하는 또다른 이유는 언론을 통해 사회변혁을 꿈꾸기 때문이기도 하다. 언론은 사회변동에서 가장 큰 영향력을 발휘하는 매체이자 제도이다. 나는 언론을 통해 황금만능주의・기회주의・연고주의・출세주의・영달주의・개인주의・가족주의・학력주의・외모주의・형식주의・획일주의・권력지향주의・천박한 상업적 물신자본주의 등등이 지배하는 우리 사회를 해방시키고자 한다.

우리 사회는 문화적・철학적으로 파산일보직전이다. 나는 21세기 디지털 사회를 살아가는 한국·한국인의 사상적 지표로 '선비'와 '선비정신'을 그 대안으로 천착해왔다. 도대체 선비는 누구이며, 선비정신이란 무엇인가에서 비롯된 나의 관심은 그들의 언론관을 접하는 순간 가슴이 멎는 문화적 충격을 받았다. "하늘이 두 쪽 나고 목에 칼이 들어와도 반드시 할 말은 다하는" 선비의 기개와, "결코 얼어 죽을지언정 곁불은 쬐지 않는다"는 양반들의 꼬장꼬장한 자존심에서 나는 '유학언론인儒學言論人'의 엄격한 언론정신을 보았다. 그것은 현대의 언론인들이 지녀야 할 가치관으로 내게 다가왔다.

우리가 조선시대의 언론을 간과할 수 없는 것은 한국언론의 정신적 자양분이자 토양이기 때문이다. 조선시대의 언론사상과 언론정신은 역사에 의해 박제된 것이 아니라 오늘날에도 면면히 이어져 한국언론에 직접적인 영향을 미치고 있다. 가령 지사형 기자가 시대적 언론인으로 대두되는 것이라든지, 자유분방한 근무풍토 등이다.

한국언론학계는 조선시대의 언론을 외면하고 현학적이고 이론적인 서구언론학 위주의 커뮤니케이션론이 지배해왔다. 물론 독일언론학의 정교하고도 사려 깊은 분석이론과 미국언론학의 실천적 저널리즘이 전혀 필요 없다는 말은 아니다. 하지만 그것이 이 땅을 딛고 사는 우리 사회, 우리 언론에 얼마만큼 실질적인 방향을 제시하고, 발전의 틀을 다졌는지에 대해서는 의문이다. 서양언론철학은 줄줄 꿰면서도 조선시대의 언론사상은 외면하고 천시하는 한국언론학은 우리 언론학을 공리공담에 빠져 현학적인 논쟁과 지식의 나열로 소일하는 '허학虛學'으로 전락시켰다.

서구언론학은 한국·한국인을 위한 언론에 그 목적이 있는 것이 아니라, 그들의 사상과 제도를 위한 언론이론이자 언론사상이다. 그렇다고 서구언론학이 전혀 쓸모가 없다는 말은 아니다. 서구언론학도 소중히 천착하고 궁구하여야 할 학문임에는 틀림없다.

한국의 언론·언론인이 서양제국주의의 이론과 형식, 그 사상을 일방적으로 추종하고 맹종할 때, 민족의 주체성과 정체성을 지닌 학문과 제도가 성장할 수 없음은 상식이다. 그 학문은 또한 아무리 뛰어나다 할지라도 '흉내' 내기에 급급한 '아류'밖에 되지 않는다. 우리는 그동안 '근대화'란 미명하에 우리의 것을 죄다 내다 버리고 서양의 '아류'를 '하느님'처럼 숭배해 왔다.

이러한 현실에서 '조선시대의 언론' 연구는 민족언론학의 첫걸음을 놓는 주춧돌이라 할 수 있다. 정치의 본질을 백성들의 삶에 뒀던 공론철학公論哲學과, 엄격한 자기 절제를 행동으로 실천했던 검박한 유교언론儒教言論의 사상과 정신은 한국언론·언론학의 뿌리이자 생명의 원천이다. 이는 또한 결코 서양언론학의 어느 이론과 정신에도 뒤지지 않는 자긍심을 지닐만한 민족언론학의 콘텐츠다.

나는 이 책의 발간을 계기로 한국언론학계에서 조선시대의 언론에 대해 본격적인 논의와 연구가 진행될 것을 기대한다. 동시에 조선시대 제도언론의 관원언론이었건, 재야의 선비언론이었건 시대를 치열하게 살았던 행동하는 선비정신에서 현대 언론인들은 기자정신을 다잡을 것을 당부하고자 한다. 상업적 기회주의에 물든 한국언론은 위민언론·민본언론의 구현이라는 조선시대 유교언론의 본질을 되살려 사익私益·사익社益보다는 공익을, 국가를, 민족의 이익을 담보하는 자유언론으로 거듭나야 할 것이다. 여기에 조선시대의 언론을 탐구하여야 하는 중요성이 있다.

이 책의 초판이었던 『조선시대의 언론문화』는 내가 '한국문화 원류의 탐구'로서 선비를 공부하는 과정에서 태어났다. 그러나 서둘러 펴낸 탓으로 조선시대 언론개론서라는 체계에 있어서 미흡했다. 이에 아직

도 많이 부족하나마 새롭게 다듬고 편제를 바로잡아 『조선시대의 언론
연구』라는 새 이름하에 전면개정판을 내기에 이르렀다.

그러나 미리 말하면 이 책은 그다지 창의성을 담고 있지 못하다. 기
존의 역사학계나 언론학계에서 부분별로 천착된 선학先學들의 연구물
을 조각조각 하나로 모아 조선시대의 언론을 그리고 있다. 이를 굳이
말한다면 '술이부작述而不作'이라 하겠다. 그것은 근본적으로 내가 언론
학박사가 아니라 언론유학言論幼學인 탓이다. 그런 의미에서 내가 서구
언론학이 어떻고, 민족언론학을 운운한다는 것은 시건방지고 주제넘은
짓임이 분명하다. 한국언론과 언론학계, 독자들에게 미안한 마음 금할
수 없다.

아무튼 이 책은 전적으로 나의 몫이었다. 이 책의 초판이었던 『조선
시대의 언론문화』에서 공저자로 참여하면서 서툰 원고를 읽어보고, 틀
린 곳을 바로잡아주었으며, 나아가 책 전체의 얼개고리를 엮어주었던
김세철 교수가 이번에는 함께 하지 못했다. 김교수는 올해 계명대학교
신문방송학과에서 정년퇴임 했다. 이 책의 후기에 『조선시대의 언론문
화』 머리말을 담아 그와의 공저 추억을 이어가고자 한다.

독자 여러분들의 많은 지도와 가르침을 기다리며, 모자라는 부분은
후일 다시 개정판을 통해 또 하나하나 메워갈 것임을 밝혀둔다. 이 책
을 출간해준 민속원에 사의를 표한다. 아울러 책을 보기 좋게 꾸며준
편집진의 노고에도 따뜻한 마음을 전한다.

하늘 연 해 4343년 12월
대덕산 매자골에서
언론유학 김영재 씀.

차례

표 · 그림 차례

조선시대의 언론연구

제1장 서론

서론

1. 문제의 제기

인간은 오랫동안 삶의 환경에 적응해 가는 과정에서 시대와 상황, 지역에 따라 나름대로의 독특한 적응 방식을 만들어 냈으며, 그 상이한 차이에 따라 다양한 문화의 형태를 창조해왔다. 때론 부분적으로 고립되고 단절되기도 했지만, 대체적으로 상호 밀접한 관계를 유지하면서 하나의 동질적인 문화 유형을 이루었다. 한 나라의 문화가 지닌 자주성은 결국 각 시대의 독창적인 문화 요소와 개별성이 응집되어 나타나는 역사적인 현상이다.

문화는 학자들의 관점에 따라 아주 다양하게 정의된다. 대체로 인간의 사회적 유산으로서 인간 생활양식의 전체로 보는 인류학적인 광의의 정의와, 정치·경제·사회 등과 동등한 개념으로 분류해서 협의로 인식하려는 사회학적인 협의의 정의로 나누어 볼 수 있다. 이 책에서는 문화를 인간의 지식·신앙·예술·법·도덕·관습, 기타 인간이 사회 성원으로서 습득한 여러 가지 능력과 습관의 복합체라고 인류학적으로 규정하고자 한다. 문화는 인간의 사회적 유산으로서 언어, 지식, 이념, 감정, 기술, 기타 행동 등을 포함하는 인간의 전체적인 생활양식이다.

이러한 문화는 절대 가치로 고착된 것이 아니라 시대와 상황에 따라 그 모습을 달리해 왔다. 즉 문화는 그가 속한 사회 속에서 학습되고 축적되어 계속적으로 변천되어 왔으며, 오늘날에는 교통수단의 발달과 특히 대중매체를 통한 정보유통의 가속화로 그 변동의 폭이 급속히 넓어지고 매우 빨라지면서 동시에 다양하게 나타난다.

우리는 문화의 의미와 더불어 언론의 중요성을 올바르게 이해할 필요가 있다. 역사적으로 인쇄술의 발명은 지식과 교육의 보편화를 가져왔다. 사회혁명을 거쳐 인간 중심의 문화가 정착되고 유지·발전되어 왔다고 한다면, 이와 같은 변화의 과정에서 필요한 정보를 담아 나르는 언론매체의 발달은 필연적인 결과였다. 말과 글, 활자매체와 전파매체를 거쳐 오늘날 새로운 전자매체의 출현은 인간에게 새로운 시대의 전개를 예고한다. 이렇게 인간의 역사 속에서 각 시대는 나름대로의 필요에 따라 언론의 기능과 역할을 규정했고, 그 속에서 독자적인 언론제도와 언론사상, 언론정신이 어우러져 독특한 언론문화를 만들어 냈다.

하나의 집단이나 조직, 나아가서는 국가 사회에 이르기까지 나름대로의 체계가 성립되고, 그것을 유지·발전하려면 무엇보다 그 체계를 구성하는 제반 요인들을 강력하게 통합시키고, 체계의 내적 모순과 외적 도전에 효과적으로 대응할 수 있는 그 체계 특유의 커뮤니케이션 양식이 필연적으로 요구된다. 여기에서 체계란 사람들의 단순한 집합을 의미하는 것이 아니라 그들이 만들어 낸 일정한 유형의 제도들이 상호 유기적으로 연결되어 만든 관계의 집합이다. 사회 체계를 구성하는 개인과 개인, 제도와 제도의 상호관계를 촉진시키는 가장 기본적인 수단이 커뮤니케이션이다.[1]

커뮤니케이션은 인간 사회의 발생과 그 역사를 같이해 온 매우 오래된 현상이다. 사람들이 어울려 사는 곳이면 언제 어디서나 커뮤니케이션 현상이 있었으며, 이를 지칭하는 개념도 시대와 지역에 따라 매우 다양하게 정의된다. 우리는 커뮤니케이션의 개념을 소개할 때 아리스토텔레스Aristoteles의 『수사학修辭學(rhetoric)』에서 시작하여 서양적인 현실에서 인식하고, 또 서양적인 시각에서 세워놓은 분석 틀에서 우리 언론 현상을 재단한다. 특히 사회과학에서 보편성과 특수성의 문제는 이론적인 분석 차원과 관련된 문제이다. 동양이나 한국의 문제를 서양의 이론으로는 설명할 수 없다는 특수성의 논리는 차라리 한정된 범위에서나마 여러 분야에서의 연구를 통한 접근이 더욱 중요하다고 이해하는 것을 의미한다. 그러므로 우리 커뮤니케이션 현상을 동양적인 인식 틀에서 해명해 보려는 시도는 나름대로의 의미가 있다 하겠다.[2]

이와 같은 관점에서 어느 시대든 그 시대의 인간과 사회, 커뮤니케이션[言論]의 관계는 상호간의 이념이나 이해의 상관속에서 이루어지는 하나의 역사과정이라고 말할 수 있다. 이 책에서 논하는 조선시대 역시 하나의 역사과정 속에서 파악할 수 있으며, 더구나 조선시대의 독특한 언론문화의 자주성 또한 그 역사 과정 속에서 나타난 하나의 존재 양식으로서 이해되어야 한다.

그렇다면 조선시대의 사회가 만들어 낸 언론문화의 양식은 어떠하

1   목정균, 『조선전기 제도언론 연구』(고려대학교 민족문화연구소, 1985), 1쪽.
2   오인환, 「한비자와 설득커뮤니케이션」, 『언론사회문화』 창간호(연세대학교 신문방송학과, 1991), 17쪽.

며, 그것은 우리에게 어떤 의미를 주고 있는가 하는 점이다. 현대사회의 언론문화는 흔히 권력으로부터 독립된 민주적인 언론이라고 한다. 자본주의 사회에서의 언론이란 대체로 자본과 광고로부터 결코 자유로울 수 없는 상업적 기회주의 언론이다. 미국을 중심으로 한 상업주의적인 현대언론은 그럼에도 대체로 민주주의적인 공익성을 지켜가고 있다. 그것은 미국언론에 종사하는 언론인들이 공공저널리즘의 정신을 언론활동에서 구현하고 있기에 가능하다.

오늘날 한국언론은 권위주의적인 시대에 비해서는 많이 민주적이고 자유스러워졌지만, 공기公器로서의 역할을 다하고 있느냐 하면 의문이 아닐 수 없다. 그 원인은 어디에 있는가? 우리는 이 물음에 간단하게 대답할 수 없다. 이제 그 원인의 하나를 역사 속에서 찾아보고 이해하려고 한다. 그러기 위해선 먼저 역사부터 바르게 인식하고 이해하여야 한다.

도대체 역사란 무엇인가? 카아Edward H. Carr는 "역사란 과거와 현재, 그리고 미래와의 끊임없는 대화"라고 했다. 역사란 역사적 사실만을 단순하게 단편적으로 나열한 것이 아니라 사실과 사실 사이의 연관성을 그 전후 관계에서 탐구하고 그 의미를 부여하는 동시에, 그 연관성을 역사를 기록하는 사람이 살고 있는 당시의 현재적인 문제와 연결시키는 것을 말한다.[3]

『사기史記』를 저술한 사마천司馬遷은 역사를 "하늘[天]과 인간의 관계를 규명하여 옛날과 오늘[古今]의 변화를 밝히고, 그것이 고금의 인간세계에 어떻게 작용하였는가를 통찰하는 학문"이라고 했다. 허신許愼의 『설문해자說文解字』에서는 사史를 "史 記事者也 從手持中 中正也"라 하

---

3   고려대학교 사학과 교수실 편, 『역사란 무엇인가』(고려대학교 출판부, 1979), 8~9쪽.

여, 모름지기 역사가는 역사를 기록함에 있어 공평하여야 한다고 하여 역사를 보는 인생관과 역사가의 정신을 풀어냈다.

우리는 역사를 흔히 지나간 시대의 한 장면으로 가볍게 취급한다. 오늘이라는 현재는 독립된 것이 아니라 유구하게 흘러 온 어제라는 역사와의 유기적인 관계 맺음 속에서 이루어졌으며, 앞으로도 또 그렇게 이어져 미래를 만들어 간다. 즉 과거, 현재, 미래는 우리 인간사에서 톱니바퀴처럼 서로 맞물려 있다. 과거를 보면 현재를 알 수 있고, 현재를 정확하게 진단하면 미래를 알 수 있다. 조선시대와 현대사회가 무관하지 않는 까닭이 여기에 있다.[4] 따라서 역사를 통해 과거와 현재를 연결시키고, 그 속에서 발견된 의미와 역사적인 판단을 통해 미래와도 대화를 나눌 수 있게 된다. 비록 시간과 공간을 달리하는 시대에 살고 있다 하더라도 오늘을 이해하고 미래를 전망하는 지혜를 발견할 수 있는 능력을 생활화하기 위해 역사를 배운다.

역사가 왜곡되어 기술된다면 오늘을 이해할 수도 없을 뿐만 아니라 미래를 정확하게 예측할 수도 없다. 역사의 기록이 가진 자나 기득권층의 전유물로만 전락할 때 진실은 실종된다. 그러므로 역사를 기록하는 사람은 오로지 사실과 정의에 바탕한 공정한 정신으로 역사를 기록해야 한다. 역사는 그 시대를 비추는 거울이다. 거울에 때가 끼고 흐릿하면 그 시대를 바르게 비추지 못하는 것은 상식이다. 오늘의 역사를 기록하는 언론이 역사정신을 생각해야 하는 까닭이다. 더구나 기술된 역사를 올바르게 분석하고 이해하는 작업은 매우 중요하다. 이 책에서는 이제까지 다양한 형태로 흩어져서 전체적인 모양새를 갖추지 못하고 있는 조선시대의 언론제도와 언론사상, 언론정신까지를 언론문화라는

4   김영률, 『상소문』(어문각, 1984), 2쪽.

그릇 속에 담아 간추려 보고자 한다.

역사는 수구적인 반동, 보수세력과 개혁, 진보세력이 끝없이 이어지는 도전과 응전을 통해 새로운 미래로 이어진다. 결국 역사란 끊임없이 변하는 것이지만 그러한 변화의 과정 속에서도 항상 지속성을 갖는 본질적인 내용을 살펴보려는 노력이 역사를 연구하는 근본 취지라 할 수 있다. 이 글에서는 조선시대의 언론을 통해 오늘의 문제를 새롭게 인식하고 대처해 현대언론이 지닌 모순을 극복해보려고 했다. 또한 21세기 유비쿼터스 시대로 접어드는 길목에서 한국언론의 언론정신과 언론사상을 정립함으로써 민족혼을 지닌 한국언론학의 '노둣돌'을 세우고자 한다.

2. 연구의 목적

이 연구의 최종적 목적은 조선시대의 언론을 통한 현대언론의 바로보기이다. 즉 철학적·사상적으로 조선시대의 언론을 반면 거울로 삼아 21세기 한국언론만이 지닌 특성을 정립하자는 것이다. 조선시대의 언론은 유교라는 사회적 가치관을 기본바탕으로 성립한다. 따라서 조선시대의 언론을 얘기하기 위해선 유교문화에 대한 이해가 전제되어야 한다.

무릇 세계의 모든 고등종교가 개인적인 것에 비해 유교는 사회적인 종교다. 개개인의 해탈이나 행복보다는 자기 자신을 닦음으로 인해 공동체와 더불어 살아가는 삶을 추구한다. 정약용丁若鏞은 『여유당전서與猶堂全書』의 「속유론」에서 "참된 유학은 본래 나라를 다스리고, 백성을 편안케 하며, 오랑캐를 물리치고, 재정을 풍족하게 하고, 문무에 정통하여 무엇이든지 담당할 수 있도록 하기 위한 것이다. 어찌 자구나 문장만을 취급하고, 벌레나 물고기를 주석하는 것만을 일삼으며, 소매 넓은 옷을 입고 두 손 모아 인사하는 것만을 익힐 것인가."[5]라고 하여 유교가 실생활에 바탕을 둔 것임을 역설했다.

따라서 유교는 사회적인 속성을 지닌 커뮤니케이션을 지향한다고 할 수 있다. 특히 국가의 통치이념으로 도입된 조선조의 유교는 더더욱 그러하다. 저널리즘이 사회라는 토양에서 벗어나 존재할 수 없는 것이라면 조선시대의 언론 또한 유교라는 종교적·사상적·문화적 이데올로기 범주에서 자유롭지 못하다.

공자孔子에 의하면 "자기가 원하는 것을 남에게 베풀라는 것은 어진 이[仁者]가 되기 위한 적극적인 실천 방법[忠]이며, 자기가 원하지 않는 것을 남에게 베풀지 말라는 것은 소극적인 실천 방법[恕]인데, 이 두 가지를 모두 실천하는 것이 '충서의 원리'를 완전하게 구현하는 길"이라 했다. 자신을 기준으로 자기의 행위를 가다듬는 '충서의 도'는 인간 도덕 생활의 시작이요 끝막음이라 할 만큼 중요한 유교의 실천 덕목으로서 민본·위민하는 구체적 방법으로 차용되었던 것이다.

공자의 이러한 인생관은 조선시대의 제도언론이 수행해야 할 사명에서도 보다 선명히 드러난다. 특히 맹자孟子의 언론사상은 공자에 비해 더 적극성을 띤다. 맹자의 언론사상은 도를 깨우치기 위한 교화언론敎化言論과, 말이 실천되어 백성을 위한 것이 되도록 하기 위해 집권자에게 행하는 왕도언론王道言論으로 요약할 수 있다.[6]

---

5   註釋한다는 것은 낱말이나 문장을 쉽게 풀이하는 것을 말하는데 여기서는 쓸데없는 空理空論에 사로잡혀 있음을 뜻한다.
6   이규완, 「맹자의 교화언론과 왕도언론사상」, 『언론사회문화』 창간호(연세대학교 신문방송학과, 1991), 107쪽.

맹자는 '성인은 어디까지나 세상의 스승이고 깨달은 사람은 백성을 교화해야 할 의무가 있다고 보았다. 이 같이 가르치는 사람은 뜻한 대로 결과를 얻지 못할 때 그 원인을 밖에서 찾지 말고 가르치는 사람 스스로 자신에게 잘못이 없는지를 반성해야 한대聖人百世之師 先覺者覺斯民 行有不得 反求諸己]'는 것이 맹자의 교화언론 사상이다.

교화언론에서 중요한 것은 말하는 사람의 자질이다. 맹자는 인자한 사람만이 말을 할 수 있다고 하여 가르치는 사람의 중요성을 강조했다. "군자의 덕은 바람이고 소인의 덕은 풀이니 풀은 바람이 그 위로 불어오면 반드시 눕게 마련이다."[7]라고 하여 가르치는 사람이 올바르면 배우는 사람은 그에 따르기 마련이라고 했다. "군자는 예 아닌 예와 의 아닌 의를 행하지 않는다."[8]는 군자의 덕목에 기초한다면 배우는 사람은 자연히 따른다는 것이다.

세상의 가르침이 잘못되는 것은 많은 경우 가르치는 사람이 군자가 아니기 때문인데 맹자는 그 이유를 "사람들이 남의 스승 노릇하기를 좋아하기 때문"[9]이라고 지적했다. 자신이 도를 알지 못하면서 남을 가르치려 하는데 문제가 있다는 것이다. 맹자는 "자신이 도리에 맞게 굴지 않으면 처자에게도 통하지 않고, 사람을 부리는 데 도리에 맞지 않으면 처자도 움직이지 못한다."[10]고 역설했다. 이렇게 본다면 도를 알지 못하는 사람은 다른 사람을 가르칠 수 없다는 것이 너무나 자명한 사실이 된다. 교화의 성공 여부는 가르치는 사람에 달려 있다. 그러므로 만약 가르침에 있어서 기대한 결과가 나타나지 않을 때는 가르치는 사

---

7   『孟子』, 騰文公章句 上: "君子之德風也, 小人之德草也, 草上之風必偃."
8   『孟子』, 離婁章句 下: "非禮之禮, 非義之義, 大人不爲."
9   『孟子』, 離婁章句 下: "人之患, 在好爲人師."
10 『孟子』, 盡心章句 下: "身不行道, 不行於妻子, 使人不以道, 不能行於妻子."

람 자신이 먼저 반성해야 된다는 것이다.[11]

대체로 조선시대의 유교언론이 21세기의 한국언론에 전하고자 하는 메시지는 이와 같은 사회성이라 할 수 있다. 우리는 검소하고 소박했던 조선시대의 유교언론에서 기회주의적 상업주의에 찌든 한국언론의 개혁과 탈출구를 본다. 조선시대의 유교언론은 그것이 비록 일부 지식인층의 전유물이었으며, 또한 관료기구에 속한 제도언론이라 할지라도 그 사상적 바탕에는 민본사상民本思想에 기반한 위민언론爲民言論이라는 확고한 신념이 있었다.

물론 제도언론으로서의 대간언론은 조선조 중·후기를 지나면서 당쟁의 도구로 전락해 언론정신을 훼손했지만, 재야선비들의 상소언론이 커뮤니케이션제도로 엄연히 살아있어 제도언론이 수행하지 못했던 언론의 역할을 다했다. 뿐만 아니라 최후의 보루로 사관제도가 언론의 기능을 상실한 제도언론을 대신했다. 조선시대의 언론은 어떠한 경우에도 이중삼중의 안전장치를 갖추고 있어, 언론에 부여된 사명을 수행할 수 있었다고 할 것이다.

언론산업이 사람사업임을 감안하면 결국은 언론에 종사했던 사람의 문제로 되돌아온다. 조선시대의 선비, 즉 언론인들이 지녔던 정론·공론은 반드시 관철한다는 공자와 맹자의 언론사상에서는 현대의 기자정신을 도출할 수 있다. "하늘이 두 쪽 나고, 목에 칼이 들어와도 반드시 할 말은 다 한다."는 조선시대 언관들의 언론정신은 권·재·언 유착에 찌든 현대언론의 자화상에 비추면 너무나 선명한 맑은 정신으로 떠오른다. 맹자는 "의를 좇지 않고, 어찌 이를 좇는가."[12]라고 하여 언론인

---

11 이규완, 앞의 글(1991), 108쪽.
12 『孟子』, 梁惠王章句 上: "王何必曰利? 亦有仁義而己矣."

이 지녀야 할 마음가짐을 표현했다. 그것은 다름 아닌 기자정신이다.

21세기 현대의 한국언론이 조선시대의 언론을 통해 진솔하게 배울 점은 위민·민본을 골간으로 했던 언론개혁사상이라 할 수 있다. 여기에 이 책의 연구 목적이 집약돼 있다.

3. 연구방법과 내용

이 연구는 조선시대 언론문화를 이해하기 위해서 이미 문제의 제기에서 언급했던 대로 문화를 '인간의 전체적인 생활양식'으로 정의하고, 통합적인 방법으로 조선시대 유교문화의 주역이었던 언론주체[선비]들을 중심으로 그들의 언행을 분석해 봄으로써 조선시대의 언론문화를 이해하려고 하였다. 이를 위해 제반 언론문화 현상을 언론제도나 언론사상, 언론 주체들의 언론정신까지 아울러서 살펴보고자 한다.

먼저 조선시대 언론의 주체였던 선비라는 개념부터 개괄한다. 선비는 조선시대를 대표하는 지성인으로서, 사·농·공·상의 계급적 의미가 아니라 인격적 개념이다. 선비는 학문이 깊고 언행이 신중하며 행동거지가 바른 것 등 선비로서의 갖춰야 할 요건만 갖추었다면 누구나 선비로 인정되었다. 양반이건 양민이건, 재조在朝에 있는 관료이건 재야에 묻혀 있는 산림처사山林處士이건 간에 누구나 학문과 도덕성을 겸비하면 선비가 될 수 있었다. 선비의 기준은 학문과 도덕을 두루 갖춘 전인적 인물로서 특히 유교이념을 구현하는가 이었다. 선비는 자신이 배우고 깨우친 '앎'을 '지식'이라는 형이상학적인 관념의 틀 안에만 가

두어 두는 것이 아니라 민중을 위해 실생활에서 쓰는 사람들이었다.

선비는 관직에 나가면 임금을 도와 정치를 담당하고, 물러나면 사림에 은거해 도道를 강론하여 실천하는 임무를 수행했으며, 유교적 도덕규범을 모범으로 대중을 교화하는 사회적 책임을 졌다. 선비는 역사에 대해 지식인의 명예를 지니고 있었다. 유교의 성리학性理學을 국가의 통치 이념과 최고의 가치관으로 삼았던 선비들은 인생에 대해 '춘추의 역사'를 인식했다. 이는 인간 존재의 실존을 어떻게 할 것인가 하는 본질적인 문제였다.

이를테면 불교와 기독교에서는 영혼의 존재를 종교적으로 전제한다. 즉 인간의 몸은 죽어서도 죽지 않고 또다른 세계로 갈 뿐이라는 것이다. 그러나 유가나 도가에서는 인간이 죽으면 그 영혼은 서서히 소멸된다고 보았다. 주희朱熹는 『주자어류朱子語類』에서 죽은 인간의 영혼은 딴 세상으로 가는 것이 아니라 천지만물의 허공으로 흩어져 소멸된다고 하였으며,[13] 공자는 자로子路가 죽음에 대해서 묻자 "사는 것도 알지 못하는데 어찌 죽음을 알겠는가."라고 대답하였고, 신에 대해서는 "사람도 섬기지 못하면서 어찌 신을 섬기겠는가." 하여 절대신神과 사후 세계를 부정했다.[14] 불자와 기독교인들은 삶의 기준을 사후 세계에 두

---

13 『朱子語類』, 鬼神章: "하늘의 道가 流行하여 만물을 기르는데, 理致가 있은 뒤에 氣運이 있다. 비록 동시에 모두 존재하지만 반드시 이치가 중심이 되며, 사람은 그것을 얻어서 태어난다. 맑은 기운이 氣가 되고 탁한 기운이 質이 된다. 지각하고 움직이는 것은 陽의 기운이 작용한 것이고, 몸의 형체는 陰의 기운이 작용한 것이다. 기를 魂이라 하고, 체를 魄이라 한다. 사람에게 주어진 기운이 다 소진하면 魂氣는 하늘로 돌아가고, 形魄은 땅으로 돌아가서 죽음에 이른다. 죽음에 임박했을 때 따뜻한 기운이 위로 나가는 것을 혼이 올라간다고 말하고, 하체가 점점 차가워지는 것을 백이 내려간다고 말한다. 무릇 모이고 흩어지는 것이 기운이다. 이치의 경우는 단지 기운에 머물기만 하지, 처음부터 응결하여 스스로 어떤 것이 되지는 않는다. 사람은 비록 죽어서 결국 흩어져버리지만, 또한 즉시 흩어져 없어지지 않고 완전히 흩어지는 데는 3년 정도 소요되므로, 후손은 죽은 조상을 추모하는 의례인 3년상의 제사를 지낸다. 그후 흩어진 것은 다시 모이지 않는다."

14 『論語』, 先進篇: "未能事人 焉能事鬼, 未知生 焉知死."

어 부처님과 하나님을 경계 삼고 인생의 나침반으로 삼아 공덕을 쌓아서 죽은 뒤 극락세계와 천당에 가기 위해 살았다면, 이를 본질적으로 부정했던 조선시대의 선비들은 '춘추'와 '역사'를 자신의 부처님과 하나님으로 삼고 살았던 것이다. 불교도들은 윤회라는 굴레를 통해 이어지는 삶을 산다고 한다. 그러나 유교에서는 장자가 대를 잇는 가통家統에 의해 그 삶을 면면히 잇는다고 생각했듯이 선비들은 자신의 이름 석자를 역사라는 멍에에 의해 이어왔던 것이다.

이와 같이 선비들의 삶은 곧 춘추의 역사를 현실에서 구현하는 것이었다. 그들은 이를 공론公論이라는 언론제도를 통해 이루고자 했다. 조선시대의 언론인들은 모름지기 역사와 사회의 흐름인 패러다임을 신속히 파악해, 그 패러다임이 어떤 현상으로 나타나기 전에 기상청에서 날씨를 예보하듯 역사의 방향과 사회의 흐름을 국왕과 백성들에게 메시지화했다. 그러기 위해서는 불확실한 시대에 언론의 정체성인 감시와 비판의 정신을 소중한 가보처럼 간직하고 이를 늘 정의롭게 사용했다.

예컨대 조선조 사회에서는 사간원司諫院 선비들이 소임을 다하지 못할 때 늘 문제점이 생겨났다. 언로가 막히면 국정에 동맥경화증이 생기고, 심각한 부작용을 낳았다. 이는 지금도 마찬가지이다. 언론이 제 구실을 다하지 못할 때 정치는 왜곡되고, 국론은 허공을 맴돌기 마련이다. 언론인이라는 지성인의 길을 택한 이상 아무리 힘들고 어려운 길이라 할지라도 그 짐을 마다할 수 없다. 어느 시대든 지성인의 길은 형극의 길이 더 많다. 지성인의 양어깨에 매달린 그 짐이 무거우면 무거울수록 그 나라와 민중에게 돌아가는 열매가 크다.

조선시대에 관한 역사적인 연구는 많다. 언론제도나 언론사상을 단편적으로 다룬 연구도 몇 편 있다. 그러나 조선시대를 통시적으로 하여 제반 언론현상을 포괄적으로 다룬 언론문화에 관한 연구는 거의 없다.

또한 왕조실록을 통해서 각 시대마다 나타나는 언론활동을 체계적으로 분석하여 이론적인 틀을 만드는 작업은 더욱 드물다. 대체로 조선시대의 언론에 관한 연구는 주로 국사학계에서 다룬 대간제도를 위시한 제도언론에 관한 연구가 대부분이며, 언론학계의 한국언론사 연구에서 부분적으로 다루어졌다. 이처럼 우리나라 전통사회의 언론에 관한 연구는 아직도 매우 부족하다. 따라서 오늘날 한국언론의 사상적 원류를 탐색하는 작업은 무엇보다 중요하다고 할 수 있다.[15]

이 연구에서는 조선시대의 언론문화를 논구論究해 봄으로써 우리 언론의 전통과 언론철학을 정립해 나가는 데 기여해 보고자 했다. 이를 위해 조선시대 언론 주체들의 사관과 언론관을 언론제도와 언론사상적 측면에서뿐만 아니라, 사림의 언론행위를 분석해 봄으로써 조선시대의 유교문화를 성립하고 주도적으로 유지·발전시켜 온 언론문화를 이해하려고 하였다. 이러한 관점에서 이 연구는 전체 6장으로 구성되어 있으며, 서론과 결론 부분을 뺀 각 부분의 내용을 간략하게 요약하면 다음과 같다.

제2장에서는 '글의 문화'로 일컫는 유교적 커뮤니케이션[儒敎言論]의 특성을 올바르게 이해하기 위해서 공맹孔孟(공자와 맹자)의 사상과 실천 방법에 대한 연구의 필요성을 강조했다. 아울러 조선시대 언론의 주체였던 선비가 누구인지 선비의 실체와 선비정신을 천착했다.

제3장 '조선시대의 제도언론'에서는 조선조의 규범적이고 가치 지향적인 대간언론을 중심으로 그 구성과 성립 과정 등을 살펴보고, 또 그당시 영향력을 행사했던 언론매체와 언론제도의 특성을 알아보았다. 특히 조선조를 통해 언론 활동이 가장 활발했던 중종조의 '폐비신씨복

---

15 목정균, 앞의 책(1985), 13쪽.

위상소사건'을 중심으로 그 당시 전개되었던 제도언론의 실제적인 기능을 가늠해 보았다.

제4장 조선시대의 재야언론에서는 재야언론의 대표적인 매체로 식자층은 '상소上疏'와 상소문에 나타나는 선비들의 언론관을, 백성들은 '민중언로'를 통해 어떻게 언론행위를 전개했으며, 또 그 의미는 무엇인지를 본격적으로 살펴본다.

제5장에서는 '조선시대의 언론사상과 정신'을 다루었는데, 선비들의 '언로광개'의 말길사상을 본질적으로 이해하려고 노력하였으며, 조선조를 통해 유교적인 언론문화의 핵심 이념으로 확고하게 형성된 '공론'의 의미와 공론정치의 원리를 파악해 보았다. 한편 조선조를 관통하여 면면하게 이어 온 유교적인 이념을 말과 행동으로 실천한 김종직, 조광조, 조식, 최익현 등을 선택하여 그들의 언론정신을 분석해 보고 각각의 사례에서 나타나는 공통점을 찾아내어 조선시대의 언론문화를 개괄적으로 조망했다.

제2장 조선시대 언론문화

조선시대 언론문화

1. 유교언론의 이해

1) 유교언론의 문화

(1) 언로와 글문화

조선시대의 언론은 유교문화의 토대 위에 건설된 제도다. 유교문화는 조선시대 언론을 이해하는 핵심적 키워드다. 유교는 본질적으로 인간을 위한 종교이자 사상이다. 세상에서 사람만이 최고라는 철학을 이념으로 한 유교 가운데서도 조선은 유독 '인간의 길'을 강조한 성리학을 국가통치의 기준으로 삼았다. 성리학은 인간의 인간다운 인간 됨됨이를 규정하는 학문이다. 따라서 조선조의 언론 또한 그 형식과 내용에서 성리학으로부터 자유로울 수 없다. 그러면 조선시대의 언론 전개에 앞서 유교는 어떤 커뮤니케이션적인 이론과 철학을 담고 있는지 그 의미부터 풀어보기로 하자.

조선시대의 언론은 매우 다양한 의미로 표현된다. 오늘날처럼 현대적 의미의 언론Journalism 기능을 수행하는 매체는 없었다. 『조선왕조실록朝鮮王朝實錄』에서 나타나는 언론·언로·민심·천심·공론 등의 어휘가 현대사회에서의 언론적 기능을 수행하는 의미를 지녔다. 매체로는 조보朝報가 '신문 역할'을 했다. 『조선왕조실록』에 나타난 저널리즘적 의미를 지닌 어휘가 뜻하는 것을 살펴보면,

- 언론言論 : 현재와 같은 보도를 뜻하는 것이 아니라 "말하여 논의함"이라는 뜻으로 사용되었다.
- 언로言路 : 좁은 의미로는 옳은 말이 임금이나 높은 관원의 귀에 들리도록 하는 것을 뜻하며, 넓은 의미로는 여론에 귀 기울이고 이에 따라 잘못된 것을 시정하는 것을 말한다.
- 민심民心 : 일반 백성들의 마음이나 지지, 또는 그 여론을 의미한다.
- 천심天心 : 하늘의 도리, 하늘의 뜻의 의미로 윤리적 당위성을 뜻한다.
- 공론公論 : 조정에서 공식적으로 논의하는 것을 말하며, 조정의 여론을 의미하기도 한다. 조정 대신들이 나랏일을 처리하였으므로 공론이 실질적으로 주도적 여론이라고 볼 수 있다.[1]

라고 정리할 수 있다. 이 가운데 가장 중요한 것은 언로와 공론이다.

조선시대 언론의 특징은 언로를 널리 열어 천하의 공론이 원활하게

---

1   류춘열, 「조선시대의 언론 사상」, 『사회과학연구』 제14집(국민대학교 사회과학연구소, 2001), 235~237쪽.

유통되어야 한다는 것으로 압축할 수 있다. 이를 위해서는 언로광개言路廣開가 불가피하다고 여겼다. 언로가 열려있다는 것은 어떤 사안에 대해 공론이 형성될 수 있도록 의견을 제시할 수 있는 제도적 장치가 뒷받침되어 있다는 것을 의미한다. 이것은 마치 현대사회에서 언론이 어떤 이슈에 대하여 보도하고, 그것에 따라 여론이 형성되어 정책결정에 영향을 미치는 것과 유사하다. 따라서 현대사회에서 언론을 탄압하면 사회의 비판적 세력이 침묵하게 되어 부정부패가 기승을 부리게 되는 것처럼, 조선시대에도 언로가 막히면 공론이 형성되지 않기 때문에 부정한 관리들이 득세하여 정치를 망친다고 생각했다.[2]

언로言路란 '말'이 통하는 '길'이다. 언로를 언론 그 자체라 하기엔 무리다. 엄밀한 의미에서 언로는 커뮤니케이션에서의 '채널'을 뜻한다. 조선시대의 커뮤니케이션 유통구조는 근본적으로 '하의상달의 통로'를 특징으로 한다. 때문에 언로를 연다는 것은 통치자, 특히 군주의 독선과 독재를 막고, 민의民意와 민정民情을 상달시켜 공론의 투입기능을 원활히 한다는 데 그 본래적 기능이 있었다.[3] 따라서 언로는 공론을 넓히는 데에 없어서는 안될 중요한 요소였다.[4]

어느 시대건 막론하고 지식인은 사회체계를 지배한다. 사회를 지배하는 지식인의 무기는 다름 아닌 '문자의 해석'을 통해서이다. 지식인은 문자로 지식을 전수하며, 지식의 분석을 통해 그 사회를 지배한다. 문자를 해석하는 지식인의 힘은 그 사회가 소수의 지식인 집단이 지배하는 관료사회라면 더욱 더 큰 맹위를 떨친다. 조선은 전형적인 지식인

제2장 조선시대 언론문화

2 류춘열, 위의 글, 238쪽.
3 최정호, 「조선조 공론권의 구조변동에 관한 시론」, 『사회과학논집』 제17집(연세대학교 사회과학연구소, 1986), 100쪽.
4 유병윤, 「조선시대 사회제도 속에 나타난 언로에 관한 연구」(청주대학교 대학원 석사논문, 1994), 9쪽.

사회였다. 서양사회가 대중적인 말의 정치에 의해 발전해왔다면 동양 사회, 특히 조선은 글의 논리에 의해 사회체계가 유지되어 왔다. 조선 시대의 커뮤니케이션은 이처럼 글의 문화가 지배하는 특성을 지니고 있으며, 이는 언론의 광개를 통해 현실에서 구체화되었다.

말과 글은 말과 글은 커뮤니케이션에 있어서 가장 기본이 되는 도구이다. 유교언론은 본질적으로 말보다는 글에 의한 커뮤니케이션 제도다. 서양의 언론사상이 '말의 문화'에 기초하고 있다면 동양의 언론사상은 '글의 문화'를 그 특징으로 한다. 서양의 철학이 '말'과 '변사 orator'에 의존해 발전해 왔다면 동양의 가치관은 '성현'의 '글'에 의해 계승되어 왔다.[5] 동양에서는 이름 높은 유림의 성현을 제사하고 자제를 교육한 곳을 서원·서재·서당이라 하여 모두 다 '글의 전당[書院]', '글의 집[書齋]', '글의 방[書堂]'이라고 한 데서도 글문화를 존경하고 숭배함을 알 수 있다.[6]

특히 성리학을 삶의 최고 이념으로 한 조선시대 유학자들에게 '말'이란 '헤픈 것', '천한 것', '낮은 것'이었다. 글을 잘하는 사람은 양반이지만 말을 잘 한다는 것은 천한 사람으로 치부되었다. "빈 수레가 요란하다.", "익은 벼가 고개를 숙인다." 등과 같은 우리 속담은 '말이 많은 사람보다 입이 무거운 사람'을 더 높게 평가하는 숭문사상이라는 전통적인 사상의 한 단면을 보여주는 것이라 할 수 있다. 공자도 군자란 말이 서툴어야 한다고 했다. 입으로 지껄이는 말로 벌어먹고 사는 사람

---

5   반면 서양의 언론문화는 유창하게 말 잘하는 사람의 육성을 교육의 목적이었다. 고대 그리스의 아테네 교육은 레토닉(Rhetonic·변론술, 웅변술) 과목이 중시될 만큼 대중들 앞에서 조리있게 말 잘하게 만드는 것이 교육이 지향하는 목표였다. 로마시대 역시 웅변과 변론능력이 지배계층이 지녀야 할 가치관으로 여겨진 데서도 말을 얼마만큼 중요시했는지 짐작이 된다. 그것은 말(言語)의 정치적 무대인 의회(Parliament)와 말의 정신적 무대인 교회는 물론 말의 예술적 무대인 극장이 발달한 것은 이런 맥락에서 이해할 수 있다(blog.naver.com/jeongkok/60011185871).

6   최정호, 「언론사와 언론사상사」, 『언론사회문화』 창간호(연세대학교 신문방송학과, 1991), 7쪽.

은 광대요, 무당이요, 장타령꾼과 같은 '천민'이었다. 한문을 잘 아는 사람은 '선비'로 대접받았지만 중국말을 잘 지껄이는 사람은 '역관'이라 하여 업신여김을 받았다.[7]

글을 높이 숭상하고 말을 낮게 업신여기는 한국 사회의 전통적인 정신 풍토는 '말의 반문화'가 지배한 역사였다. 요컨대 말을 잘 한다는 말의 기술, 곧 레토릭rhetoric은 덕이 아니라 부덕으로 간주되었던 것이다. 공자는 말이 훌륭하고 모양이 좋은 것은 어질지 못하다고 지적했다. 언어 행위에 대한 이 같은 소극적·부정적인 태도와 평가는 '말의 경계론', '말의 신중론', '말의 억제론'과 같은 실천적 지침을 낳았고 유교적 커뮤니케이션의 기본 바탕을 이루게 했다.[8]

유교언론은 말보다는 글에 더 큰 가치와 의미를 부여했다. 그것은 본디 말이 지닌 커뮤니케이션적인 성격 때문이었다. 즉 말이라는 것은 한번 내뱉으면 되돌릴 수 없다. 또한 말이란 감정에 의존하므로 실수하기 쉽다. 말은 신뢰성을 지니기 어려운 점을 태생적인 문제로 안고 있다.

글은 사회체제를 유지, 발전시키는데 가장 중요한 수단으로 기능한다. 문자는 신뢰성에도, 논리성에도, 기록성에도, 이지적으로도 말에 비해 객관성을 담보한다. 그러나 대중성에서는 '말의 문화'에 비해 현저히 떨어지는 약점이 있다. 말의 문화는 대중성에서 커뮤니케이션의 확대라는 폭발적인 잠재성을 지녔다. '말의 문화'는 식자층이건, 민중이건 간에 누구나 알기 쉽게 커뮤니케이션 행위에 동참할 수 있으나 '글의 문화'는 글에 대한 지식을 지닌 소수의 사람들만이 커뮤니케이션

---

7   최정호, 위의 글, 8쪽.
8   최정호, 위의 글, 9쪽.

행위에 주체적으로 동참할 수 있다.

　말에 의한 커뮤니케이션이 다수의 대중적 커뮤니케이션이라면 글에 의한 커뮤니케이션은 소수의 지식인을 위한 커뮤니케이션이다. 유교언론은 글에 의한 커뮤니케이션을 주장한다. 그렇다고 말에 의한 커뮤니케이션을 전적으로 부정하는 것은 아니다. 다만 유교가 인간사회의 현실적 삶에 바탕을 둔 종교인 까닭으로 글이 지닌 지성과 이지를 더 높이 샀으며, 그것이 사회를 유지하는데 보다 더 도움이 될 것이라는 것 때문에 '글의 문화'를 숭상해왔다.

　비록 유교커뮤니케이션이 '글 문화'를 숭상했다고 하나 언론행위는 말과 글을 병행했다. 말과 글은 인간의 커뮤니케이션에 있어서 떼려야 뗄 수 없는 두 수레바퀴와 같다. 글은 주로 공적인 언론행위에서 제도로 기능하였으며, 말은 커뮤니케이션의 유통에서 중추적 역할을 하였다. 그러므로 대개는 말이 조선시대의 저널리즘을 지배했다고 할 수 있다. 유교언론은 말에 대한 풍성한 언설로 커뮤니케이션 사상을 표현한다. 유교경전에 나타난 말에 대한 언설을 보면 『대학』에서는 "말이란 법도에 어긋난 말이 나가면, 법도에 어긋난 말이 돌아오기 마련이다."[9]라고 하여 언론행위의 구체적 기준을 제시한다.

　『중용』에서는 "말은 행실을 돌아보며 행실은 말을 돌아봐야 하니. 군자가 어찌 (이를) 정성껏 실천하지 않으리요."[10]라고 하여 언론행위의 윤리기준으로 언행일치를 역설했다. 『서경』에서는 "좋은 말은 숨기는 것이 없다."[11]라고 하여 공론의 전형을 제시하고 있다.

　『시경』에서는 "흰 옥의 이지러짐은 그대로 갈아 다듬을 수 있으나,

9　『大學』第10章 治國平天下, 傳文8: "言悖而出者, 亦悖而入."
10　『中庸』第13章 2: "言顧行, 行顧言, 君子胡不慥慥爾."
11　『書經』大禹謨: "嘉言, 罔攸伏."

말의 이지러짐은 그렇게 할 수 없다네."¹²라고 하여 사론私論·邪論의 범람을 경계했으며, "소인배의 말은 매우 달아 이것이 늘어나면서 어려워진다. 아첨하고 꾸민 말은 낯가죽 두꺼운 자들이 한다."¹³고 하여 사이비언론을 지탄한다. 『주역』에서도 "장차 배반할 자는 말할 때 얼굴을 붉히며, 의심을 품고 있는 자의 말은 조리가 없다. 좋은 사람의 말은 간결하고, 조급한 사람은 말이 많다. 좋은 것을 헐뜯는 사람의 말은 유언비어와 같고, 지조가 없는 사람의 말은 비굴하다."¹⁴고 하여 일탈한 언론을 경계했다.

(2) 언론행동윤리와 예커뮤니케이션

예禮는 언로의 주체가 유교커뮤니케이션을 구현할 때 행위의 전범典範이 되는 이데올로기이다. 유교는 인간이 인간다움을 추구하는 사회적인 종교다. 인간 됨됨이는 인간이 행하는 행위에서 비롯된다. 인간의 개인적인 행동은 사회화를 추구하면서 그 행위가 사회적 규범에 적합하여야 한다. 그러기 위해서는 예가 불가피하다. 사회화되어 여론을 전개함에 있어서는 그 내용과 이상이 아무리 고매하다 할지라도 구현하는 데에는 일정한 기준과 룰에 따라야 한다. 그 기준과 룰을 제시하는 잣대는 바로 예이다. 예에 어긋나면 정론으로 대우받지 못했다. 예에 어긋나면 언론의 자유로 인정받지 못했다. 유교언론을 제도하는 또 다른 커뮤니케이션적 특성은 예문화에서 찾을 수 있다.

유교언론은 커뮤니케이션의 구현방법에 있어서 예사상禮思想에 기반

---

12 『詩經』大耶 抑: "白圭之玷 尙可磨也 / 斯言之玷 不可爲也."
13 『詩經』小雅 巧言: "盜言孔甘 亂是用餤 / 巧言如簧 顏之厚矣."
14 『周易』繫辭 下: "將叛者, 其辭慙. 中心疑者, 其辭枝. 吉人之辭, 寡. 躁人之辭, 多. 誣善之人, 其辭游. 失其守者, 其辭屈."

한 예禮커뮤니케이션을 기본으로 한다. 유교언론에서의 예커뮤니케이션은 유교가 지닌 종교적 특질에서 기인한다. 유교는 인간의 현실적인 삶에 기반한 사회적인 종교다. 인간사회에는 반드시 질서가 필요하다. 질서가 없으면 이성적인 인간의 삶이란 있을 수 없다. 유교에서는 예를 강조하는 것은 예가 곧 질서이기 때문이다. 인간세계에서 질서가 없으면 짐승사회와 다를 바 없다. 예는 인간과 인간 사이의 분별을 규정짓는 잣대이다.

『설문해자』에 의하면 예는 보여준다는 뜻의 '시示'와 풍년의 '풍豊'라로 구성돼 있다. '시' 자는 신神이라는 뜻이며, '풍' 자는 다시 굽을 '곡曲'자와 제기를 뜻하는 '두豆'가 합쳐진 말로서 제기에 담는 제물을 뜻한다. 곧 '예禮'자는 신을 뜻하는 '시'와 인간이 신에게 제사를 드리는 '풍'자의 두 부분으로 구성된 단어이다. 그것은 신이 인간에게 계시를 내리고, 인간은 제사를 드린다는 말의 의미를 지녔다.[15]

예의 성격은 기본적으로 '차례[序]'이며, '분별[別]'이다. 예는 무질서하게 행동하는 것이 아니라 상하의 순서를 정하는 것이며, 좌우를 분별함으로써 질서를 확보하는 것이다. 이러한 예는 '실천하는 것[履]'이며, 인간의 행동은 항상 예를 기준으로 삼고 예에 따라 행동하는 것이어야 한다. 예는 그 자체가 행위만이 아니라 '원리[理]'로서의 역할도 한다. 따라서 예는 서序·별別·이履·리理의 의미로 해석된다.[16]

『예기』에서는 예를 친밀한지 소원한지를 판단하고, 의심스러움을 결단하며, 같은지 다른지를 분별하고, 옳은지 그른지를 밝히는 것[17]이라고 정의하였다. 『순자』는 예는 재물을 도구로 삼고, 귀천으로 문체를 삼고,

---

15 금장태, 앞의 책(1999), 119~120쪽 재인용.
16 금장태, 위의 책, 120쪽.
17 『禮記』曲禮 上: "所以定親疏, 決嫌疑, 別同異, 明是非."

다소로 차이를 삼고, 융쇄로 요령을 삼는다[18]고 하여 예의 구성체계를 설명했다. 주희는 예를 천리의 절도있는 문체이자 인사의 마땅한 거동과 법칙[天理之節文, 人事之儀則]이라고 규정했다.

예는 시의에 맞아야 하고[時], 그것이 신분질서의 순서에 맞아야 하며 [順], 일의 경중에 따라 지나침과 부족함이 없어야 하며[體], 인성의 본연에 따라 사의에 맞아야 하고[宜], 각자의 분수와 신분에 합당해야[稱] 비로소 예라고 할 수 있다.[19] 『예기』에서는 예가 개인의 사회적 관계를 위한 행위기준으로만이 아니라 정치사회적인 행위를 위한 윤리규범으로서 다음과 같이 말하고 있다.

"도덕과 인의로 예가 아니면 이루어지지 않고, 백성을 가르치는 풍속을 바로 잡는 일도 예가 아니면 완비되지 않고, 분쟁을 해결하고 소송을 판결하는 일도 예가 아니면 결정될 수 없고, 임금이나 신하, 윗사람과 아랫사람, 아버지와 아들, 형과 아우의 분수도 예가 아니면 정해질 수 없다. 벼슬하고 배우는데 스승을 섬기는 예가 아니면 위엄이 서지 않고, 기도하고 제사하며 귀신에게 공양하는 일에도 예가 아니면 정성스럽지 않고 당정하지 않다. 그러므로 군자는 공경하고 절도를 알맞게 하며 사양하고 겸손하여 예를 밝히는 것이다."[20]

공자는 "사람은 예를 모르면 설 수 없고, 예를 배우지 않으면 남 앞에 나설 수 없다."[21]고 했다. 여기서 서지 못한다는 것은 인간이 다른 사람

18 『荀子』: "以財物爲用, 以貴賤爲文, 以多少爲異, 以隆殺爲要."
19 박정순, 「예의 커뮤니케이션-유교사상과 한국인의 인간커뮤니케이션-」, 『한국언론학보』 제30호(한국언론학회, 1993), 76쪽.
20 『禮記』, 曲禮 上: "道德仁義, 非禮不成. 敎訓正俗, 非禮不備. 分爭辨訟, 非禮不決. 君臣上下, 父子兄弟, 非禮不定. 宦學事師, 非禮不親. 班朝治軍, 涖官行法, 非禮威嚴不行. 禱祠祭祀, 供給鬼神, 非禮不誠不莊. 是以君子恭敬撙節退讓, 以明禮."
21 『論語』, 堯曰篇: "不知禮無以立也."; 季氏篇: "不學禮, 無以立."

앞에 어떻게 말하고 행동해야 하는가를 모른다는 것을 의미한다. 공자는 또 "공손하면서 예가 없으면 수고스럽고, 신중하면서 예가 따르지 않으면 두렵기만 하고, 용맹스러우면서 예가 없으면 난동을 저지르게 되고, 곧으면서도 예가 없으면 박절해진다."[22]고 하여 예가 심오한 철학적 의미에서뿐만 아니라 질서로서 인간 및 사회관계, 구체적으로는 하의상달 상의하달하는 커뮤니케이션을 통제 지배하는 기능을 수행한다고 했다.

『논어』에 나타난 예의 정신은 다음과 같이 요약할 수 있다.[23]

- 예는 조화를 중시한다.
- 예는 사람의 행위를 올바르게 한다.
- 예는 사람을 겸손하게 한다.
- 예는 자기분수를 지키게 한다.
- 예는 겉치레보다는 정신을 중시한다.
- 예는 절도를 중시한다.
- 예는 인의 실천이다.
- 예는 준법정신을 강화한다.
- 예는 대인관계를 원활하게 한다.

공자는 말하기를 "예가 아니면 보지도 말고, 듣지도 말며, 말하지도 말고, 움직이지도 말라."[24]고 했다. 이는 예가 인간의 상호작용을 규정하는 인간커뮤니케이션의 준칙임을 나타내는 것이다. 유교에서 보는

조선시대의 언론연구

---

22 『論語』, 泰伯篇: "恭而無禮則勞, 愼而無禮則葸, 勇而無禮則亂, 直而無禮則絞."
23 전병재, 『현대사회와 예』(탐구당, 1989), 318쪽.
24 『論語』, 顏淵篇: "非禮勿視, 非禮勿聽, 非禮勿言, 非禮勿動."

올바른 인간관계란 예에 입각한 커뮤니케이션이다. 예는 인간행동의
기준이 되는 커뮤니케이션이다. 예는 인간관계를 규제하는 모든 규범
을 외적으로 표현하는 형식과 절차다. 예의 정신은 인간커뮤니케이션
행위의 철학적 바탕으로, 예의 형식은 인간커뮤니케이션이 취하는 행
위양식이라고 개념화할 수 있을 것이다.[25]

유교언론에선 인간커뮤니케이션이 예를 통해 이루어지다 보니 지나
치게 비언어적 커뮤니케이션에 의존한다. 실제로 유교에서는 말을 신
중하게 다루는 것을 강조하고 언어적 커뮤니케이션을 억제하는 경향이
있다.[26] 대신 때와 장소에 따라 갖는 일정한 순서와 절차, 몸가짐의 방
향과 모양, 일정한 복식과 그 색깔, 일정한 거리의 유지 등과 같은 인간
커뮤니케이션의 비언어적 요소들은 유교가 지향하는 질서관에 부응하
도록 일정한 형식과 절차를 가짐으로써 이 같은 의식과 범절 자체가
예커뮤니케이션의 양식으로 제도화되었기 때문이라고 볼 수 있다.[27]

예커뮤니케이션은 언어에 의한 것보다는 비언어적인 것으로 나타나
는 것에 더 큰 비중을 둔다. 인간커뮤니케이션에 있어서 언어적 코드는
정보내용의 전달에 의미를 둔다. 반면 비언어적 요소는 대체로 대인커
뮤니케이션 참여자 사이의 사회적 관계내용을 전달하는 데 중점을 두
고 있다. 예커뮤니케이션이 주로 비언어적인 요소로 이루어져 있다는
것은 이것이 정보전달보다는 인간과 인간 사이의 관계 측면을 표현하
는 데 더 큰 의미를 뒀다고 할 수 있다. 이처럼 예커뮤니케이션은 인간
의 사회적 관계질서를 규정하는 커뮤니케이션이라 할 수 있다.[28]

25 박정순, 앞의 글(1993), 69쪽.
26 박기순, 「유교에서 본 인간커뮤니케이션에 관한 일 고찰-모형정립적 접근-」, 『한국언론학보』
    제31호(한국언론학회, 1994), 138쪽.
27 박정순, 앞의 글(1993), 83~84쪽.
28 박정순, 위의 글, 84쪽.

유가의 사상체계는 외형적으로는 흔히 질서라는 개념으로 상징화된다. 더욱이 정명주의에서 유추되는 상하 위계질서의 확립이라는 명제는 커뮤니케이션 영역에서도 나타난다. 유교언론은 예커뮤니케이션이라는 독특한 비언어적 커뮤니케이션 구조를 지녔다.[29] 이는 유교언론의 행동적 특질을 단적으로 보여주는 것이라 할 수 있다.

2) 공자의 커뮤니케이션 사상

(1) 신언사상

공자의 커뮤니케이션 사상을 이해하기 위해서는 그가 살아왔던 시대를 먼저 이해해야 한다. 즉, 공자가 살았던 시대는 입 달린 사람이면 누구나 한마디씩 하는 백가쟁명의 춘추전국시대였다. 당시는 비를 시라 하고, 시를 비라 하는 논쟁이 매우 활발했다. 시와 비를 잴 표준이 없어 옳음과 그름이 매일 같이 뒤바뀌는 '언어의 혼란' 시기였다.[30] 따라서 공자에게 있어서 말이란 항상 아껴야 하는 것이며, 명분에 맞아야 하고, 커뮤니케이션을 행하는 방법에 있어서도 적절하여야 했다. 이러한 공자의 언설사상은 유교언론의 본질적 내용을 구성하는 뼈대가 되었다.

공자의 커뮤니케이션 사상은 신언사상愼言思想과 정명주의正名主義, 간사상諫思想으로 요약할 수 있다. 이를 한 마디로 말하면 "무릇 말이란 윤리에 맞아야 하며, 행실은 법도에 따라야 한다."[31]는 것이다.

---

29 박재환, 「원시유가의 커뮤니케이션사상 ─특히 '논어'와 '맹자'를 중심으로」, 『신문연구소학보』 제12집(서울대학교 신문연구소, 1975), 130쪽.

30 以非爲是, 以是爲非, 是非無度, 李可與不可日變(胡適 지음, 민두기 외 옮김, 『중국고대철학사』, 대한교과서, 1962, 106쪽 재인용).

31 『論語』 微子篇: "言中倫 行中慮."

공자는 『논어』에서 "말이란 실천이 어렵기 때문에 무겁고 신중하며 어눌하게 해야 한다."[32]고 했다. 또 "옛사람들이 말을 함부로 꺼내지 않은 것은 그에 대한 실천이 따르지 못할 것을 두려워했기 때문"[33]이라고 주장했다. 공자는 "듣기 좋은 말이나 보기 좋게 꾸민 얼굴에서는 인을 찾아볼 수 없고,[34] 말재주를 피우는 인물은 위험하기 그지없으므로, 경계해야 마땅하다."[35]고 했다. 교언과 아첨[佞], 말많음[多辯]을 '쓸모 없는 것', '경계해야 할 것'으로 생각하는 말에 대한 공자의 이러한 생각을 신언사상愼言思想이다.

말에 대한 공자의 경계는 여기서 그치지 않는다. 『논어』에는 말의 경계에 대해 공자의 무수한 논설이 나온다. 그 가운데 일부를 보면 다음과 같다.

- 먼저 말한 바를 실행하고, 뒤에 실천한 바를 좇느니라.[36]
- 군자는 말을 실천보다 앞세우는 것을 부끄럽게 여긴다.[37]
- 말을 함부로 하면서 부끄러워하지 않는다면 실천하기 어렵다.[38]
- 굳세고 꿋꿋하게 질박하고 어눌함이 인에 가깝다.[39]
- 인자는 무릇 말하는 것을 조심해야 한다.[40]

32 『論語』: "…敏於事而愼於言…(學而篇): 君子欲訥於言, 而敏於行(里仁篇)."
33 『論語』, 里仁篇: "古者言之不出, 恥躬之不逮也."
34 『論語』, 學而篇: "巧言令色, 鮮矣仁."
35 『論語』, 季氏篇: "益者三友, 損者三友. 友直, 友諒, 友多聞, 益矣. 友便辟, 友善柔, 友便佞, 損矣."
36 『論語』, 爲政篇: "先行其言, 而後從之."
37 『論語』, 憲問篇: "君子恥其言, 而過其行."
38 『論語』, 憲問篇: "其言之不, 則爲之也難."
39 『論語』, 子路篇: "剛毅木訥近仁."
40 『論語』, 顔淵篇: "仁者其言也."

말을 절제하라는 공자의 신언사상은 인간다운 인간상을 군자로 제시하고, 이와 대비되는 인간으로 소인을 규정한 데서도 드러난다. 즉 군자는 말하기를 어려워하고, 말하면 반드시 실천에 옮기는 인물로 제시되는데 비해 소인은 자신의 이익만을 생각하고 교언巧言과 아첨을 일삼는 인물로 나타난다. 여기서 공자의 말에 대한 사상은 조화로운 인간관계를 전제한다. 조화로운 인간관계를 해칠 수 있는 행위와 말은 경계해야 할 대상이다. 그러므로 공자에 있어서 교언과 말재주 등은 군자의 언행이 아니라 소인의 언행으로 규정되고 멀리해야 할 대상이 된다. 그 이유는 교언에는 인이 적어 덕을 어지럽히기 때문이다.[41]

이러한 맥락에서 보면 공자는 말을 사람들 간의 관계를 조화롭게 할 수도 있고, 때로는 어지럽게 할 수도 있는 중요한 행위로 여겼다. 공자는 말과 행동을 같은 것으로 인식했다. 그래서 "덕이 있는 자는 반드시 훌륭한 말을 하나, 말을 잘하는 자라고 하여도 반드시 덕이 있는 것은 아니다."[42]라고 하였다. 공자는 "옛사람들이 말을 함부로 하지 말라는 것은 몸소 실행함이 말에 미치지 못할까를 염려해서이다."[43]라고 설명했다.

공자가 말을 경계하고 삼가라고 한 것은 말 그 자체를 부정하는 보편적인 언어관에서 비롯되었다기보다는 인간관계를 어지럽힐 수 있는 말에 한정해서 부정하는, 상대적이고 구체적인 언어관에서 비롯된 것이었다. 그래서 말은 신중히 해야 하는 것, 함부로 하지 않는 것이어야 한다고 했으며, 자기가 한 말에 대해서는 반드시 책임을 지고 그대로 이행하는 신의 있는 인간이 되라고 했다. 말은 모름지기 신중히 하고,

---

41 공용배, 「공자의 '신언'사상」, 『언론사회문화』 창간호(연세대학교 신문방송학과, 1991), 49쪽.
42 『論語』, 憲問篇: "有德者必有言, 有言者必有德."
43 『論語』, 里仁篇: "古者, 言之不出恥躬之不逮也."

46

조선시대의 언론연구

말하기에 앞서 실천할 것을 가르쳤던 것이며, 말하기를 어려워하는 사람이 군자로 평가했다.

말보다는 조신한 행동을 중시하라는 공자의 신언사상은 말이 말을 불러일으키는 것을 경계한 언설사상이다. 말이 말에 꼬리를 물고 거듭 일어나면 문제의 본질은 실종되고, 결국에는 왜곡된 전혀 다른 결과를 초래한다. 인간의 말이란 본디 형이상학적이고 추상적인 것이어서 개념의 규정이 어렵다. 말이 지닌 이러한 본질과 속성은 자칫 공리공담만 양산하기 십상이다. 인간 주체가 말을 지배하지 못하고 말의 노예가 된다면 말은 인간을 위한 커뮤니케이션이라기보다는 제도를 위한 커뮤니케이션으로 전락하기 마련이다. 공자의 신언사상은 인간으로 하여금 이를 주지시키기 위한 언설이다.

(2) 정명사상

공자의 커뮤니케이션 사상 가운데 또 하나의 특징은 정명사상, 즉 명분론名分論이다. "임금은 임금답고, 신하는 신하다우며, 어버이는 어버이답고, 자식은 자식다워야 한대君君臣臣, 父父子子."는 말은 정명사상正名思想을 극적으로 표현한 말이다. 공자는 사람이란 자기가 맡은 바 직분에 충실해야 한다고 역설했다. 그렇기 때문에 군자는 자기 벼슬의 범위를 벗어나지 아니하며, 그 위치에 있지 않으면 함부로 말을 해서는 안된다는 것이다.[44] 정명사상의 요체는 올바른 정치의 전제조건은 올바른 언어의 사용, 의사소통의 원활화가 그 필수라는 것이 공자의 생각이었다.

공자는 제자인 자로子路가 "위나라 임금이 선생님께 정치를 맡기신다

---

44 『論語』, 憲問篇: "君子思不出其位"; "不在其位, 不謀其政"

면 무엇부터 하시겠습니까?"라고 묻자 "이름[名分]부터 바로잡는 것을 할 것이다."[45]라고 대답했다. 공자는 나아가 "명분이 바르지 못하면 이름과 사실이 일치하지 않으므로, 말이 도리에 따라 순조롭게 하는 일이 이루어질 수 없고, 군자란 무엇에 이름을 붙인 이상 반드시 정당한 말을 하여야 하며, 또 말을 할 때에는 반드시 실행해야 한다. 모름지기 군자란 무엇을 말하거나 경솔해서는 안되고, 되는 대로 말을 하여서도 안된다."[46]고 하였다.

이름에 걸맞은 마땅한 실實이 붙여져야 한다는 정명사상은 말이 단순한 의사소통 전달도구에 불과한 것이 아니라 현실을 창조, 변형할 수 있다는 현대의 언어이론과도 일맥상통하는 날카로운 통찰이다. 특히 '명분이 바르지 못하면 이름과 사실이 일치하지 않으므로, 말이 도리에 따라 순조롭게 하는 일이 이루어질 수 없다'는 구절은 이름과 실상간의 거리가 야기 시키는 커뮤니케이션상의 혼란 및 그에 따른 엄청난 결과까지를 갈파한 말이다. 따라서 정명사상은 교언과 사설邪說을 배척하려는 공자의 개혁적 커뮤니케이션상의 면모를 보여준다.[47]

올바른 명분에 기초한 말의 전달이 사회적 조화와 안민의 기본전제가 된다는 정명사상은 커뮤니케이션을 함에 있어서 실천적 행동강령이라 할 수 있다. 즉, 바른 명분과 순조로운 의사소통의 실천과 관련하여 "군자가 사물에 이름을 붙일 때에는 반드시 말로서도 순조롭게 전달되게 할 것이며, 말로서 남에게 전달된 이상 반드시 실행되어야 한다. 군자는 말에 있어 조금이라도 소홀한 바가 있어서는 안된다."[48]고 하여

조선시대의 언론연구

45 『論語』, 子路篇: "子路曰, 衛君待子而爲政, 子將奚先? 子曰, 必也正名乎."
46 『論語』, 子路篇: "名不正則言不順, 言不順則事不成. 故君子名之必可言也, 言之必可行也. 君子於其言, 無所苟而己矣."
47 박재환, 앞의 글(1975), 130쪽.
48 『論語』, 子路篇: "故君子名之必可言也, 言之必可行也, 君子於其言, 無所苟而其矣."

행동화될 수 없는 말이나, 말로서 전달될 수 없는 명분을 경계하라고 했다. 그것은 말이란 반드시 실천을 전제로 하는 것이어야 하며, 말다운 말이란 올바른 명분에 의거해야 하는 것임을 강조했다.[49]

결국 정명正名 → 정언正言 → 성사成事 → 예악禮樂 → 정사政事 → 평천하平天下라는 정명사상은 말보다는 실천을 중시하는 유교의 현실주의 철학, 다시 말해 명분론에 입각해 있다고 할 수 있다.[50] 정명과 명분은 단순히 말을 바로 쓴다는 의미만 있는 것이 아니라, 온갖 사물의 이치를 바로 하는 천리의 도를 따른다는 의미도 포함되어 있다. 이것은 예의 사상이 갖고 있는 예커뮤니케이션에서 만들어진 원칙이었다.[51]

정명사상이 지닌 명분이란 인간 삶에 있어서 천하에 부끄러움이 없는 떳떳함을 일컫는다. 공자는 "말을 할 만한 데도 말을 하지 않으면 사람을 잃고, 말할 만하지 않은데도 말을 하면 말을 잃는다."[52]고 했다. 공자는 또 언론의 기준으로 "명분이 바르지 아니하면 말이 공손하지 아니하고, 말이 공손하지 아니하면 일을 이룰 수 없다."[53]고 했다.

공자는 "고觚가 아닌데 어떻게 고라고 할 수 있겠는가."라고 하여 실제와 이름이 부합되지 않을 때는 원래의 이름으로 지칭될 수 없다고 했다.[54] 이는 옳은 것은 옳고, 그른 것은 그르다고 바른 소리를 말하라는 것이다. 그렇다면 공자가 말한 명분론은 언론이 사실을 사실대로

---

49 여기서 말을 현대언론이 전하는 커뮤니케이션 메시지라 한다면 이는 현대언론의 윤리실천강령과도 같은 것으로 마땅히 벤치마킹할 가치도 있다(강상현, 「유가적 언행윤리의 기본원칙과 표상화 방법─논어 및 예기에 나타난 공자의 언론사상 소고」, 『언론사회문화』 창간호, 연세대학교 신문방송학과, 1991, 78쪽).

50 박허식, 「커뮤니케이션학의 관점에서 본 원시유가의 정명사상에 관한 기축론적 연구─공자와 순자를 중심으로─」, 『한국언론학보』 제44-2호(한국언론학회, 2000), 135쪽.

51 박정순, 앞의 글(1993), 82쪽.

52 『論語』 衛靈公篇: "可與言而不與之言, 失人. 不可與言而與之言, 失言."

53 『論語』 子路篇: "名不正則言不順, 言不順則事不成."

54 『論語』, 雍也篇: "觚不觚, 觚哉觚哉."

왜곡하지 아니하고, 정론직필을 펴는 것을 의미한다고 하겠다. 물론 언론의 행위에는 마땅히 진실성과 정의감이 담보되어야 하는 것임은 두말할 나위 없다.

(3) 간쟁사상

유가에서 말하는 간쟁사상諫諍思想에는 △정직한 말로써 사람을 깨닫게 하는 것[以正直之言悟人也] △조정안에서 임금의 허물을 멈추게 하는 것[內之則諫其君之過也] △임금의 뜻을 거슬리며 아뢰는 것[干君之意而告之] △옳고 그름이 서로 섞여 있을 때 그 행실을 바르게 하는 것[是非相閒革更其行也] △선을 지키고 악을 멈추게 하는 것[持善閒惡] △허물을 그치게 하는 것[止其失也] △바른 것을 구하는 것[救正也] 등을 내포한다. 전통 사회에서의 간쟁사상을 현대적 의미로 해석한다면 환경을 감시하고 비판하는 언론철학이다.

원래 간한다는 것은 아랫사람이 웃어른의 잘못을 고치도록 말한다는 뜻이다. 어버이가 자식에게 간하지 않고 임금이 신하에게 간하지 않는다. 간한다는 것은 수직적인 상하 신분 관계에서 아랫사람이 윗사람의 허물을 바로 일러 깨닫게 하는 것, 바로잡는 것이다. 때문에 유교적인 신분 윤리와 정치 질서 속에서 간한다는 것의 어려움과 그것을 이기려는 노력은 수신제가의 사적인 차원에서나, 치국평천하의 공적인 차원에서나 다 같이 매우 중요시되었다.[55]

공자는 조화로운 인간관계를 궁극적으로 추구해야 할 대상으로 삼고 있었기에 부모나 임금의 행동이 도리에 어긋나는 것일 때에는 간諫하고, 동료에게 충고할 것을 권했다. 공자는 "윗사람을 모실 때 세 가지

---

55 최정호, 「조선조 공론권의 구조변동에 관한 시론」, 『사회과학논집』 제17집(연세대학교 사회과학연구소, 1986), 101쪽.

잘못이 있다. 아직 말할 기회가 되지 않았는데 말하는 것은 경솔하게 덤비는 것이며, 이미 말할 기회가 되었는데 말하지 않는 것은 숨기는 것이고, 상대편의 기분을 헤아리지 않고 분별없이 말하는 것은 눈 뜬 소경이라 할 수 있다."[56]고 하여 말하는 기준을 제시했다.

공자는 간함에 있어서 부모와 자식 간의 관계, 임금과 신하간의 관계를 어지럽히지 않는 범위 내에서 슬기롭게 간하라고 했다. 즉 부모를 섬김에 있어 간할 때는 부드럽게 간하고, 설령 어른이 나의 뜻을 받아들이지 않더라도 여전히 공경해 모시고 부모에게 위배되는 일이 없도록 하며, 또한 부모에게 꾸지람을 들어도 원망하지 말아야 한다는 것이다.[57] 임금을 섬김에 있어서도 지나치게 간하면 욕을 보고, 친구에게도 지나치게 간언하면 소원해진다고 했다.[58]

『예기』에서는 "남의 신하된 자는 현간顯諫하지 아니하며, 세 번 간하여 들어주지 않으면 떠난다."[59]고 했다. 이에 대한 주를 보면 '간의 종류는 다섯 가지가 있는데 첫째는 풍간諷諫이요, 둘째는 순간順諫, 셋째는 직간直諫, 넷째는 쟁간爭諫, 다섯째는 당간戇諫이다. 간하는 방법은 풍간이 제일 좋고, 당간이 제일 나쁘다'고 했다. 풍간이란 사실을 돌려서 비유해 간하는 것이며, 순간은 말을 공손하고 순하게 하여 듣는 이의 마음을 거슬리지 않고 간하는 것이며, 직간은 정면으로 정직하게 간하는 것, 쟁간은 옳고 그름을 쟁론하여 군주가 좇도록 하는 것이며, 당간은 우직하게 간하는 것을 말한다.[60]

---

56 『論語』, 季氏篇: "侍於君子有三愆. 言未及之而言, 謂之躁. 言及之而不信, 謂之隱. 目見顏色而言, 謂之瞽."

57 『論語』, 里仁篇: "事父母幾諫. 見志不從, 又敬不違, 勞而不怨."

58 『論語』, 里仁篇: "事君數, 斯辱矣, 朋友數, 斯疏矣."

59 『禮記』, 曲禮 上

60 諫하는 방법과 관련, 모로하시 데쓰지(諸橋轍次)의 『大漢和辭典』卷1, 五諫條에는 다음과 같이 설명하고 있다.

공자는 간하는 행동강령과 관련하여 "군자는 신임을 받은 다음에 백성을 부려야 한다. 신임을 받지 못하고 백성을 부리면 백성들이 자기를 괴롭히는 줄로 생각한다. 또 신임을 받은 다음에 간해야 한다. 신임을 받지 못하고 간하면 자기를 훼방하는 줄로 생각한다."[61]고 하여 다른 사람을 설득시키고, 그들의 지지를 확보하기 위해서는 우선 그들로부터 신의를 얻는 것이 매우 중요하다고 말했다. 공자의 언론사상에서 찾아볼 수 있는 이러한 간사상은 현대적 의미에서 비판언론 사상으로 볼 수 있으면서도 다른 한편으로는 한계를 가질 수밖에 없는 비판사상으로 해석될 수 있다.

3) 맹자의 언론관

(1) 민본언론

공자의 이념적인 인의 정신에다가 실천적 윤리로서 의를 더한 맹자의 인의언론관仁義言論觀은 "군자의 말은 아래위를 살펴보지 않아도 도가 있다."[62]는 말로 요약할 수 있다. 현대적 언어로 풀면 언론이란 모름

---

① 『說苑』, 正諫: "諫有五, 一曰正諫, 二曰降諫, 三曰忠諫, 四曰戇諫, 五曰諷諫. 孔子曰, 吾其從諷諫矣." 여기서 降諫은 일단 군주의 뜻을 좇고 서서히 기회를 보아서 간하는 것이며, 정간과 직간은 내용을 같이 한다.

② 『孔子家語』, 辨政: "孔子曰, 忠臣之諫君, 有五義焉. 一曰譎諫, 二曰戇諫, 三曰降諫, 四曰直諫, 五曰諷諫. 惟度主而行之, 吾從其諷諫乎." 여기서 譎諫은 직언하지 않고 巧言으로 간하는 것을 말함.

③ 『後漢書』, 卷57, 李雲列傳 論註: "五諫謂諷諫·順諫·闚諫·指諫·陷諫也. 諷諫者, 知患禍之萌而諷告也. 順諫者, 出辭遜順不逆君心也. 闚諫者, 視君顔色而諫也. 指諫者, 質指其事而諫也. 陷諫者, 言國之害忘生爲君也."

④ 『舊唐書』, 卷76, 職官志, 門下省 諫議大夫條: "凡諫有五, 一曰諷諫, 二曰順諫, 三曰規諫, 四曰致諫, 五曰直諫(박용운, 「대간제도의 성립」, 『한국사논총』 제1집, 성신여자사범대학 국사교육과, 1976, 15쪽 재인용)."

61 『論語』, 子張篇: "君子信而後勞其民, 未信則以爲厲己也. 信而後諫, 未信則以爲謗己也."

지기 백성을 위해, 백성들의 삶을 살찌우는데 기여할 때 언론으로서의 명분과 의미, 자격을 지니는 것이지, 공리공론에 휩싸여 소수의 기득권 세력을 위해 봉사하거나 그 앞잡이 노릇에 급급할 때는 이미 언론이 아니라는 것이다. 맹자孟子의 이러한 언론관을 민본언론사상이라 일컫는다.

맹자의 민본언론사상은 백성에 의한, 백성을 위한, 백성의 공론이 되어야 한다는 민본사상을 뿌리로 한다. 『서경』에는 "백성을 가까이 해야 하는 동시에 얕잡아 보아서는 안된다. 오로지 백성은 나라의 근본이니, 근본이 튼튼해야 나라가 평안해진다."[63]고 하였다. 맹자는 "백성이 가장 귀하고, 사직이 그 다음이며, 군주가 가장 가볍다."[64]고 함으로써 민본사상을 극적으로 표현하였다.

유가의 정치는 백성을 물리적인 힘이나 억압적인 제도에 의해 다스리는 것이 아니라 백성들의 자발적인 참여를 통한 대동사회의 건설에 그 목적이 있다. 그러기 위해서는 무엇보다도 치자가 인의의 마음을 지녀야 하며, 백성들의 마음을 보듬어 주어야 할 덕이 요구된다. 공자는 백성들의 민심을 진정시키고 백성들을 편안하게 하기 위해서는 "자기가 서고자 하는 곳에 남을 세우고 자기가 이루고자 하는 일을 남이 이루게 하므로 자기 자신에 비유해서 남을 생각하는 것이 인의 실천 방법"[65]이라고 했다. 맹자는 "백성의 마음을 얻는 데는 백성이 하고자 하는 것을 해주고, 그들이 싫어하는 것을 하지 않는 것"[66]이라고 했다.

62 　『孟子』盡心章句 下: "君子之言也, 不下帶而道存焉也."
63 　『書經』, 夏書 五子之歌: "民可近 不可下 惟民爲邦 本固邦寧."
64 　『孟子』, 盡心章句 下: "民爲貴, 社稷次之, 君爲輕. 是故得乎丘民而爲天子, 得乎天子爲諸侯, 得乎諸侯爲大夫, 諸侯危社稷, 則變置."
65 　『論語』, 雍也篇: "夫仁者, 己欲立而立人, 己欲達而達人. 能近取譬, 可謂仁之方也己."
66 　『孟子』, 離婁章句 上: "…斯得民矣, 得其心有道, 所欲與之聚之, 所惡勿施爾也."

곧 현대언론이 지향해야 할 목표를 단적으로 일러주는 말이다.

맹자는 천하의 주인은 백성이라는 인식 아래 왕이나 제후는 백성을 편하게 살 수 있도록 할 의무를 지닌 자라고 정의했다. 그에 의하면 왕은 결코 백성 위에 군림하는 통치자가 아니다. 왕은 백성을 대신해 백성들을 보살펴주는 봉사자로서 백성들의 대표자일 따름이다. 민심이 천심이라는 말과 같이 백성들이 지니고 있는 마음[民意]은 곧 하늘의 뜻[天意]이 된다. 백성[民]들의 여망은 하늘[天]에 의해 반영됨[天人合一]으로써 구체화된다. 그러기에 백성을 다스리는 자는 자연스럽게 모든 백성과 더불어 즐거움과 괴로움을 함께 나누겠다[與民同樂]는 마음가짐으로 정치를 해야 한다. 인정仁政이 그것이다. 인정이란 인간이 태어남과 동시에 하늘로부터 누구나 다 천명을 받았다는 인간본성에 근거를 둔 정치이다. 인정에는 서구의 천부인권과 인간존엄과 같은 맥락의 사상이 기초를 하고 있어 백성을 사랑하고 중히 여기는 마음이 철학적 배경을 이룬다.

맹자는 사회정의의 구현은 치자가 여민동락의 마음으로 인정을 실천하려는 마음가짐 여부에 달려있다고 보았다. 그리고 그 실현방법으로써 사회적 커뮤니케이션 체계를 중시했다. 그는 왕에게 행하는 언론은 백성의 삶을 위하여 한 치의 오차도 용납할 수 없다고 생각했다. 맹자는 "(왕에게 간하는 것은) 간한 것이 행하여지고, 말이 받아 들여져서 그 혜택이 백성들에게 내려가도록 하기 위해서이다."[67]라고 하여 언론의 목적을 분명히 했다.

언론사상의 근본적인 목적을 백성에 두고, 백성을 위한 언론이어야만 정당한 공론이며, 그것이 곧 국가의 원기라고 인식한 맹자의 민본언

---

67 『孟子』, 離婁章句 上: "…諫行言聽, 膏澤下於民."

론사상은 따라서 왕에게는 바르게 간하고 바르게 대답하며, 왕에게 반복하여 말하여도 듣지 않으면 왕과 성이 같은 신하는 왕을 바꾸어 버리고, 성이 다른 신하는 왕에게서 떠나야 한다고 하였다.[68] 왕이 민본을 외면할 때는 왕조차 가라치워도 된다는 혁명사상을 얘기한다. 맹자는 왕이 그러한 상황에 처하지 않으려면 민본언론의 구현이 불가피하다고 역설했다.

맹자는 "본디 말이란 다 상서로운 것이라고 했다. 그런데 말이 상서롭지 못한 것은 말이 현명한 것을 가리기 때문"[69]이라고 지적했다. 책임 못질 말을 함부로 해서는 안되며, 사회지도자의 말은 통찰력을 전제로 한 상태에서 믿음이 있어야 하고, 사욕을 채우기 위한 수단으로서 말을 사용해서는 안된다는 것이다.[70] 즉, 진실을 가리는 것이 바로 상서롭지 못한 말이므로 말에 대한 해석의 태도는 그 깊은 의미를 찾아 제대로 소화하는 것이어야 하며, 진실이 있으니까 말을 통해 그 진실을 밝힌다는 것이 언론의 본질이라는 것이다.[71]

이처럼 맹자는 말[言] 자체에는 선하고 악한 것이 없다고 보고 있으나 글이 말을 나타내기 어렵고, 말이 뜻을 나타내기 어려우므로 말하는 사람이 인의仁義의 정도에 따라 말을 해야 한다는 것이다. 인의의 정도를 따른다는 것은 항상 진리를 말한다는 것이다. 그것은 깨달은 자만이 말을 할 수 있기 때문이기도 하다. 인의의 도道를 따를 때 말은 도를 따르게 되므로 참된 말이 되고, 그렇지 않은 말은 사람의 마음을 현혹하

68　『孟子』, 萬章章句 下: "…(貴戚之卿) 君有大過則諫, 反覆之不聽, 則易位. (異姓之卿) 君有過則諫, 反覆之而不聽則去(이규완, 「맹자의 교화언론과 왕도언론사상」, 『언론사회문화』 창간호, 연세대학교 신문방송학과, 1991, 110쪽)."
69　『孟子』, 離婁章句 下: "言無實不祥, 不祥之實, 蔽賢者當之."
70　『孟子』, 盡心章句 下 : "經德不回, 非以干祿也. 言語必信, 非以正行也."
71　이범수, 「'맹자'의 언론사상 연구」, 『사회과학논집』 제13집(동아대학교 부설 사회과학연구소, 1996), 428쪽.

는 사악한 말이 되고 만다.[72]

　맹자의 이러한 언어관은 언론관에도 계속되어 사회의 공동이익을 위한 가르침에서 스승의 도가 중요하고, 배우는 사람도 스승의 가르침에 충실히 따라야 한다고 강조했다. 가르침은 그 대상이 백성이건 왕이건 다를 바가 없다. 백성들에게 진리를 일깨우듯 왕에게도 왕도정치를 펴도록 바르고 곧은 말을 사사로움 없이 간해야 하고, 왕은 신하의 언론에 따라야 한다. 왕이 신하의 직간을 받아들이지 않을 때 왕은 이미 왕이 아니라 폭군일 따름이다.[73]

　맹자는 "공자께서는 사이비를 미워한다. 강아지풀을 미워하는 것은 그것이 벼 싹을 어지럽힐까를 두려워해서이다. 아첨을 미워하는 것은 의로움을 어지럽힐까를 두려워해서이다. 남이 하는 자기비판을 잘 받아 넘겨 치는 것을 미워함은 그 믿음을 어지럽게 할까를 두려워해서이다."[74]라고 말해 왜곡된 커뮤니케이션에 대해서도 일침을 가했다. 맹자는 세상에서 가장 경계해야 할 말[言論]은 표현은 그럴듯하나 실상[眞實]이 없는 것인데, 특히 여기에서는 세상이 나빠지는 것을 지적하지 못하여 점점 더 세상을 나빠지게 하는 말, 즉 남의 비위나 잘 맞추고[佞], 남이 하는 자기비판에 대해 교묘하게 잘 받아치는 그런 말[利口]을 그 어떤 말보다 경계해야 한다고 강조했다.[75] 민본언론이란 바로 이런 것이라고 맹자는 생각했다.

72　이규완, 앞의 글(1991), 112쪽.
73　이규완, 위의 글, 112쪽.
74　『孟子』, 盡心章句 下: "孔子曰, 惡似而非者, 惡莠, 恐其亂苗也. 惡佞, 恐其亂義也. 惡利口, 恐其亂信也."
75　이범수, 앞의 글(1996), 426쪽.

(2) 위민언론

맹자의 위민언론사상은 언론인이 행동하는 지식인으로서의 백성을 위한다는 사명으로 권력과 제도에 대해 비판적인 언론관을 지닐 것을 특징으로 한다. 언론의 존재론적 목적이 모름지기 사람을 위한 제도라면 맹자는 비판적 지식인으로서의 언론인의 역할과 사명에 대해서도 충언을 잊지 않았다. 맹자는 "나는 하늘이 낳은 백성 중에서 먼저 깨달은 자이니, 장차 이 도로써 백성을 깨닫게 할 것이다. 내가 그렇게 하지 않으면 누가 하리오."[76]라고 하여 언론인의 임무를 깨우쳐준다.

이를 현대적 언어로 말하면 언론인으로서의 지녀야 할 비판정신을 말하는 것으로 위민언론관이라 하겠다. 위민언론爲民言論은 기자정신이 구현해야 할 구체적인 윤리적 과제다. 기자란 누구인가. 기자는 뉴스를 전하는 사람이다. 역사가 과거의 기록이라면 신문은 오늘의 역사이다. 따라서 기자는 오늘의 역사를 기록하는 사람이다. 사관史官이 춘추필법春秋筆法으로 사실史實을 기록하듯이 기자는 오늘의 사실事實을 독자에게 알리는 일을 한다.

맹자도 언론인의 자세와 관련해서도 논박하기를 잊지 않았다. 즉 "선비가 말할 경우가 아닌데도 말을 하거나, 또 말을 해야 할 경우인데도 말하지 않는 것은 벽을 뚫고 담을 뛰어 넘어 도둑질하는 것과 다를 바 없다."[77]고 하였다. 이는 모름지기 언론이 '할 말은 반드시 다 한다'는 언론철학을 드러내는 것으로, 조선시대 선비들에게 이어져, 하늘이 두 쪽 나고, 목에 칼이 들어와도 할 말은 반드시 다한 언론사상으로 승화되었다.

---

76 『孟子』, 萬章章句 上: "予天民之先覺者也. 予將以斯道, 覺斯民也. 非予覺之而誰也."
77 『孟子』, 盡心章句 下: "士末可以言而言, 是以言餂之也. 可以言而不言, 是以不言餂之也, 是皆穿踰之類也."

언론의 사명은 무엇보다도 언론이 '진리와 함께' 하는 데 있다. 언론이 있는 것을 없는 것처럼, 없는 것을 있는 것처럼 왜곡·조작하는 반언론적 행위에 대해 저항하고 거부하는 것은 당연하다. 사실과 진실을 있는 그대로 보도하는 것은 기자의 의무이자 책임이다. 기자의 언言(보도)과 론論(논평)은 모름지기 국민의 것이어야 한다.[78]

맹자는 "어떤 것을 일러 안다고 하느냐. 편파된 말의 경우 그 가려진 것을 알고, 음탕한 말일 경우 그 탐닉하고 있는 뜻을 알고, 간사한 말일 경우는 그 배반하고 가는 것을 알며, 도피하는 말일 경우 그 궁색함을 아는 것을 알아야 한다."[79]고 하여 언론의 보도가 진실성을 담보하고 있어야 함을 뒷받침했다.

맹자는 이러한 기자정신에 대해 "대인은 말로써 믿음을 기약하지 않으며, 행함으로써 결과를 기대하지 않는다. 오로지 의가 있는 곳으로 한다."[80]라고 하였다. 곧 언론인은 의를 좇아 사회적 의무를 다해야 한다는 것이다. 기자는 국민의 눈과 귀를 대신한다. 기자는 언론행위에 앞서 늘 이러한 마음을 되새겨야 한다. 이를 소홀히 하면 기자는 사회의 모순과 비리를 광정해 나가지 못한다. 기자정신이 실종되면 국민의 알권리 실현은 요원하게 된다. 기자는 일에 대한 의욕과 정의감을 지녀야 한다. 사물을 꿰뚫어보는 전문적인 지식과 불굴의 비판정신도 동시에 요구된다.

기자는 언론인으로서의 치열한 직업적 긍지를 가져야 한다. 기자의 긍지는 기자로서의 직분을 다하고, 언론의 사명을 구현할 때 비로소 생긴다. 기자가 언론인으로서의 긍지를 지니지 못하면 필연적으로 부

---

78 김영재, 『현대사회와 민주언론』(사람, 1997), 335쪽.
79 『孟子』, 公孫丑章句 上: "何謂知言? 詖辭知其所蔽, 淫辭知其所陷, 邪辭知其所離, 遁辭知其所窮."
80 『孟子』, 離婁章句 下: "大人者, 言不必信, 行不必果, 惟義所在."

패한다. 국민에게 정직하지 못한 기자를, 언론을 뭐라고 하는 지는 새삼 이를 필요도 없다. 남자로서는 죽음보다도 참기 어려웠던 궁형宮刑을 당하면서까지 끝까지 살아남아 『사기』를 썼던 사마천의 역사정신·언론혼을 항상 간직해야 한다.

맹자는 위에서만 좋아하는 말만 지껄인다면 그것은 이미 언론이 아니라고 했다. "위에서 좋아하는 것이 있으면 아래에서는 반드시 아첨이 심해지는 법이니, 군자의 덕은 바람이며, 소인의 덕은 풀이다. 풀에 바람이 더하면 반드시 눕는다 했으니 이는 세자에 있다."고 하여 기자정신의 진수를 깨우쳐 주고 있다.[81]

기자는 용광로처럼 활활 타오르는 정열을 지녀야 한다. 객관적인 보도를 위해서는 이성을 잃지 않는 냉철한 지식인이어야 한다. 그러나 아득한 심연에는 불의에 대해 증오하고 항거할 줄 아는 용기가 있어야 한다. 인간적으로는 가슴깊이 따뜻한 사랑과 눈물을 삭이는 마음을 요구한다. 옳고 그른 마음의 분별은 진실에 대한 앎에서 비롯된다[是非之心 智之端也]고 말했던 맹자의 참 언설사상은 백성을 위한다는 위민언론관에서 구현되는 것이고, 이는 언론인이 반드시 실천해야 할 사상적 자기 지표다.

---

81 『孟子』, 藤文公章句 上: "上有好者, 下必有甚焉者矣. 君子之德風也, 小人之德草也. 草尙之風, 必偃是在也子."

2. 조선조 언론의 주체

1) 선비와 선비문화

조선시대의 언론은 대부분 선비에 의해 전개되었다. 선비는 유교적인 인품과 덕성, 그리고 학문을 구비한 조선시대를 대표하는 지성인이었다. 그들은 언론을 바탕으로 한 공론정치公論政治를 통해 유교적 이상국가인 대동사회大同社會를 구현하려고 했다.

선비는 재조선비와 재야선비로 구분한다. 재조선비는 관료를 역임하는 선비를 일컬으며, 재야선비는 초야에 묻혀 학문을 닦는 선비를 말한다. 유학의 본령이 학문을 배우고 익혀서 세도를 바르게 하는 데 있는 것임을 감안하면, 재조선비의 사명과 선비정신은 매우 중요하다. 조선시대 언론행위를 담당했던 그들의 사고와 철학적 신념, 언론관에 따라 조선조 언론의 성격이 가늠되었다.

조선시대의 언론을 이해하기 위해서는 언론의 주체였던 선비와 선비정신에 대한 이해도 불가피하다. 그것은 앞서도 얘기했듯이 조선시대 언론이 선비의 생각과 행동에 따라 그 모습을 드러내기 때문이다. 선비는 곧 조선시대 언론의 주체로써 조선시대의 언론인이었다. 이 절에서는 선비에 대한 개념과 선비정신의 추적을 통해 조선시대 언론인들의 의식구조를 살펴보기로 한다.

먼저 선비는 누구인가 하는 것이다. 선비란 우리말 사전의 풀이에 의하면 학식은 있으나 벼슬을 하지 않은 사람, 학덕이 있고 행동과 예절이 바르며 의리와 원칙을 지키고 관직과 재산, 부귀공명, 명예를 탐내지 않는 고결한 인품을 지닌 사람, 학문을 하는 사람 등으로 풀이한다.

즉 학문과 도덕을 두루 갖춘 전인적인 인물을 가리키는데 특히 유교 이념을 구현하는 인격체 또는 신분 계층을 일컫는다.

선비를 한문으로 표기할 때는 '사士' 또는 '유儒'로 쓴다. 사는 '벼슬한다'는 뜻인 사仕와 관련된 말로서 일정한 지식과 기능을 갖고서 어떤 직분을 맡고 있다는 의미를 갖는다. 정약용丁若鏞은 벼슬을 하는 자를 사로 불렀을 뿐 아니라 선생[先賢]의 도道를 배워서 벼슬에 나아갈 출사 지망자 또한 사로 보았다.[82] 신흠申欽은 "몸에 기량을 간직하고 나라에서 기용하기를 기다리는 자도 사"라고 하였다. 그는 "사가 사의 행실을 얻은 것은 유이다. 공자가 이른바 유행儒行이라고 한 것이 이것이다."[83] 라고 하여 사가 곧 유라고 했다. 이처럼 조선시대에는 선비를 뜻하는 한자어로 사와 유가 함께 사용되었다.[84]

〈표 1〉 선비의 개념과 정의

선비(士)		
	孔 子	"志士仁人, 無求生而害人, 有殺身而成仁."
	曾 子	"任重而道遠, 仁以爲己任, 不亦重乎, 死而後己, 不亦遠乎."
	孟 子	"窮不失義, 達不離道."
	趙光祖	"業爲學問者, 冀得展其懷抱, 有補於生民耳."
	李 滉	"禮義之宗, 元氣之寓."

※출처 : 금장태, 『한국유학의 탐구』(서울대학교 출판부, 1999), 77쪽.

---

82 丁若鏞, 『與猶堂全書』卷15, 雜著2, 東湖文答, 論臣道.
83 申欽, 『象村集』卷40, 雜著2, 士習篇: "藏器於身, 待用於國者, 士也…士而得士之行者曰儒, 孔子所謂儒行是也."
84 이장희, 『조선시대 선비연구』(박영사, 1989), 9쪽.

공자는 사라는 계급적 의미보다는 유라는 인격적 개념을 중시했다. 공자는 도에 뜻을 두어 거친 옷이나 음식을 부끄러워하지 않는 인격을 참된 선비의 모습이라고 했다. 공자는 또 행동에 염치가 있는 것[行己有恥]을 선비의 조건으로 지적하며 "뜻있는 선비와 어진 사람은 살기 위하여 어진 덕[仁]을 해치지 않고, 목숨을 버려서라도 그 어진 덕을 이룬다[殺身成仁]."[85]고 해 선비가 지향하는 참된 가치는 지위와 생존을 초월한 지선至善을 추구하는 인격성에 있음을 강조했다.[86]

증자도 "선비의 임무는 무겁고 갈 길은 멀기 때문에 그 마음이 넓고 뜻이 굳세어야 한다. 인으로써 자기 임무를 삼았으니 어찌 무겁지 않으랴."[87] 하여 인의 덕목을 지적하였다. 자장子張은 "선비가 위태로움을 당하여서는 생명을 바치고 이익을 얻게 될 때에는 외로움을 생각한다."[88]고 하여 의로움의 덕목을 역설했다.

맹자는 선비란 뜻을 숭상하는 것을 임무로 한다고 말하고 그 뜻을 숭상하는 내용은 어진 덕과 의로움[仁義]이라고 했다. 또한 "선비는 일정한 생활 근거[恒産]가 없어도 변함없는 마음[恒心]을 가질 수 있는 인격"[89]이라 하여 선비는 곤궁하여도 의를 잃지 않고, 현달하여도 도를 벗어나지 않는다고 했다.

이 같은 선비상을 종합해 볼 때 결국 선비는 학자적 기질을 지닌 지성인이며, 책임을 생활 철학으로 삼는 성실인이었다. 아울러 선비는 자기의 정신 질서를 고수하기 위해 생명을 불태우는 지조인이자 풍류

85　『論語』, 衛靈公篇: "志士仁人, 無求生以害仁, 有殺身以成仁."
86　금장태, 앞의 책(1999), 308쪽.
87　『論語』, 泰伯篇: "士不可以不弘毅. 任重而遠道. 仁以爲己任, 不亦重乎. 死而後己, 不亦遠乎."
88　『論語』, 子張篇: "士見危致命, 見得思義."
89　『孟子』, 盡心章句 上: "…故士窮不失義, 達不離道. 窮不失義, 故士得己焉, 達不離道, 故民不失望焉. 古之人得志, 澤加於民不得之, 修身見於世. 窮則獨善其身, 達則兼善天下."

조선시대의 언론연구

를 아는 예술인이었다. 그러므로 "선비는 몸을 닦아 행실을 깨끗이 하고, 구차한 이득을 바라서는 안되며, 정情을 다하고 실實을 다하여 남을 속이는 일을 하여서는 안된다. 선비는 의롭지 못한 일을 마음으로 헤아리지 아니하며 사리에 어긋나는 이득을 집에 들여놓지 않는 것"이 선비가 취할 도리였다.[90]

여기서 선비[士 · 儒]와 양반[士大夫 · 兩班]에 대해서도 구분하고 얘기를 전개할 필요가 있다. 선비는 본질적으로 인격적 개념이다. 이에 비해 양반은 계급적 · 신분적 의미를 뜻한다. 따라서 아무리 고관대작의 후예라 할지라도 함부로 선비가 될 수는 없었다. 선비는 육경과 육예 가운데 반드시 일경과 일예에 통달하는 등 선비로서의 요건을 갖추어야 했다. 이에 합당하면 비록 서얼 · 평민 · 상한이라 할지라도 선비가 될 수 있었다. 실제로 이들 집단 가운데 극히 소수이기는 하지만 선비가 배출되기도 했다.

그러나 양반은 원칙적으로 이를 배제했다. 타고난 신분적 계급에 의해 이미 그 본분이 정해져 있었기 때문이다. 그런데도 현실적으로 선비와 양반은 대개 같은 집단으로 이해된다. 그것은 대부분의 선비가 양반 출신이었고, 또한 글을 깨우치고 유교적 이념을 배우는 등 선비로서의 필수적인 요건을 두루 갖추고 있으므로 선비가 될 소지가 많았다.

따라서 선비는 사 · 농 · 공 · 상의 신분적 · 계급적 개념이 아니라 지조를 지닌 성실한 인간이자 유교적 이념을 구현하는 인격체라 할 수 있다. 조선시대의 선비는 오늘날의 기준으로는 지성인으로서 '앎'을 깨우친 사람이다. 선비는 앎이라는 깨우침을 자신만을 위해 쓰지 않고 양심의 거울에 비춰 민중을 위해 현실에 실천함으로써 자신의 도덕적

---

90 『內訓』, 卷3, 廉儉章(이장희, 앞의 책, 1989, 16쪽 재인용).

〈그림 1〉 松下觀瀑圖
여유롭게 폭포를 바라보고 있는 유연하고 한가한 모습에서 선비들의 정신세계를 엿볼 수 있다
(尹斗緒, 海南尹氏古畵帖, 보물 제481호, 비단에 수묵, 18.5×19cm, 윤영선 소장).

지표로 삼는다. 진정한 선비는 세태가 어지러워지고 윤리와 도덕이 땅
에 떨어지면 선지자처럼 홀연히 드러난다. 세상이 혼탁하면 혼탁할수
록 선비와 선비정신은 드높아지는 것이다.

선비는 투철한 신념을 갖지 않으면 안된다. 자기가 생각하는 바를
지켜나가는 용기가 없고서는 선비가 될 자격이 없다. 세속적인 이해

때문에 자기의 신념을 저버리거나 비굴해진다면 설령 그가 많은 것을 알고 있어도 선비일수는 없다. 그러면서 다른 한편으로는 자기를 알아주는 사람을 위해서는 최선을 다하여 봉사하는 마음을 갖는다. 그렇다고 스스로 자신을 알리기 위하여 마구 날뛰는 사람도 진정한 선비가 아니다. 선비는 사실을 올바르게 판단할 수 있어야 한다. 물론 사실을 정확하게 판단한다는 것은 단순히 지적으로 하는 것이 아니라 앎을 실천할 수 있어야 함은 전제로 한다. 옳고 그름을 판단하여 직언할 수 있어야 선비이다. 권력 앞에 굴종하거나 권위에 굴복하여 사실을 사실대로 말할 수 없다면 그것은 선비의 도리가 아니었다.[91]

선비는 남의 본이 되어 높임을 받는 사람을 말한다. 선비가 '글만 할 줄 알고 세상 물정을 모르는 사람'을 뜻하게 된 것은 근세에 들어와서의 일이다. 선비는 글을 통해 평생 동안 학문과 도를 닦으며, 생활 태도에서는 명분과 원칙을 중요시했다. 선비는 재물에 대한 욕망을 극복한 사람으로서 풍류적인 생활을 즐길 줄 알며 현실 정치에 늘 관심을 가진 지사였다.[92]

2) 선비상과 선비정신

선비정신이란 선비들이 지녔던 가치관을 말한다. 선비는 사사로운 물질적 이익을 추구하지 않는다. 그러기에 결코 권세나 개인의 영달을 쫓지 않는다. 다만 예·의·염·치를 실천함으로써 그 밝은 덕이 세상

91   조진기, 「한국의 선비정신」, 『월령문리』 창간호(경남대학교 문리과대학, 1984), 25쪽.
92   고병익, 「선비와 현대의 지식인」, 『선비와 지식인』(문음사, 1985), 155쪽.

을 비추게 할 뿐이다. 여기에 선비와 선비정신의 위대함이 있다.

선비정신의 긍정적인 측면으로는 학자적 기질, 지사적 기질, 직분의식, 염치, 의리정신, 비판정신, 안빈낙도, 고고성, 역사와 윤리의식 등을 들 수 있으며, 부정적인 측면으로는 문약적 기질, 비과학성, 직업관의 부족, 비기업성, 비진취성, 비협동성, 비생산성, 자기중심성, 권위주의, 귀속주의 등을 말할 수 있다.[93] 이러한 정신은 우리 민족문화의 선비상에서 그 모델을 발견할 수 있으며, 이 같은 선비정신이야말로 현대 사회의 어느 면에서나 전문적인 지식과 함께 기본적 정신 골격으로 일관성 있게 재현되어야 할 덕목이다.

선비의 긍정적인 면으로는 무엇보다도 먼저 조신한 몸가짐을 들 수 있다. 선비는 의롭지 못한 일을 하면서까지 부귀를 탐내지 않는다. 차라리 불의에 항거하여 죽음을 택할지언정 살아서 몸을 욕되게 하지 않는다. 벼슬을 하지 못해 빈궁한 생활을 해도 본분을 망각하는 일이 없다. 언제나 겸양의 예로써 자신을 지키고 글 읽는 데 전념하는 것이 선비된 도리이다.[94]

예禮·의義·염廉·치恥는 선비가 반드시 지녀야 할 덕목이었다. 선비는 예·의보다는 염·치를 더 소중히 했다. 염·치란 청렴과 부끄러움을 뜻한다. 이는 덕성과 인격을 구분하는 잣대가 된다. 따라서 염·치가 없다면 사람으로 여기지도 않았다. 사람이 사람으로서 갖춰야할 청렴과 부끄러움을 모르는데 무엇을 더 말할 것인가라는 것이다. 일자무식한 필부에게서도 이러할진대 하물며 '앎'이란 무엇인가를 알고 있는 선비에게는 두말할 나위 없다.[95]

---

93   전영배, 『한국사상의 흐름』(지구문화사, 1995) 참조.
94   이장희, 앞의 책(1989), 216쪽.
95   이장희, 위의 책, 217쪽.

염·치는 선비가 무엇보다 소중히 해야 할 윤리적 가치였다. 무릇 염·치는 물욕을 방지하고 비리와 부정부패를 억제케 하는 선비의 으뜸이 되는 절개[大節]이다. 오늘날 우리 사회의 구조적 모순, 즉 정경유착이나 부정부패 등은 현대의 선비라 할 지식인들이 염·치를 버리고 물질의 노예가 된 데에 그 원인이 있다. 선비의 평생의 업은 따뜻하게 입고 배부르게 먹는 것이 아니라 지행합일의 실천궁행인 것임을 상기하면 염·치의 회복이야말로 '깨끗한 사회'의 첫걸음이다.[96]

또한 사람이 살 만한 세상을 만들기 위해 언로를 주목한 선비정신도 눈여겨볼 만하다. 대저 언로가 통하면 백성이 평안하고 언로가 막히면 나라가 어지럽게 된다는 언론정신은 현대 민주정치의 뼈대를 이루는 토대라 해도 과언이 아니다. 선비는 이해관계에 얽매이지 않으므로 떳떳했고, 또 당당하게 원리와 원칙 위에서 정론을 펼 수 있었다. 선비들의 의견은 청의淸議라 하여 명분과 원칙을 지키는 견제 구실을 했다.

선비의 학자적 기질도 배울 만하다. 선비의 학문은 평생 동안의 성현의 말씀을 거울삼아 몸소 배워서 실천하는 데에 있다. 선비의 학문은 배워서 출세하기 위한 것이 아니라 어떻게 죽을 것인가를 위해 하는 공부이다. 따라서 선비가 익힌 학문과 덕은 자신을 위해서가 아니라 이 나라와 민중을 위해서 쓴다. 참된 선비는 벼슬에 있을 때는 도를 행하여 백성들로 하여금 태평성대를 누리게 하며, 벼슬에서 물러나서는 만대에 모범이 될 만한 가르침을 펴야 한다.

뿐만 아니라 삶을 이해하는 예술인으로서의 풍류정신, 지사적 기질과 의리정신, 분수를 지키며 안빈낙도하는 청렴한 인생관과 직분의식,

---

96 이장희, 위의 책, 217쪽.

여유 있는 고고성, 겸허한 윤리의식과 역사를 두려워하는 역사정신도 우리가 본받아야 할 소중한 가치이다.

이 같은 선비정신의 근저에는 입지立志가 있다. 퇴계退溪 이황李滉은 "선비가 병폐를 일으키는 것은 입지, 즉 뜻을 세우지 못한 것 때문"이라고 지적하면서 입지의 중요성을 강조했다.[97] 선비가 뜻을 세운 것이 확고하면 의리와 명절名節(명분과 절개)을 생명보다 중시하게 된다. 그리하여 마침내 의를 굽혀 비굴하게 사는 것보다 영광된 죽음을 택한다. 그러므로 불의를 보면 선비는 서슴없이 자신의 목숨을 초개와 같이 내던진다.

물론 선비의 부정적 요소 또한 적지 않다. 그 가운데 선비가 학문에만 종사하고 농·공·상을 천하게 본 것은 결과적으로 산업 능력의 저하를 가져 왔으며 문약을 초래해 국방력의 허점을 드러냈다. 선비가 과학정신이나 기술 기능직을 천시하는 경향은 생산적인 생활 개척을 소홀히 함으로써 국력 저하의 큰 원인이 되었다.[98] 그런 의미에서 오늘날 우수한 인재가 의대나 법대 등으로만 몰리는 것은 국가 발전의 커다란 저해 요소다.

유학은 본질적으로 복고사상復古思想을 지닌 학문이다. 필연적으로 자기중심적인 권위주의와 귀속주위로 흐르기 쉽다. 복고풍과 보수성保守性은 절대 권력을 견제하고 현 체제를 안정시키는 긍정적인 면도 있다. 문제는 이를 너무 강조한 나머지 미래의 대책이 없다는 점에서 부정적이다. 하지만 선비가 '의'라는 자존심을 꼿꼿하게 유지하고 지킬 수 있는 것은 이러한 보수성에서 기인하고 있음을 알아야 한다. 건전한

---

97 李滉, 『退溪全書』 卷24, 書, 答鄭子中惟一: "夫士之所病無立志耳."
98 이장희, 앞의 책(1989), 229~236쪽 참조.

〈그림 2〉 선비의 기상
선비정신은 21세기 한국인의 국민상으로 되살려야 할 가장 귀중한 문화코드이다. 선비의 절개를
상징하는 대나무의 기개가 하늘을 찌른다(출처 : http://blog.naver.com/han_helper/80025184785
자료사진).

보수는 면면히 이어가야 하나 바람직하지 못한 복고주의나 수구 반동
은 반드시 버려야 과제다.

　선비도 최소한의 생활을 유지할 수 있는 경제력이 뒷받침되어야만
선비 행세를 할 수 있었다. 경제력을 유지하지 못한 선비는 양민으로
전락하거나 혹은 민중을 착취하고 억압하는 속된 선비[俗儒], 사이비 가
짜 선비[假儒], 썩은 선비[腐儒] 등으로 나타났다. 이들은 이미 선비로서
의 체통을 잃었으므로 선비로서의 자격을 상실했다 하겠으나 그대로
선비 행세를 하여 참선비상을 흐리게 했다. 이러한 선비의 비행이 후
대에 잘못 비춰져서 선비들의 모습이 고루한 토호지배계급으로 이해되
는 경우가 많았다.[99]

조선 후기에 이르면 선비정신이 껍데기뿐인 전통으로 변질된다. 그리하여 속된 선비나 썩은 선비, 또는 가짜 선비의 비행이 사회문제화되기도 했다. 선비상의 왜곡은 정치에서부터 나왔다. 잇따른 사화라는 정치투쟁을 겪으면서 사림이 권력을 독점하게 되자 선비들은 학통과 혈연, 지연 등에 따라 급속히 분열되었다. 선비가 권력의 부당성을 비판하면서 견제할 때는 순수한 입장을 지켰으나, 권력의 주체가 되었을 때는 엄청난 권위를 독점하여 지배자로서 서민대중을 억압하고 착취하는 구실을 하였던 것이다.[100]

이와 함께 선비는 정치권력을 독점한 세력으로서 사회의 문화와 규범을 담당하는 역할을 수행하였는데 선비문화는 중국문화 사대주의에 젖어 민족문화의 자주성을 손상시키거나 훼손하기도 했다. 더구나 이러한 유교문화는 점점 세련되면서 엄청난 형식주의를 몰고 와 실질적인 서민문화를 위축시키거나 천시하는 문제점을 낳았다. 선비문화의 이 같은 규범 체계는 사회의 도덕질서를 확보하는 기능을 수행했으나 선비의 계층적 권위를 강화하여 양반과 신분적 차별을 더욱 심화시키면서 계층 사이의 분열을 확대하는 폐단을 일으키는 역작용을 불러오기도 했다.[101]

한편 선비문화의 관념성과 형식성을 반성하고 실질적 효용성에 대해 관심을 높이는 학문이 대두되었다. 실학사상이 바로 그것이다. 이들 실학파 선비들은 기존의 문화가 지닌 허위적인 면모와 문제점을 깊이 성찰하고 폐단을 개선하여 진실된 모습을 찾기 위한 방안을 구체적으로 제시했다.[102]

99   이장희, 위의 책, 236~239쪽 참조.
100 금장태, 『유학사상의 이해』(집문당, 1996), 321쪽.
101 금장태, 위의 책, 322쪽.

박지원朴趾源은 농사를 밝히고, 상품을 유통하게 하고, 공장에게 은혜롭게 하는 것을 선비의 실학이라고 지적했다. 그는 재화의 생산이 인간 생활의 필수임에도 선비가 의리만 내세워 재화를 비천한 것으로만 보는 시각을 비판하면서 재화의 생산 활동이 바로 도덕적이라고 강조했다.[103] 정약용도 "선비란 어떤 사람인가. 선비는 어찌하여 손발을 움직이지도 않으면서 땅에서 생산되는 것을 삼키며 남의 힘으로 먹는가."라고 반문하면서 선비가 무위도식하는 유식 계급임을 비판했다.[104]

한말에 이르면 한동안 침체되었던 선비정신이 다시 융성하게 일어난다. 이른바 위정척사파 선비들이라 불리는 그들은 도학 정통에 상반되는 이단으로서 천주교에 대한 배척을 강화하였고, 아울러 그 의리에 배반되는 오랑캐로서 침략 세력을 거부하였다. 이들은 도의 정통성과 우리 민족의 문화적 우월성에 대한 신념을 확고히 지니고 있었다.[105]

일본의 침략이 노골화되자 유인석柳麟錫은 의병을 일으키면서 "죽음은 선비의 의리"라고 천명, 선비의 저항정신을 드높였다. 그는 국난을 맞아 선비가 할 일은 세 가지뿐인데 그 하나는 의병을 일으켜 거역하는 무리를 쓸어내는 것이며, 둘째는 떠나서 옛 제도를 지키는 것이며, 셋째는 죽음으로서 지조를 온건히 하는 것이라고 제시했다.[106] 이 시대의 선비들은 의병을 일으키거나 자결하여 지조를 강하게 드러냈다. 또는 산 속으로 은거하거나 해외로 망명하여 전통 제도를 고수함으로써 선비의 절의정신을 발휘했다.[107]

---

102 금장태, 위의 책, 321~322쪽.
103 朴趾源, 『燕巖集』 卷7, 別集, 楓嶽大堂集序.
104 丁若鏞, 『與猶堂全書』 卷17, 詩文集, 田論5.
105 금장태, 앞의 책(1996), 324쪽.
106 柳麟錫, 『毅庵集』, 昭義新篇.
107 금장태, 앞의 책(1996), 325쪽.

일제 강점기에 전통 도학 선비들은 고루하고 부패했다는 등 혹독한 비판을 받았지만 오히려 끈질기게 억압에 항거하였다. 그들은 민적 등록을 거부하고 창씨개명 등 일제의 동화 정책을 끝내 부정했다. 이러한 저항정신은 선비들의 강인한 민족정신이 발현되어 민족정기를 지킨 긍정적 의미를 담고 있기는 하나, 이미 변혁된 사회에서 국민정신의 지표가 되기에는 지도적인 기능을 상실한 것이기도 했다.[108]

선비는 의리지학을 삶으로 실천하는 사람이다. 참된 선비정신은 앎과 삶을 실천궁행하는 선비에 의해 면면히 이어져 왔다. 선비를 선비답게 하는 것은 그 정신세계이다. 따라서 사회적 신분으로서의 선비와 선비정신은 별개로 보아야 한다. 그러기에 다 같은 성리학을 배웠어도 결과는 서로 판이하게 나올 수 있다. 가령 이슬을 젖소가 먹으면 '우유'를, 뱀이 먹으면 '독'을 뿜는 것과 같은 이치다.

그러나 우리는 이를 혼동하고 있다. 마치 오늘날 '교사는 많으나 스승은 드물다'고 할 때 교사와 스승[師道]이 구분되어야 함과 같다. 선비도 참된 선비[眞儒]와 속된 선비[俗儒]가 있기 마련이다. 우리는 선비라하면 곧 시대에 뒤떨어진 고루한 인상이거나 민중을 착취하는 억압 계급 등의 부정적인 요소를 흔히 떠올린다. 우리가 계승하고자 하는 것은 결코 이런 가짜 선비[假儒]가 아니다. 우리가 이상적인 인간상으로 추구하는 선비는 봉건 신분사회에서 군림하는 썩은 선비[腐儒]의 생활 태도가 아니라 신분을 초월한 참된 선비정신이다.

선비정신은 행동하는 지성이며 양심이다. 현대적 선비의 조건은 무엇보다 먼저 현실적이고 감각적인 욕구에 매몰되지 않고 보다 높은 가치를 향하여 상승하기를 추구하는 가치 의식이다. 그리고 그 신념을

108 금장태, 위의 책, 326쪽.

실천하는 데 꺾이지 않는 용기를 지녀야 한다. 또 자신의 과오를 반성할 줄 아는 성찰 자세가 필요하며 사회의 모든 계층을 통합하고 아우르는 지혜도 필요하다. 선비는 신분적 존재가 아니라 인격의 모범이며 시대적인 사회의 양심으로서 인간의 도덕성을 개인 내면에서나 사회질서 속에서 확립하는 원천이어야 한다.

선비정신이 그 사회에 정당성을 부여하고 역사를 의롭게 이끌어 갈 지성과 정의를 내포하는 것이라면 그것은 끊임없는 자기 극복이어야 하고 항상 새로운 자기 창조라야 한다. 물론 조선시대의 의리가 현대 사회의 의리일 수는 없다. 변화의 다양성을 넘어서 이념의 보편성과 연속성을 스스로 밝혀낼 수 없다면 선비정신은 의리의 실현 주체임을 포기하는 것이 된다.[109] 현대사회가 요구하는 선비는 민중과 동떨어진 공리공론을 일삼는 관념적인 고고형이 아니라 민중과 함께 현실 의식에 투철하면서도 현실에 매몰되지 않고, 현실을 보다 높은 차원으로 지향하려는 이념형 인간이라 하겠다.

제2장 조선시대 언론문화

---

109 금장태, 「의리사상과 선비정신」, 『한국사상의 심층연구』(우석, 1986), 250쪽.

제3장 조선시대의 제도언론

| 제도언론의 구성 | 대간언론 | 제도언론의 보조시스템 | 조선시대 언론의 실제적 기능 | 조보론 |

조선시대의 제도언론

1. 제도언론의 구성

1) 언론의 성격과 특성

조선시대의 언론과 현대의 언론은 많은 차이점이 있다. 자유주의적 연원을 가지고 다원적 사회에서 다양한 기능을 수행하는 현대언론의 커뮤니케이션 주체는 일반적으로 민간 조직이다. 조선조 언론의 주체는 정부의 공식 기구로서 제도화된 조직이었다. 현대언론은 전달 방식을 주로 매스미디어나 멀티 테크놀러지multi technology에 의존한다. 조선조 언론은 주로 면대면 커뮤니케이션이나 소집단 커뮤니케이션의 퍼스널 커뮤니케이션적인 성격을 지녔다. 현대언론은 익명의 불특정 다수를 수용자로 한다. 조선시대 언론은 제한된 영역의 특정 수용자가 커뮤니케이션의 목표다. 언론의 내용에 있어서도 현대언론이 자연 발생적인 성격을 갖는데 비해 조선조 언론은 다분히 목적성이 강하기 때문에 규범적이고 가치 지향적인 내용을 반영했다. 커뮤니케이션 효과에 있어서는 현대언론은 수용자가 다수이므로 효과가 확산적이다. 조선조 언론은 수용자가 한정되어 있어 확산성은 약한 반면 효과의 강도는 매우 높은 특징을 지녔다.[1]

조선시대 언론은 서구에서 발생, 성립한 미디어 중심의 언론개념과는 근본적으로 다르다. 조선시대의 언론은 커뮤니케이터 중심의 인간·정신·가치·규범 등이 내재된 이념형 언론체계이다. 이른바 권위주의·자유주의·공산주의·사회책임이론 등 '언론의 4이론'으로 굳이 규정할 수는 없지만, 종사宗社의 유지, 발전과 유교적 이상정치의 구현이라는 목적론적 관점에서 보면 권위주의·공산주의 이론과 맥락을 같이 한다. 그러나 그 목적달성에 접근하는 방법론을 통제적 측면에서 관찰하면 오히려 자유주의 유형에 가까운 일면을 지녔다. 조선시대의 언론은 유교이념이 설정한 가치 지향적이고 규범적인 상황 하에서 투철한 사명의식에 입각하여 기능한다는 점에서 그 사상적 기초를 사회체계와 관련지어 평가한다면 사회책임이론적 성격을 지닌 혼합형 언론이라 할 수 있다.[2]

조선시대의 언론은 공식적인 정치적 커뮤니케이션 담당자로서 대체로 규범적이고 가치 지향적인 커뮤니케이션을 수행했으며 성리학적 정치 이념에 입각한 사회적 정의와 시대정신을 반영하는데 주력했고, 언로의 광개를 위하여 스스로 투쟁했다. 조선조 언론은 단순한 사실의

---

1   목정균, 『조선전기 제도언론 연구』(고려대학교 민족문화연구소, 1985), 7~9쪽.
2   목정균, 위의 책, 243쪽.

기술이나 보고보다 그 시비를 엄격히 가리고 논사論事(언론행위)를 통한 일종의 사정기관으로서의 사명을 완수하기 위해 상당한 희생도 감수함으로써 이념적 차원에서나 실천적 차원에서 사회적·윤리적 지도성을 크게 발휘하는 기능을 담당했다. 이는 현대의 언론, 특히 변화하는 정치 사회에 있어서의 언론에 시사하는 바가 크다.[3]

조선시대 언론의 성격은 첫째, 그 내용이 유교적 명분을 확보하고 있느냐 아니냐에 따라 정론正論·政論과 사론邪論·私論이 구분됐다. 언론의 내용이 아무리 우수하고 논리적 합리성과 정당한 이유를 지녔다 할지라도 '정명분正名分'을 확보하지 못하면 결코 '공론'으로 기능할 수 없었다. 조선이 유교국가를 지향하는 만큼 유교적 명분은 참 언론을 구분하는 잣대로 기능했다.

둘째, 표현행위로는 '예禮'가 그 기준이 됐다. 조선시대의 언론은 근본적으로 신하가 국왕을, 하관이 상관을 설득하려는 오피니언적 커뮤니케이션이라는 특성을 지녔다. 이는 권력과 제도를 상대로 한 설득커뮤니케이션이라 할 수 있다. 따라서 커뮤니케이션 발화자는 늘 신중하고 긴장할 수밖에 없었다. 자칫 잘못하다가는 생사여탈권을 쥔 권력에 의해 커뮤니케이션이 묵살될 뿐 아니라, 심하면 자신의 몸에 위해가 되돌아올지도 모른다. 그러므로 언론행위를 할 때에는 예에 대해 엄격하였으며, 마땅히 예에 그르치면 사론으로 배척되어 의사소통에 참여할 수 없었다.

셋째, 언론의 표현방법에서는 은유와 비유, 상징, 고사인용 등 수사법이 발달되었다. 서양의 커뮤니케이션이 논리적·이성적으로 발달해왔다면 동양의 커뮤니케이션은 감성적·문학적으로 발달해왔다. 그것은

---

3   이택휘, 「조선조의 정치문화와 언론의 기능」, 『현대사회』 제18호(현대사회연구소, 1985년 여름호), 71쪽.

커뮤니케이션의 최종 수용자가 대개 국왕이라는 절대권력이었기 때문이다. 봉건군주시대에 커뮤니케이션을 하기 위해서는 마음 놓고 아무거나 제멋대로 할 수는 없었다. 커뮤니케이터는 그 표현이 매우 조심스럽고 세심하지 않으면 안되었다. 군주의 심사를 건드리지 않고, 그를 효율적으로 설득하기 위해서는 옛 고사를 인용하는 등 다양한 표현방법을 달리 할 수밖에 없었다.

메시지는 같은 내용이라 할지라도 어떻게 제시하고, 또 어떻게 전하느냐에 따라 그 결과는 판이하게 달라진다. 조선시대 언론은 메시지의 소구방법을 직접적으로보다는 간접적으로 전달하는 방법을 많이 사용했다. 공자의 신언사상에서 영향을 받은 언론사상으로 인해 봉건 체제를 상대로 직접적인 논쟁을 전개하기보다는 간접적으로 예를 갖춰 언론행위를 전개함으로써 원래 의도했던 커뮤니케이션의 목적을 달성하고자 했다.

따라서 동양의 커뮤니케이션은 대개 일정한 형식과 틀에 의해 규격처럼 전개된다. 우선 그 첫머리에는 국왕이나 권력에 대한 찬미로 서두를 장식한다. 본론에 이르러서는 타의 경우를 예로 들어 자신이 주장하고자 하는 내용을 은근히 강조한다. 말미에는 다시 자신을 낮추는 겸양의 미덕을 발휘함으로써 커뮤니케이션이 정당성을 지녔음을 간접적으로 표현한다.

조선시대의 언론 내용은 대부분 설득커뮤니케이션 주류이다. 설득커뮤니케이션이란 커뮤니케이션 행위로 상대방을 설복시켜 나의 주장에 기꺼이 동의하게 하는 것을 말한다. 조선시대의 언론은 정보의 송신자인 커뮤니케이터가 자신의 주의 · 주장(메시지)을, 언로라는 채널을 통해 메시지의 최종 수용자인 국왕에게 전달함으로써 특정한 행동을 일으키거나, 또는 어떤 영향을 미칠 것을 목적으로 한다. 조선시대의 언론은 대체로 이와 같은 목적으로 거행되었다.

조선시대의 언론은 일대다나, 혹은 다대다의 집단적인 매스커뮤니케이션보다는 일대일 위주의 대인커뮤니케이션, 또는 폐쇄적인 소규모의 조직커뮤니케이션이 발달했다. 조선시대의 언론은 사람과 사람이 만나서 얼굴을 맞대고 정보를 주고받는 대면커뮤니케이션을 주로 이용했다. 이때 언어나 문자는 물론 때론 몸짓, 표정 등의 상징을 통하여 상대방에게 그 뜻을 알리고, 그 상징을 전해 받은 상대는 그 뜻을 해석하여 전달자의 생각이나 의도를 이해하는 것이 보편적인 커뮤니케이션 형태였다.

요컨대 조선시대의 언론은 언론의 내용이 유교적 명분을 지니고 있느냐 아니냐와 함께, 그 형식에 있어서는 은유와 비유, 상징이 많이 사용된 설득커뮤니케이션이라는 특성을 지녔으며, 그 표현 방법에 있어서는 예에 합당한 기준을 지녀야 했다고 정리할 수 있다.

2) 커뮤니케이션의 구조

조선시대의 제도권 커뮤니케이션 구조는 사헌부司憲府와 사간원司諫院을 양대 축으로 한다. 홍문관弘文館(경연관)과 이들 상대적 동반자로서의 삼공三公(삼정승)을 비롯한 육조의 의정대신, 그리고 커뮤니케이션의 최종 목적지로서 국왕이 있다. 언론행위의 직무라는 차원에서 보면 양사는 권력의 사유화와 부패를 척결하는 문제 제기자로써 국왕과 더불어 시비를 다투는 커뮤니케이션 주체가 된다. 이때 홍문관은 논사의 지위를 가지며, 양사의 언론활동을 측면에서 지원하는 2차적 주체다. 언론삼사의 상대적 동반자로서 당면한 문제에 대하여 국왕의 가부可否

를 돕는 입장에 서있는 의정대신은 통치기관으로써 어디까지나 육조를 대표하고 있고, 국왕은 제기된 문제에 대한 최종 결정자로써 주로 수용자의 위치에 있다. 이들은 커뮤니케이션의 주체라기보다는 소극적 위치에 서있는 구조라 하겠다.[4]

국왕은 권력구조에 있어서 중핵이었으며, 커뮤니케이션의 최종 목적지였다. 국왕의 반응은 커뮤니케이션의 직접적 효과를 말한다. 수용자로서의 국왕의 반응은 윤허·불윤, 그 가부가 불분명한 것, 무응답 등이 있을 수 있으며, 제기된 사안에 관한 정책이나 태도의 수정·변화 등도 있을 수 있다.[5]

조선시대 언론의 기본적인 사명은 왕의 전제를 제어하고 의정부 및 육조의 의결·집행기관과의 견제를 통한 권력 균형에 있었다. 선조는 대신과 대간臺諫의 역할론에 대해 "대간은 일을 논하여 곧바로 결단하는 것을 직무로 삼고, 대신은 일에 임하여 헤아리는 것을 직무로 삼는다."[6]고 했다. 그는 정책을 집행하는 것은 대신이 할 일이고, 대간은 대신이 추진하는 정책의 방향에 대해 판단을 내리는 일을 하는 사람이라고 규정했다. 대신과 대간은 대립적이면서도 정책 결정에 있어서는 상호 불가결한 요소라는 것이다.

인조 때 영의정 최명길崔鳴吉은 비변사 명의로 임금에게 상소하는 가운데 "대저 묘당과 대각은 서로 맡은 바 직분이 다르다. 정론을 지키고 의리를 밝히는 것은 대각의 임무이며, 경중을 저울질하고 이해를 참작하여 종묘사직을 보존하는 것은 묘당의 책임"[7]이라고 규정함으로써 대신

4 목정균, 앞의 책(1985), 80~81쪽.
5 이택휘, 앞의 글(1985년 여름호), 67쪽.
6 『宣祖實錄』卷76, 宣祖29年 6月 27日癸亥條: "臺諫以論事直截爲職, 大臣以臨機揣摩爲務."
7 『仁祖實錄』卷38, 仁祖17年 6月 15日辛丑條: "大抵廟堂, 臺閣, 所職各殊. 守正論, 明義理, 臺閣之任; 權輕重, 酌利害, 保全宗社, 廟堂之責."

과 대간의 역할을 구분했다. 이에 비해 선조 대의 대사헌 김우옹金宇顒은 "임금과 마음을 같이 하고 덕을 한 가지로 하여 몸소 나라를 잘 다스리어 도탄에 빠진 백성을 구하는 책임을 맡은 자는 대신이며, 대신과 더불어 가부를 토론하여 함께 왕업을 돕는 자는 헌신憲臣(곧 대간臺諫을 일컬음)이다."[8]라고 말함으로써 대신과 대간이 대립적이기보다는 협조적인 관계임을 역설했다.

그러나 실제 대신과 대간이 권력 행사 구조에 있어서 동등한 지위에 있었던 것은 아니다. 통상 '대신은 임금의 팔과 다리이고, 대간은 임금의 귀와 눈'으로 비유되어 위계상의 차이를 느끼기 어렵지만 실제는 이와 크게 달랐다. 대간이 제한된 범주에서 정책 결정 과정 및 인사행정 등을 비판하는 직권이 있는 반면, 대신은 왕명의 위임을 받아 국정을 총괄·주도했다.[9]

대신들의 국정 주도로 대간들이 설자리가 없게 되자 숙종조의 대사간 신양申懹은 상소를 통해 "옛말에 '대간이 대신의 눈치를 보아 비위를 맞추면 그 나라가 어지럽고, 대신이 대간의 눈치를 보아 비위를 맞추면 그 나라가 다스려진다'고 했다. 그러나 묘당과 대간이 가부를 서로 타협하는 도리는 이미 찾아 볼 수 없게 되었다. 거기다가 임금마저 말을 들을 때는 한쪽으로 치우치기까지 한다. 말이 대신에게서 나왔으면 뜻을 굽혀 따르고, 대간에게서 나왔으면 매양 미워하고 냉대하니 '간관이 비록 지위는 낮지만 권한은 재상과 서로 같다'는 뜻은 과연 어디에 있는가."[10]라고 하여 대신들의 권력 독주를 견제하고자 했다.

---

8 『宣祖實錄』卷51, 宣祖27年 5月 14日辛卯條: "與人主同心同德, 而身任經濟者, 大臣也; 與大臣交修可否, 而共贊王業者, 憲臣也."

9 정홍준, 「17세기 대신과 대간의 역학관계」, 『사총』 제42집(고려대학교 사학회, 1993), 15~17쪽.

10 『肅宗實錄』卷28, 肅宗21年 2月 10日壬寅條: "古語曰 '臺諫承望大臣風旨, 則其國亂; 大臣承望臺諫風旨, 則其國治.' 臣以近日事觀之, 廟堂, 臺諫可否相濟之道, 固已蔑如. 殿下又於聽言之際,

이익李瀷은 "대개 재상이란 권위가 있지 않으면 임금을 보좌하여 정사를 운용할 힘을 가질 수 없고, 그 무거운 권위는 있어도 착한 덕이 없으면 작게는 정사를 망치고 크게는 나라를 빼앗겨도 감히 바로 잡을 자가 없다. 이런 일이 있기 전에 잘못을 논할 수 있는 자는 오직 간관뿐이다."[11]라고 하여 대신의 권한 강화를 통한 효율적 국정 수행에 대해서는 동의하면서도 대신의 자질에 의해 국사의 성패가 달린 만큼 이를 감시하고 견제하기 위해서는 힘 있는 대간이 존재하여야 한다고 주장했다.

이처럼 대신과 대간은 힘의 균형을 이루면서 양립해야 원활한 통치가 가능할 뿐만 아니라 대신의 독단을 막아 국사를 그르치지 않을 수 있다는 것이 조선시대 대신과 대간에 대한 정론正論이었다. 이는 다시 말해 조선시대 언관의 정치적 역할은 왕권의 일익으로서 재상권의 상호 견제를 통한 권력 구조의 안정이라는 차원에서 존재하고 운영되었음을 나타낸다.

3) 언론제도와 언론매체

조선시대의 언론현상은 제도적 커뮤니케이션과 비제도적 커뮤니케이션 현상으로 구분할 수 있다. 제도적 커뮤니케이션은 관제·지배적 커뮤니케이션 형태를 말하는 것으로서 국왕이 커뮤니케이션 주체인 하향적 커뮤니케이션과 대간을 비롯한 신료, 재야의 지식인 등이 국왕에게 행하는 상향식 커뮤니케이션, 지식인 사회의 유통제도로서 기능하는 수평적 커뮤니케이션으로 구성한다. 비제도적 커뮤니케이션은 사회문화적 커뮤니케이션 제도로서 피지배계급에 의해 전개된 커뮤니케이션을 말한다. 이를 보다 구체적으로 구분하면 다음과 같이 요약할 수 있다.[12]

(1) 제도적 커뮤니케이션

① 하향적 커뮤니케이션: 교서敎書類류, 윤음綸音, 봉서封書류,[13] 비답批答(하답下答), 제음題音(제사題辭), 민간전령民間傳令, 게방揭榜(방榜), 고시告示.

② 상향적 커뮤니케이션: 대간제도臺諫制度 및 상소上疏(상서上書)류, 소지所志류, 상언上言, 원정原情, 계계啓, 신문고申聞鼓[14], 복합伏閤, 규혼叫閤, 격쟁擊錚[15].

③ 수평적 커뮤니케이션: 관關, 첩정牒呈, 첩帖, 입법출의첩立法出依牒, 전령傳令(훈령訓令), 치통馳通, 회통回通, 통유通諭, 조보와 유사물(분발分撥, 정사政事, 소차疏箚, 영기營奇)[16], 저보邸報, 관보官報, 봉수제烽燧制[17], 역원제驛院制[18].

12 김복수, 「조선시대의 커뮤니케이션 형태연구」, 『조선시대 커뮤니케이션연구』(한국정신문화연구원, 1995), 40~41쪽.
13 국왕이 종친, 근신 등에게 내리는 私書. 왕비가 친정에 보내는 편지.
14 登聞鼓 또는 升聞鼓라고도 함.
15 임금이 거동하는 길목에 기다리고 있다가 징이나 꽹과리를 쳐서 임금에게 직소하던 일.
16 ○分撥: 朝報를 발행하기 전에 그 요긴한 사항만 먼저 필사하여 발행하는 것(일종의 호외).
　　○政事: 조정의 인사소식만을 게재한 것으로 서리들에 의해 대량으로 필사, 복제되어 배포되었다.
　　○疏箚: 上疏와 箚子를 일컬음.
　　○營奇: 지방 감영에서 파견한 연락업무 담당관에 의해 제작된 커뮤니케이션 전달매체.
17 烽火, 狼火, 燧火, 狼煙이라고도 한다. 높은 산에 올라가 낮엔 연기로, 밤엔 횃불로 급보를 전했던 통신방법으로서 군사적 목적으로 사용된 커뮤니케이션 제도다. 평시엔 1개, 적 출현시엔 2개, 적이 국경에 접근하면 3개, 월경하면 4개, 전투가 시작되면 5개를 올렸다.

(2) 비제도적 커뮤니케이션

서장書狀(간찰簡札), 통문通文(사발통문沙鉢通文)[19], 전령傳令, 민요民謠, 가면극假面劇, 판소리, 과객過客, 괘서掛書[20], 격문檄文, 민방民榜, 익명서匿名書, 벽서壁書[21], 유언流言(부의浮議)[22], 참요讖謠, 민란民亂과 계契, 민간신앙民間信仰.

조선시대 언론제도로는 조정공론을 위해 시사·경연의 자리에서 토의 형식·건의 형식을 통한 구두의 언로, 상소·차자와 같은 서면 형식을 통한 문자의 언로, 그리고 복합·복궐과 같은 시위 형식을 통한 데몬스트 레이션적인 언로 등 여러 가지 통로가 있었고, 산림공론을 위해서는 상소제도라고 하는 문자의 언로와 복궐과 같은 예외적인 시위 형식 이외에는 거의 없었다고 하겠다. 시중의 민중언론[閭巷公論]는 오직 규혼과 같은 한계적인 소통 형식밖에 없었다.

조선시대의 언론제도가 지닌 다양한 기능을 그 형식에 따라 분류하면 다음과 같다.[23] 첫째, 통신 방법에 따라서는 문서에 의한 것으로는 상소, 차자箚子, 봉사封事, 장계狀啓, 진본奏本 등이 있고, 구두에 의한 것으로는 계언啓言, 진언奏言 등이 있으며, 직소에 의한 것으로는 신문고, 복합, 규혼, 권당 등이 있다.

둘째, 소통의 형식에 따라서는 국왕과의 면담 등에 의한 토의 형식으로는 차대次對, 윤대輪對, 상참常參, 소대召對, 소견召見, 인견引見 등으로

---

18   역마다 설치된 擺撥이나 步撥 등을 이용하여 전보, 문서, 공물 등을 전달하였던 통신수단.
19   ○沙鉢通文: 통문의 주모자가 드러나지 않도록 관계자의 이름을 사발모양으로 둘러 적은 통문.
20   편지 형식의 의사소통 미디어.
21   오늘날의 '大字報'와 같은 유형의 매체.
22   백성들 사이에 무책임하게 떠도는 말.
23   최창규, 「조선조 유학과 한민족의 주체성」, 『사문논총』(사문학회, 1973), 33쪽.

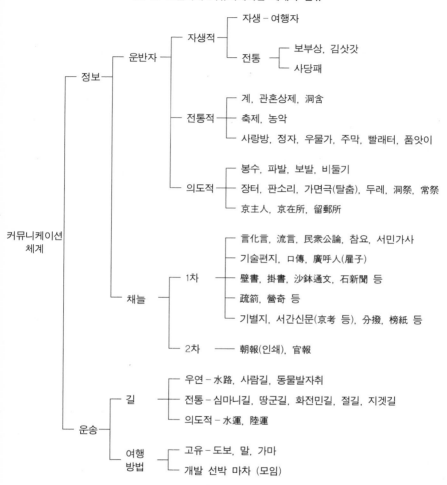

※출처 : 김광옥, 「조선초기 커뮤니케이션 구조에 대한 고찰」, 『고황논집』 제2집(경희대학교 대학원, 1987), 131쪽.

구분할 수 있고, 건의 형식으로는 상소, 차자, 봉사, 장계 등 문서에 의한 방법과 계언, 주언 등과 같은 구두에 의한 방법이 있다. 시위 형식으로는 복합, 규혼, 권당 등이다.

셋째, 소통의 성격에 따라서는 권위적인 하향적 소통 방법으로 소대, 소견, 인견, 수의收議 등으로 나눌 수 있고, 비교적 민주적인 상향적 소통으로 상소, 차자, 장계, 계언, 청대請對 등이 있으며, 의례적이고 정기적 소통으로 차대, 윤대, 상참, 진강進講 등이 있다.

조선시대의 언로를 보다 일목요연하게 정리하기 위해 유형별로 살펴보면 크게 네 가지로 구분이 가능하다. 첫째는 조정공론朝廷公論 유형이다. 이 유형은 지배층에서 사용된 매체로 왕권중심의 유형과 중앙관료나 지방 양반 중심의 언로 유형으로 나눈다. 전자는 교서나 윤음, 비답 등이 있으며, 후자는 언론삼사와 소차제도, 장계, 치계馳啓, 서계書啓 등이 있다. 둘째는 여항공론閭巷公論 유형이다. 이는 신문고나 격쟁, 그리고 전통적 커뮤니케이션 유형으로 이루어진다. 셋째는 산림공론山林公論 유형이다. 이는 벼슬을 하지 않고 재야에 묻혀 학문진흥과 품성도야를 도모했던 선비들 사이에 유통되었던 것들이다. 이들 유형에는 성현들을 추모하는 제례를 치른 후 향교나 사원의 운영 및 지방교화의 전반적인 사안에 대해 토론하는 향교·서원 매체가 있으며, 유림들의 회의인 유회儒會, 향촌회의인 향회鄕會 등이 있다. 그 외에도 유생들 사이에 의사를 전달하였던 통문과 하의상달 매체인 유소儒疏가 있다. 산림공론은 재야 지식인의 공론으로서 조정공론 못지않은 영향력과 무게를 지니고 있었다. 넷째, 사회운동곤론社會運動公論 유형으로 격문, 괘서, 통문, 봉수제도 등이다.[24]

이러한 언론 유형은 그 분류기준을 매체 이용자와 사용자의 소재, 그리고 메시지의 전달경로에 따라 구분한다면 다음과 같이 정리할 수 있다.[25]

---

24   유병윤, 「조선시대 사회제도 속에 나타난 언론에 관한 연구」(청주대학교 대학원 석사논문, 1994),
     96쪽.

즉, 매체 이용자의 신문에 따라 크게 지배층 매체와 피지배층 매체로 나눌 수 있는데 전자는 교서나 윤음, 비답, 유서諭書, 수서手書, 교지, 영서令書, 사계, 언론삼사, 소차제도, 치계, 장계, 상서, 순문 등이 속하며, 후자는 신문고, 격쟁 및 두레, 품앗이, 울력, 부역, 5일장, 고자雇子, 동제, 굿판, 탈춤, 윷놀이, 줄다리기, 소싸움, 사랑방, 초당방草堂房, 모정茅亭, 동사洞舍, 주막, 공동우물, 빨래터 등 민중들의 전통적인 삶 속에 배인 커뮤니케이션 마당을 들 수 있다.

언론의 근거지, 다시 말해 사용자의 소재에 따라 분류하면 중앙매체, 지방매체, 혼합매체로 구분한다. 중앙매체로는 교서, 윤음, 비답, 유서, 수교手敎, 영서, 교지, 서계, 조참, 상참, 경연, 언론삼사, 신문고, 순문 등이 있으며, 지방매체로는 향교, 서원, 유회, 향회, 유통, 유소, 회문回文, 괘서, 격서檄書, 방문 등이 있다. 혼합형 매체로는 상소, 차자, 치계, 격쟁 등이 대표적인 매체다.

메시지의 흐름에 따라서는 신하와 백성들이 국왕에게 하의상달하는 상향적 매체, 국왕이나 중앙관료들이 백성이나 하급관리들에게 메시지를 전달하는 하향적 매체, 같은 계급이나 같은 부류의 사람들 사이에 의사를 소통하였던 수평적 매체로 분류가 가능하다. 상향적 매체로는 신문고, 격쟁, 소차제도, 서계, 장계, 치계, 상서, 순문, 봉수제도 등이 있으며, 하향적 매체로는 교서, 윤음, 비답, 유서, 교지, 영서 등이 있다. 수평적 매체는 격문, 통문, 괘서, 서계書契, 유회, 향회 및 전통적 커뮤니케이션 마당이 이에 속한다.

이 외에도 문서화의 유무에 따라 문서매체와 비문서 매체로 나눌 수 있다.[26]

---

25 유병윤, 위의 논문, 97쪽.

4) 의사소통기구와 의사결정과정

김영주가 그린 아래의 〈표 3〉은 조선시대의 언로가 어떤 구조에 의해 어떤 시스템으로 작동되는지 그 의사정책결정 과정을 한눈에 보여준다. 조선은 근본적으로 왕조국가다. 그렇다고 왕의 독단·전단에 의해 정책이 일방적으로 계획·집행되는 것은 아니었다. 오히려 철저히 신료들에 의해 계획되고 검토된 연후에 왕의 결정으로 비로소 실행되는 것이었다. 조선은 왕의 전제 봉건국가가 아니라 오히려 관료시스템이 잘 짜인 관료국가다.

〈표 3〉 조선조의 의사결정 과정도

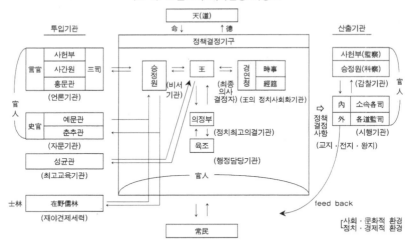

※출처 : 김영주, 「삼봉의 언론사상과 태조조의 언론현실고」, 『법정논집』 제3집(경남대학교 법정대학, 1985), 46쪽.

26 유병윤, 위의 논문, 98쪽.

먼저 왕은 정책기관으로서 기능한다. 최고 정책의결기관엔 의정부가 있다. 육조는 행정집행기관이며, 예문관[弘文館·集賢殿]과 춘추관은 국왕의 자문기관이다. 국왕과 백관의 견제기관이자 언론을 담당했던 사헌부와 사간원, 왕의 비서기관인 승정원 등이 권력을 상호 견제함으로써 합리적인 행정제도를 담보한다. 이밖에 의례적인 투입절차로서 왕의 정치사회화에 기여하는 시사와 경연이 있다.[27]

의사결정과정에 투입되는 언로양식은 크게 수직적 언로형식vertical communication과 수평적 언로형식horizontal communication으로 나눌 수 있다. 이 중에서 전자는 일반적으로 재야유림[士林]과 관인에 의해 말·글로 행해지는 차자[上疏]제도, 일반백성이나 중인들이 그들의 억울함을 해소하기 위한 신문고제도 등 상향적 언로형식upward communication과 백관·사림·백성을 상대로 나라의 큰 사건에 대해 여론조사를 하는 구언제도, 승정원에서 조정의 소식을 양반관료에게 기별서리를 통해 전달하는 조보제도 등 하향적 언로형식downward communication이 있다.[28]

조선왕조의 언로형식 중에서 의사결정과정에서 대간제도·경연제도·차자제도·구언제도·조보제도·신문고제도가 직접 투입되는 언로구조라고 한다면 우역제도郵驛制度·파발제도擺撥制度·봉수제도烽燧制度 등은 의사결정과정에 간접적으로 참여하여 의사소통을 더욱 원활하게 하는 간접투입 언로구조다. 조선시대의 언로가 어떻게 구현되었는지 직접투입 언로구조부터 간략히 살펴보자.

첫째, 경연제도다. 경연은 국왕의 학문과 인격도야, 현실정치사회의

27 김운태, 「경국대전을 통해 본 조선왕조의 정책결정과정에 관한 연구」, 『진단학보』 제48호(진단학회, 1979), 189~196쪽.
28 김영주, 「삼봉의 언로사상과 태조조의 언론현실고」, 『법정논집』 제3집(경남대학교 법정대학, 1985), 45~46쪽.

현안에 대해 자문을 하는 기능을 말한다. 현실적인 정무에 관계되는 일을 논의하는 것을 시사라 하고, 유교의 덕목에 관계되는 경전을 강독하는 것을 협의의 경연이라 한다. 경연은 직접 드러나지는 않지만 국왕에 대해 어느 언로구조에 못지않은 막강한 영향력을 발휘했다.

둘째, 대간제도다. 대간제도는 국가의 공식적인 언론기능을 수행하는 기관으로서 국왕의 눈과 귀 역할을 수행했다. 대간제도의 목적은 왕권에 대한 견제역할과, 관기를 확립하는 일, 시정에 대한 공개적인 논의를 통해 국론을 결집하는 일 등을 통해 권력의 남용을 방지하고, 이를 통해 왕권과 신권의 균형을 유지하기 위한 권력규제기관으로서의 소임을 수행하는 데 있었다.

셋째, 구언제도이다. 이 제도는 국가의 중대사 해결을 위한 시책을 대소 관원뿐만 아니라 재야의 유림, 일반 백성에 이르기까지 두루 물어서[求言敎旨], 그들의 대책을 봉사封事로써 올리도록 하는 여론청취 및 여론조사제도를 말한다. 구언제도는 보통 왕에게 직접 전달되는 어전친서인 봉사로 상서되는 백관진언百官陳言과 일반백성을 대상으로 궐문 앞에서 직접 물어보는 순문詢問, 재야유림의 의견을 청취하는 유현수의 儒賢收議 등으로 나뉜다.[29]

넷째, 상소제도다. 상소제도는 정책결정과정의 투입형식으로서는 가장 보편적이고 널리 사용된 방법으로 전직 관리나 재야유림[士林]이 많이 이용했다. 상향적 소통의 일반적 유형인 상소제도는 승정원에서 일단 접수[로納]하면 반드시 국왕에게 올리게[啓徹] 의무화되어 있었다. 접수된 상소문은 피드백으로서 반드시 왕의 답변[批答]이 있어야 했다.[30]

29 한우근, 「조선왕조 시대에 있어서의 언권」, 『인권연보』(법무부, 1970), 62~69쪽.
30 김영주, 앞의 글(1985), 50쪽.

다섯째, 신문고제도다. 일반 백성들이나 중인 등이 억울함을 해소하기 위한 청원·상소上訴·고발제도로서 신문고제도가 있었으나, 실제 운영이 지나치게 까다로워 원래의 취지와는 달리 대소 문무 신료 간에만 이용되었고, 나아가 왕권강화에 되레 역이용되었다.

여섯째, 조보제도다. 조보는 승정원에서 발행하여 지배계층인 양반관료에게 배달한 신문매체이다. 조보의 내용은 △국왕의 제반 명령과 지시사항 등을 담은 전교傳敎 △유림 및 관료들의 정책건의안인 소장疏狀 △그것에 대한 비답批答 △관민들에게 보내는 회유문인 윤음綸音 △관리 임면사항 △ 자연 및 사회에서 발생한 특이한 현상을 기록한 기문기사奇聞奇事 △중앙 및 지방의 관서로부터 올라오는 각종 복명서 및 보고서 등이었다.[31]

간접투입 언론제도는 △공문서의 전달과 관리의 왕래 및 숙박, 그리고 관물의 수송을 돕기 위한 통신수송제도인 우역제도郵驛制度(역마제도驛馬制度) △국경이나 지방에서 일어나는 여러 가지 비상사태를 주로 불빛과 연기로 신호하여 연락하는 군사통신제도인 봉수제도 △말 또는 도보로써 변방의 급보나 주요 공문서를 전달하는 통신제도인 파발제도 등을 들 수 있다.

조선왕조는 위에서 열거한 제도언론양식 이외에도 합법적·반합법적·비합법적인 다양한 언로투여 양식을 지니고 있었다. 가령 시위 형식으로 고위관리가 주로 행할 수 있었던 복합伏閤, 고위관리에서 일반 백성에 이르기까지 다양한 신분계층이 할 수 있었던 복궐伏闕, 성균관 유생들의 전유물이었던 권당捲堂(단식투쟁), 공제空齋(기숙사 입실거부), 공관空館(동맹휴교), 극한상황에서 일반 백성들이 행하는 규혼이나 민란 등이 있었다.

---

31 차배근, 「우리나라 조보에 대한 신문학적 분석고」, 『신문연구소학보』 제17집(서울대학교 신문연구소, 1980), 84쪽.

한편 조선시대 언론제도의 배포 기관으로는 경저京邸와 영저營邸가 있었다. 언론매체로는 중앙언론 역할을 하는 조보朝報와 지방의 감영에서 모은 소식을 필사로 전달하는 형태의 영기營奇, 서원이나 향교를 중심으로 여론 형성의 커뮤니케이션 매체인 통문通文 등이 있었다.

조선시대에는 서울과 지방 사이의 연락 업무를 담당하는 경주인이 있었다. 각 도의 관찰사가 근무하는 감영과 그 아래 지방 고을과의 연락은 영주인에 의해 이뤄졌으며, 군현과 그 밑의 면은 면주인에 의해 연락기관 업무를 수행했다. 이처럼 서울과 감영에 설치한 경저와 영저는 정보 유통기관으로서의 연락 업무를 수행했다.

조보는 오늘날의 개념으로는 관보로서 중앙지 역할을 수행했다. 조보는 국왕의 비서 기관격인 승정원에서 매일 전국의 소식을 발표하면 각 사의 기별서리나 각 군현의 경저리가 필사, 복제하여 독자들에게 전달하는 매체였다. 조보의 별칭으로는 '경저리를 통하여 전달된다'는 의미의 저보邸報가 있으며, 순 우리말의 이두식 표기인 기별奇別이라고도 했다. 조보는 승정원에서 매일 발행했는데 배달부인 경방자京房子를 통해 서울과 가까운 지역에서는 매일 구독할 수 있었고, 지방은 거리에 따라 사나흘, 혹은 5일 또는 10일 만에 전달되기도 했다. 그러나 긴급한 소식인 경우에는 분발分撥이라고 하여 오늘날 신문의 호외와 같은 매체도 존재하였다.[32]

영기는 각 도 감영에서 그 지방의 각종 소식을 모아 중앙에 보고하는 지방언론의 소임을 맡았다. 영기의 발행은 부정기적이었으나 돌발 사건이나 긴급한 뉴스가 발생했을 경우에는 지체 없이 통보되었다. 이를테면 동학민중혁명도 영기 기사를 보고 알았다는 기록으로 보아 영기

32 박정규, 「한국 지방신문의 역사」, 『지역사회와 언론』(커뮤니케이션북스, 1997), 64~65쪽.

의 역할을 알 수 있다.

통문은 주로 지방의 향교나 종중이 그들의 공동 관심사나 의견, 지역 문제 등을 대량으로 필사 복제하여 많은 사람에게 전달함으로써 공론을 일으키게 한 것으로, 오늘날의 신문과 유사한 역할을 했으며 지역 커뮤니케이션의 중요한 매체였다. 그 내용은 단순한 사실의 통지에서부터 문의, 선동, 비판, 권유 등에 이르기까지 다양하였다. 사발통문沙鉢通文은 역적모의나 관에 항거하는 모의를 할 때 하는 통문으로서, 주모자를 감추기 위해 연명을 하지 않고 여백에 사발을 놓고 원형으로 돌아가면서 서명을 한 것을 말한다.[33]

조선조의 언론은 통치제도상의 기구로 작동했으며, 조선의 언관 내지 언론제도는 왕의 독단적이고 비합리적인 정책결정이나 통치행위를 규제하며, 실정과 악정을 견제하고 예방하는 효과적인 제도로서 세계 어느 역사에도 찾아보기 힘든 권력의 제도적 자율기구였다.

조선시대의 언론구조가 지니는 또 하나의 특징은 언로가 누구에게나 공평하게 보장되지 않았다는 점이다. 조선은 명분사회이며 신분사회인 까닭으로 인해 언로의 형식조차 각각의 신분과 직책에 따라 각기 서로 다르게 적용되었다. 조선시대의 언로는 그 신분에 따라 엄격히 구분되어 행사할 수 있었다.

조선왕조가 신분에 따른 언로구조의 계층을 둔 것은 자신의 분수에 맞는 사회적 발언을 한다는 유교언론의 본질과도 일맥상통한다. 물론 그 이론적 전제는 민본사상에 기반을 둔 위민의 윤리와 공론정치를 이상으로 하는 유교정치문화에 둔다. 유교정치문화의 특징은 △국시의 기반은 공론[輿論]이며 △여론의 성격은 모든 국민이 옳다고 동의하는

---

33 박정규, 위의 글, 68쪽.

것이기 때문에 투쟁이나 조작으로 이루어질 수 없는 것이고 △공론이 널리 형성될수록 정치안정은 커지기 때문에 언로의 통합과 막힘이 국가흥망을 좌우하는 관건이 된다는 것이다.[34] 그러므로 유교정치문화는 절대왕권의 배제와 왕권과 신권의 균형 및 언로의 개방을 통한 관인·사림정치와 공론정치로 제도화되었다.[35]

<표 4> 신분별 언로형식

신분별 구분		언로 내용	
官人	堂上官 (정3품 이상)	① 視事 : 常參, 次對, 召見 ② 經筵 : 進講, 召對 예의상의 구조 ③ 上疏文과 箚子(간단한 형식의 상소문) ④ 引見, 啓言(구두), 狀啓(관찰사 또는 어사 등의 상주문서) ⑤ 시위형식 : 伏闕, 伏閤	
	參上官 (종3품~정6품)	① 輪對 ② 上疏文과 箚子 ③ 伏闕	
	參下官 (종6품 이하)	① 上疏文과 箚子 ② 伏闕	
士林		① 上疏文과 箚子 ② 성균관 유생 : 捲堂, 空齊, 空館 ③ 경연(特進講) : 大儒의 경우 儒賢被徵	
百姓		① 직접적 행위 : 民亂, 叫閽, 申聞鼓, 等狀 ② 간접적 의제 : 災異	

※출처 : 김운태, 앞의 글, 195~196쪽.

조선시대의 언론연구

34   김운태, 『조선왕조행정사-근세편-』(박영사, 1981), 218~220쪽.
35   김영주, 앞의 글(1985), 47~48쪽.

2. 대간언론

1) 대간의 성립

(1) 대간제도

조선은 중앙집권적인 전제 군주국가였다. 그럼에도 5백 년의 종사를 면면히 이어왔다. 그것은 철저한 권력분점에 의해 군주의 전제횡포를 막아내고, 나아가 권력의 배분을 통해 서로 견제하여 권신의 출현을 억제하는 합리적인 정치운영을 커뮤니케이션이라는 제도의 틀로 확립했기에 가능했다. 조선시대의 권력은 삼공과 대간, 옥당, 시종이 서로 권력의 독점을 비판하면서 유교적인 이념의 이상국가 건설을 위해 분투했다. 그 과정에서 공론에 바탕을 둔 민본·문민정치를 구현함에 있어서 언론은 필수적이었다.[36]

조선시대의 언론시스템은 첫째, 사회지배층의 공론으로서 군왕과 관료 중심의 조정공론이다. 군왕은 교서, 윤음, 비답 등을 통해 공론을 발하고, 현직에 재직 중인 관료들은 언론삼사를 통한 제도언론과 소차 제도 등으로 언론행위에 참여한다. 둘째, 벼슬에서 물러났거나 재야에 은둔한 선비들은 상소와 유소 등을 통해 언로의 유통에 참여한다. 이들 재야지식인들의 산림공론은 때로는 국가의 기본정책을 바꿀 정도로 매우 큰 영향력을 발휘하기도 했다. 셋째, 일반 백성들의 여항공론이다.

---

36 三公은 권력집행기구인 六曹를 대표하는 領議政, 左議政, 右議政을 말하고, 臺諫은 만조백관의 규찰을 담당했던 司憲府와 간쟁기관이었던 司諫院을 일컫는다. 玉堂은 弘文館 또는 홍문관의 堂上官을 지칭하며, 侍從은 經筵의 侍讀官, 侍講官, 參贊官, 司經, 說經, 典經을 총칭하여 부르는 말이다.

백성들은 신문고나 격쟁, 일상생활 속에 스며든 각종 문화를 통해 자신들의 생각을 매우 다양한 방법으로 유통시켰다.

그 가운데 제도권 언론의 상설 언론기구로서 대간제도를 두었다. 대간제도의 기원은 중국의 주周나라에서 시작되었다. 이는 진秦과 한漢을 거쳐 당唐나라 때 우리나라에 수입되었다. 신라 태종무열왕 때 사정부司正府가 그 시원이다. 고려가 건국된 이후 성종 때 대간제도가 완비되었는데 사헌대司憲臺·어사대御史臺로 불리는 관서에서는 시정의 풍속을 규찰하고 탄핵하는 업무를 주로 담당하였으며, 중서문하성中書門下省 낭사郞舍가 간쟁의 업무를 맡았다. 전자는 대신臺臣, 후자는 간신諫臣이다.[37]

조선시대에 와서는 대간의 서경권署經權이 5품 이하의 관리 임명시에만 적용되는 등 그 기능이 일부 축소되기도 했으나, 언관이 소속된 기구가 사간원이라는 독립된 부서로 제도화되었다. 고려시대의 간신들은 재상을 비롯한 고급관료들과 상하관계였으나, 조선시대의 간신들은 그들에 예속되지 않고 1:1의 정치적 관계였다. 간관의 신분이 의정부나 육조에 얽매이지 않고 독립됨으로써 이들과의 상호견제와 권력균형을 통해 정치적 안정을 도모할 수 있었다.[38]

이중환李重煥은 『택리지擇里志』에서 대간제도에 대해 다음과 같이 적었다.[39]

　　우리나라의 벼슬제도는 중국과는 다르다. 비록 삼공육경을 두어 모든 관청을 통솔하게는 했지만 중점은 대간에 두었다. 대간은 풍문과 피혐, 처치 등의 법규를

37　최승희, 『조선초기 언관·언론 연구』(서울대학교출판부, 1976), 11~14쪽 참조.
38　박홍갑, 『양반나라 조선나라』(가람기획, 2001), 84쪽.
39　李重煥, 『擇里志』, 卜居總論, 人心條.

두어 오로지 공론의 유통에 의한 정치를 하도록 했다.[40]

무릇 내외 관원의 인사권은 삼정승에게 주지 않고 이조에 귀속시켰다. 이조의 권한이 너무 커질까를 염려하여 삼사 관원의 인사권만큼은 판서가 아닌 전랑에게 맡겼다 그런 까닭에 이조의 정랑正郎과 좌랑佐郎이 대간을 추천하는 권리를 지니게 되었다. 삼공육경이 비록 벼슬은 고관대작이지만 조금이라도 흠이 있으면 전랑은 삼사의 관원으로 하여금 그들을 탄핵했다. 조정의 풍속이 염치를 숭상하고 명예와 절개를 중하게 여겼으므로 한번 탄핵받으면 (탄핵의 사실여부나 경중을 불문하고) 부득이 벼슬에서 물러나야 했다. 과연 전랑의 권한이 삼정승과 비견할만 하다고 하겠다.

이것은 큰 벼슬과 작은 관직이 서로 얽히고, 상하가 서로 제어토록 한 것이다. 그래서 3백여 년을 내려오면서 권세를 크게 농간하는 자가 없어, 꼬리가 커서 흔들기 어렵게 된 근심이 없었다. 이것은 또 조종께서 고려 때 임금의 권세는 약하고, 신하의 세력이 강하였던 폐단을 거울삼아 그런 점을 예방하는 장치를 마련하기 위해서였다.

이런 까닭에 전랑은 삼사의 관원 중에 명망과 덕이 높은 사람을 엄선하였다. 또한 전랑으로 하여금 자신의 후임을 스스로 천거케 함으로써 그 인사권이 판서에게 귀속되지 않도록 했다. 이는 인사의 권한을 중요시하여 일체를 조종의 공론에 따라 결정하기 위해서였다. 이 때문에 승진이 있으면 반드시 전랑이 우선 하되 차례차례로 승진시킨 뒤에 다른 관청에 미치니 한번 전랑을 지내면 참으로 다른 사고가 없는 한 공경에까지 오를 수 있다. 이처럼 이름과 실리가 모두 갖추어져 있으므로 내외의 젊은 신진이면 누구나 이를 바라지 않는 이가 없었다.[41]

---

40 風聞은 직접 보고들은 것이 아니라 다른 사람에게서 들은 정보를 가지고 논사를 하는 것을 말하며, 避嫌은 탄핵받은 사람이 혐의를 피해 사표를 제출하는 것을 말하고, 處置는 탄핵을 제기한 논사기관이 아닌 다른 기관에서 사실을 조사하여 판결을 내리는 것을 말한다.
41 銓郎은 고작 정5품, 정6품에 지나지 않는 吏曹의 하급관리이다. 그러나 언론삼사를 비롯한 의정부의 사인, 승정원의 승지 등 청요직의 인사권을 보유함으로써 정승이나 판서를 제어할

이는 대간제도가 어떻게 기능하고 있는지를 말해준다. 대간은 풍문탄핵을 무기로 삼공육경三公六卿(삼정승과 육조의 판서)을 비롯한 고관대작을 견제한다. 이조전랑은 대간에 대한 인사권을 행사해서 대간을 통제한다. 또 삼공육경은 상관으로서 하관인 이조전랑을 제어할 수 있었다. 이조전랑과 대간, 삼공육경은 서로 삼각관계를 이루어 권력을 균점했다.[42]

대간제도는 정치를 담당한 국왕과 관료들에게 부단히 유교적인 가치를 추구함과 동시에 양반사회의 여론을 수렴하기 위한 기구였다.[43] 대간은 중앙의 권력구조와 사대부 계층 전체의 여론을 연결시켜주는 중요한 역할을 수행하였다. 대간을 구성하는 사헌부가 관료들의 비행을 감찰하고 탄핵하는 것이 주임무였다면, 사간원은 국왕에 대해 간언하는 것이 주된 임무였다.

(2) 언론삼사

조선시대의 제도언론은 사헌부와 사간원, 홍문관의 관원들에 의해 행해졌다. 사헌부는 대관臺官으로서 시정을 논하고 백관의 비위를 규찰하고, 풍속을 바로잡고, 억울한 일을 펴주며, 분수에 넘쳐 외람되고 거짓된 일을 금지하는 기관이다[掌論執時政 糾察百官 正風俗 伸冤仰 禁濫僞等事].

수 있을 정도로 권한이 막강했다. 품계상으로 하위관리가 청요직의 인사권을 쥐고 있는 것은 조선시대 사림정치의 가장 두드러진 특징이다. 인사권이 고위관리에 집중되지 않고 상하로 양분되어 분리한 것은 권력의 집중을 막아 권신의 독주를 제어하기 위한 장치였다.
이조전랑이 되기 위해서는 전임자의 추천을 받아야 했다. 이를 自薦制라 한다. 고위관료가 전랑을 선발하는 것이 아니라 전임자가 후임자를 선발하게 했다. 이때 전임자는 사헌부·사간원·홍문관 관원 중에 후보자를 추천했다. 결국 대간과 홍문관, 그리고 이조전랑은 서로 협조하고 견제하는 삼각구도라 할 수 있다. 홍문관은 대간을 견제하고, 홍문관은 다시 전랑에게 견제 당하고, 전랑은 홍문관과 대간의 탄핵에 의해서 견제 당했다(이성무, 『조선의 부정부패 어떻게 막았을까-대간·감찰·암행어사 이야기-』, 청아출판사, 2000, 127~128쪽).

42 이성무, 위의 책, 42쪽.
43 정두희, 『조선시대의 대간연구』(일조각, 1994), 2쪽.

사헌부는 종2품의 대사헌大司憲(1명)을 수장으로, 종3품의 집의執義(1명), 정4품의 장령掌令(2명), 정5품의 지평持平(2명), 정6품의 감찰監察(24명)을 두어 대관의 임무를 수행케 했다.

〈표 5〉 대간의 직제와 기능

	관직명	품계	정원	임무
司憲府	大司憲 執義 掌令 持平 監察	從二品 從三品 正四品 正五品 正六品	1명 1명 2명 2명 24명	掌論執時政, 糾察百官, 正風俗, 伸冤抑, 禁濫僞
司諫院	大司諫 司諫 獻納 正言	正三品 從三品 正五品 正六品	1명 1명 1명 2명	諫諍, 論駁

※출처 : 『經國大典』 卷1, 「吏典」, 京官職, 司憲府 및 司諫院條.

대사헌은 사헌부의 당상으로 사헌부를 대표하며 업무를 총괄한다. 또한 언론삼사가 합계 때는 삼사를 대표하는 수장으로 집홀기執笏記하고, 논집, 시정득실을 주무한다. 집의는 대사헌을 보좌하며, 대간업무를 총체적으로 책임진다. 장령은 집의를 보좌하며, 제법령을 관장하고, 백관을 규찰하는 업무를 수행한다. 지평은 장령을 보좌하고, 교정풍속 업무를 담당한다. 감찰은 제일선의 검찰로서 관리의 비위를 감찰하는 것이 그 임무였고, 행대行臺, 분대分臺를 설치해 지방에 파견하기도 했다. 지평 이상은 대장臺長이라 하여 언론행위에 참여할 수 있으나, 감찰은 언론을 논할 수 없었다. 감찰은 사헌부 소속 관원이기는 하나 집무실도 대장과 분리되어 마치 별개의 기관처럼 별도로 독립하여 사용했다.

사간원은 간관諫官으로서 국왕의 실정을 간하고, 인사와 그 당시 정사[時政]의 잘못을 논박했다[掌諫諍論駁]. 사간원에는 정3품의 대사간大司諫(1명), 종3품의 사간司諫(1명), 정5품의 헌납獻納(1명), 정6품의 정언正言(2명)을 두게 해 간관의 임무를 담당케 했다.

간관의 주된 임무는 대체로 국왕을 상대로 하는 간쟁관으로서의 기능과 역할이었다. 사헌부 대관들의 언론활동이 만조백관들을 규찰하는 데 중점을 뒀다면, 사간원 간관은 국왕의 흔구를 시정하는데 초점을 두었다. 따라서 그 직무상 걸핏하면 국왕과의 충돌을 피할 수 없었다. 그래서 간관에 대한 신분보장과 예우는 특별했다. 이를테면 사헌부의 사간원의 관리 가운데 같은 품계라면 비록 사헌부가 상위부서이기는 하나 실제의 승진과 예우에 있어서는 사간원을 더 높이 우대했다.

홍문관은 양사와 더불어 언론기관이자 학술기관으로서 국가의 중요 문서를 작성하고, 국왕에게 강의를 담당하는 경연관을 겸직하면서 국왕의 정치를 자문하는 기관이었다[掌內府經籍 治文翰 備顧問]. 홍문관의 언론행위는 경연과 국정의 자문을 통해 이루어졌다.[44]

홍문관의 주된 업무는 국왕의 경연을 담당하는 것이다. 이들의 언론행위는 경연을 통해 구현된다. 경연은 당대 최고의 석학이 국왕에게 유학의 이념[經]과 시정의 득실[史]를 강론하는 정치수련의 장이었다. 이 과정에서 국왕은 자연스럽게 경연관과의 커뮤니케이션을 실현할 수 있었다. 경연관의 논강 형태의 커뮤니케이션은 대간언론에 못지않은 영향력을 지녔다. 경연을 통해 국왕은 개인의 인격수양과 학문도야는 물론 국가적 차원의 사회문화유산의 계승・발전과 더불어 교화정치의 정착,

조선시대의 언론연구

---

44 經筵官을 통한 언론 행위는 학술 연구 기관을 중심으로 이뤄지는데 시대에 따라 그 주체를 달리한다. 조선조 초기에는 集賢殿, 중기에는 弘文館, 후기에는 奎章閣을 통해 이뤄지기도 했다.

〈표 6〉 홍문관·예문관·경연관의 직제

品階	經筵官	弘文館	藝文館	品階	經筵官	弘文館	藝文館
正1品	領事(1·三議政)	領事(1·議政)	領事(1·領議政)	正5品		校理(2)	
正2品	知事(3)	大提學(1)	大提學(1)	從5品	侍讀官	副校理(2)	
從2品	同知事(3)	提學(1)	提學(1)	正6品		修撰(2)	
正3品	參贊官(7)	副提學(1) 直提學(1)	直提學(1)	從6品	檢討官	副修撰(2)	
從3品		典翰(1)		正7品	司經	博士(1)	奉敎(2)
正4品	特講官	應敎(1)	應敎(1)	從8品	說經	著作(1)	侍敎(2)
從4品		副應敎(1)		正9品	典經	正字(2)	檢閱(4)

※( ) 안의 숫자는 인원수

민의의 수렴을 통한 민본국가의 기틀을 다졌다.[45]

홍문관은 소속 구성원 전체가 조선조 최고의 청요직淸要職에 종사한다는 학자로서의 프라이드와 풍부한 학식과 식견을 갖추고 있었기에 대간의 언론자유 남용을 견제하고 통제했다. 그것은 홍문관의 인사시스템이 대간을 역임한 자로 충원하는 등 대간보다 우위에 있었다. 이를테면 홍문관 관리는 다른 부서로는 갈 수 있었지만 대간이나 이조吏曹의 낭관郎官으로는 진출할 수 없었다. 홍문관 관원이 되기 위해서는 먼저 『홍문록弘文錄』에 이름이 올라야 했다. 이때 대간 중에서 후보자를 추천해 이조로 보내면, 이조에서 다시 의정부로 보내고, 무리가 없으면 홍문록에 게재했다. 홍문관에 결원이 생기면 홍문록 등재자 중에서 선발했다.[46]

45   송영일, 『조선시대 경연과 제왕교육』(문음사, 2001), 15쪽.

홍문관원은 경연을 통해 국왕과의 직접적인 대면커뮤니케이션으로 유교적인 의례, 제도의 상정, 학문의 진흥, 유교정치와 유교이념 등 전문분야에 대한 해석을 함으로써 간관으로서의 임무를 수행했다. 오늘날로 말하면 전문기자·대기자·논설위원 역할을 수행한 셈이다. 홍문관의 이러한 언론활동은 대간의 기능이 정지되었을 때 이들을 대신함으로써 어떠한 경우에도 언로의 기능이 정지되지 않고 살아있도록 한 예비적인 언론기관이었다.

대간은 언론활동 외에도 규찰·서경·추국推鞫·호종扈從·시강侍講 등으로 공무가 폭주했다. 이로 인해 대간언론은 공식적인 언론, 말단지엽적인 언론, 풍문에 의한 언론, 언론을 위한 언론 등 때로는 논사가 권위없는 언론, 형식적인 언론이 되곤 했다. 올바른 언론을 행사하기 위해서는 그 분야의 전문적인 지식이 필요했다. 바른 간쟁을 위해서는 학덕을 구비해야 했으며, 시정에 관한 시비를 위해서는 정치에 대한 높은 식견이, 의례·제도에 관한 언론을 위해서는 깊은 조예를, 학문·학술에 관한 언론을 위해서는 학문적 소양을 필요로 했다. 국내 최고의 학자그룹으로 구성된 홍문관은 어느 관서보다도 전문적인 언론을 펼수 있었다. 따라서 홍문관의 언론은 대간언론에 비해 질적으로 훨씬 더 전문성을 담보한 고급언론이라 할 수 있다.[47]

46   이성무, 앞의 책(2000), 127쪽.
47   최승희, 앞의 책(1976), 77~78쪽.

조선시대의 언론연구

2) 대간의 직무

(1) 대간의 자격과 임용

언론 업무를 주관하는 선비를 대간臺諫이라 한다. 대간은 사헌부에서 언론 직책을 담당하는 대관과 사간원에서 언론직을 수행하는 언관인 간관을 총칭하는 말이다. 조선시대의 대간은 일반 관료들이 맡은 바 한 가지 일에만 책임을 지는데 반해 대간은 재상과 더불어 국정전반에 걸쳐 군주와 시비·득실을 따질 수 있었다. 대간은 절대권력을 견제하는 시스템이다. 대간은 언론이라는 활동으로 왕권이 독주하여 전제화하는 것을, 신권이 비대화하는 것도 막았다. 대간에 대한 이러한 역할 기대는 공론정치를 이상으로 하는 유교적 정치이념에 뿌리를 둔다.

대간은 국정 전반을 대상으로 가리지 않고 논하고, 군주와 재상의 과실까지도 거리낌 없이 탄핵하는 지위이다. 때문에 그 임무의 중요함은 국정의 집행 책임자인 재상과 대등하고, 그 직책의 영광스러움은 오히려 재상보다 낫다 하여 '권력의 꽃'으로 보았다. 대간은 또한 관리의 임면·신원·인사권 등과 국가의 중요 문서에 서명해야만 효력이 발생하는 '서경권'마저 지녀 '권력 중의 권력'으로 기능했다.[48]

대간은 이조의 중하급 관리인 낭관[吏曹銓郞]의 추천에 의해 임명되었다. 조선시대의 관리는 대개 인사권을 전담하는 부서의 수장인 이조판서나 참판이 추천했다. 대간은 이조의 고위직인 판서나 참판이 추천하는 것이 아니라 중하급 관리가 추천한 것은 상당한 의미를 지녔다. 즉 대간의 임무는 주로 고위관리들에 대한 탄핵업무를 수행하는 것인데 이조판서나 참판 같은 고위관리에 의해 추천되면 탄핵업무가 제대로

48 鄭道傳, 『三峯集』 卷10, 經濟文鑑 下, 諫官條.

이루어지질 않을 것을 염려해서 였다. 고위 관료의 추천으로 대간에 임명된 자가 자신을 추천한 고위 관리를 탄핵할 수 없음은 인지상정이다. 이처럼 대간의 인사권 독립 제도는 오늘날의 언론기준으로는 편집권 독립과 그 맥을 같이한다.

대간은 오늘날의 기준으로 언론인·검찰·감사관의 직무를 수행하는 사람이다. 대간은 모든 관료들이 선망하는 직책이었으며, 국가의 최고 엘리트로서 타 관원들의 선망을 받았다. 그러기에 대간은 아무나 될 수 없었다. 대간에 임명될 자의 신원 조회는 매우 까다로웠다. 뛰어난 식견은 물론 본인과 부모, 처가의 4대까지 허물이 없어야 임명될 수 있었다. '연좌율'이 일반적이던 당시에 본인은 물론 처가의 4대까지 신원 사항을 꼼꼼히 따진 것은 대간의 임무가 국가의 중요 기밀을 다루는 막중한 직책이었기 때문이다.

16세기 조선의 대표적인 대간들은 대부분이 20~30대에 문과에 급제한 문명 높은 당대의 재사로서, 요직을 거쳐 패기에 넘치는 30대에 활약했다. 과거에 합격하지 못한 사람은 대간이 될 수 없었다. 그것은 공신의 후손, 권세있는 대신의 자손을 제도적으로 배제하기 위해서였다. 권력의 속성상 이들이 대간의 자리를 차지하면 왕권과 유착되기 쉽기 때문에 사전에 이를 방지코자 했다.[49] 대간이 왕권과 유착되면 언로는 근본적으로 왜곡되어 제기능을 발휘하지 못하는 것은 상식이다. 대개 청빈하고 강직하면서 때로는 국가와 백성을 위해서라면 지위와 목숨까지도 내놓을 수 있는 인품과 용기를 지닌 인물이 대간에 제수되었다.

언관은 더욱더 까다로웠다. 임용대상자의 조상들 중에서 뇌물을 받

조선시대의 언론연구

---

49 손보기, 「조선전기의 왕권과 언관」, 『세종학연구』 권1(세종대왕기념사업회, 1986), 12쪽.

았거나 재정상의 부정이 있는 등 윤리·도덕상의 과실이 있으면 그 자손은 언관이라는 맑은 자리를 바라볼 수 없었다. 재정상의 부정을 한 사람의 딸과 혼인한 사람도 언관에 들 수 없었다. 뿐만 아니라 권세 있는 관원과 불법 관계를 맺은 사람도 자격을 잃었다. 언관이 도리에 어긋난 일을 저질렀을 때에는 사직해야 했다. 조강지처를 버리고 높은 관원의 딸과 재혼했을 때도 물러나야 했다. 정숙하지 않은 짓은 본인뿐 아니라 가족에게까지 적용되었다. 언관의 직무가 임금과 대신을 꾸짖는 것이었기 때문에 완벽한 인품의 소유자를 요구했던 것이다. 최대한 완벽하게 유교적 윤리를 갖춘 인물을 언관에 임명했다. 그러기에 언관을 거치면 대부분 더 높은 자리로 승진되었으며, 승진이 빠른 것이 통례였다.[50]

대간은 임명되었다가도 탄핵받으면 곧장 물러나야 했다. 이를 피혐避嫌이라 한다. 어떤 이유에서건 탄핵당하면 물러나야 했던 대간의 피혐에는 수기정인修己正人이라는 유교적 이념이 있었다. 자신의 몸과 마음가짐을 바르게 한 연후에야 비로소 남을 바르게 할 수 있다는 정신이다. 뿐만 아니라 대간은 상피相避라 하여 친인척 등 특수한 관계에 있는 자는 대관직을 동시에 수행할 수 없었다. 만일 친인척이 대관직을 동시에 수행한다면 업무의 공정성을 담보할 수 없을 뿐 아니라 한 가문에 권력이 집중될 개연성도 있었다. 이를 방지하기 위해 대간들의 상피는 같은 부서는 물론이고 사헌부와 사간원 양쪽에도 동시에 적용되었다.[51]

언관의 언론활동은 일반적으로 작은 일은 말로하고, 큰일은 글로 했다. 대간의 언론과정은 원의圓議·입계入啓·정계停啓로 구분할 수 있

---

50 손보기, 위의 글, 13쪽.
51 이성무, 앞의 책(2000), 52쪽.

다. 입계는 원의의 결과를 왕에게 전달하는 겉으로 드러난 언론활동이며, 받아들여지지 않을 경우의 정계도 원의에 의해 결정된다. 따라서 대간의 언론과정에서 핵심은 원의에 있다 하겠다.[52]

언론을 하기 위해서는 대간들이 원의의 자리에서 문제를 제기하여 논의하고, 결정한 내용을 상관이나 담당자가 계啓 또는 소疏로 올렸다. 원의는 구성원의 동질성이 전제된 구성원간의 평등한 토론을 거치는 의사 결정 장치이다. 원의에서는 의견이 일치해야 제기할 수 있는 것도 있었지만 이는 어디까지나 예외적인 경우이고, 대체로 의견이 모아지면 기관의 이름으로 하되 소수 또는 단독으로도 할 수 있었다. 소수의 언론에 대한 보장도 있었던 것이다.

원의는 대간 구성원 3인 이상 또는 전원의 의견 합일이라는 속성 때문에 구성원의 개별적인 언론은 제약받았다. 그로 인해 대간언론은 대간을 장악하고 있는 주도층에 의해 악용될 소지가 있었다. 하지만 원의를 거친 언론은 한두 사람의 개인적인 혐오나 혐의에 의한 언론이라는 비방을 막을 수 있었다. 이는 곧 공석에서 원의를 거친 언론이 공의로 받아들여지는 것을 뜻하며, 언론 내용이 다소 과격하더라도 처벌하지 못하게 하는 보호막으로도 기능하였다. 원의는 언론 과정에서 생긴 언관의 잘못에 대한 처벌 등을 완화하는 장치로서도 기능했다.[53]

대간의 논사과정을 보면 우선 제좌청齊坐廳이라는 회의실에 전원이 회동하여 관계 기관의 보고와 직접 견문한 내용을 중심으로 토의를 거쳐 언론의 방향과 대책을 강구한다. 대간이 제좌청 회의에 모이는 날을

---

52 圓議를 完議라고도 한다. 그것은 臺諫이 상호간 충분히 논의를 거쳐 전원 합의로 의견을 모으는 것을 1차적 목적으로 했다(남지대, 「조선 중종대의 대간언론」, 『한국사론』 권12, 서울대학교 국사학과, 1985, 147쪽).
53 남지대, 앞의 글(1985), 149~150쪽.

제좌일齊坐日이라 했다. 제좌에서의 발언은 계급이 낮은 관원부터 높은 관원 순으로 했다. 그것은 관원 상호간의 갈등을 사전에 방지하고, 만족스런 합의를 도출하기 위해서였다.[54]

대간은 시정의 현안 문제, 국왕의 과실, 백관의 비위 사실 등에 대한 감찰과 탄핵을 논의하고, 또 관의 기강에 관계되는 문제의 숙정을 논의함에 있어 그 결정은 만장일치를 원칙으로 했다. 이때 거부권의 행사가 있으면 정론으로 간주되어도 논의를 중지했으며, 일단 결의된 사항은 구두 또는 문서로 국왕에게 전달하여 그 채택 여부를 최종 결정케 했다. 논사는 사간원과 사헌부가 각기 개별적으로 행하는 것을 원칙으로 하되 중대 문제는 양사가 합사했으며, 홍문관 설치 이후는 삼사가 합동 언론을 전개하는 경우도 있었다. 합사로도 뜻이 관철되지 못하면 총사직을 단행하는 것이 관례였다.[55]

대간은 사림공론의 대변자임을 자임하면서 동시에 성현의 도를 수호한다는 자긍심을 지녔다. 군주와 대간이 신봉하는 신념 사이에 갈등이 생길 때에는 그 신념을 따르는 것이 도리라고 생각했다. 대간이 진정으로 나라와 임금을 위하는 길은 비록 왕으로부터 버림을 받아 죽는 한이 있더라도 군주를 올바른 도리로 이끌도록 간언하는 것이라고 여겼다.[56] 이는 곧 조선시대 대간들의 언론정신으로 승화되었다.

(2) 대간의 기능과 역할

대간은 군주의 이목지관耳目之官이다. 국가 최고 통수권자의 눈과 귀가 제 소임을 다하지 못했을 때 정치적 또는 사회적으로 미치는 영향이

---

54 손보기, 앞의 글(1986), 16쪽.
55 이택휘, 앞의 글(1985년 여름호), 64쪽.
56 정두희, 앞의 책(1994), 120쪽.

어떠할 것인지는 자명하다. 대간은 정치의 득실과 백성들의 여론을 국왕에게 알릴 의무가 있다. 임금은 대간을 통해 세상이 돌아가는 물정을 알게 된다. 종친·관료 등이 감히 비행을 저지르지 못하는 것은 대간들의 규찰과 탄핵이 두렵기 때문이었다. 대간이 건재하여 본래의 임무를 수행할 때 조정의 기강도 확립될 수 있으며, 공도가 지켜져 간사하고 거짓된 습속도 사라질 수 있다.

무릇 언론의 목적은 그 시대, 그 사회의 제반 부조리를 바로잡고 이상적인 정치를 구현하여 행복한 사회를 건설하도록 정치의 방향을 유도하는데 있다. 이 같은 언론의 기본적 사명은 예나 지금이나 변함이 없다. 절대 군주의 국가, 왕권이 재배하는 체제에서, 천하가 임금의 것이며, 만백성이 국왕의 신민인 사회에서 군주의 말과 행동은 곧 법과 제도의 기준이 된다. 따라서 군주의 일거수일투족은 매우 심대한 정치적 의미를 지닌다. 이에 비록 제도에 편입된 관원언론이기는 하나 언론은 국왕의 이목지관으로 개입했다.

『경국대전經國大典』은 국왕과 대신, 대간의 관계를 인체에 비유했다. 즉 국왕을 머리[元首]로, 대신을 팔과 다리[股肱] 혹은 몸체[腹心]로, 대간을 눈과 귀[耳目]로 비유해 이 삼자가 조화를 이루며 협력할 때 인체가 건강하듯 국정도 올바르게 운영된다고 했다. 특히 팔다리인 대신과 눈과 귀인 대간이 불화, 반목할 때에는 머리에 병이 든다 하여 권력의 균형을 강조했다. 또한 언로를 몸의 혈기에 비유했다. 즉 언로가 통하지 않는 것은 몸에 혈기가 통하지 않아서 병을 유발하는 것과 같음을 강조하고, 비록 거슬리는 말이 있다 할지라도 그 득실을 면밀히 살펴서 쓸 만한 것을 찾아야 한다는 것을 일깨우며 언로의 개방을 역설했다.

퇴계 또한 선조께 올린 「무진육조소戊辰六條疏」라는 정치적 의견서에서 이목론을 피력했다. 인체[나라·국가國家]에는 머리[군주君主·임금]

가 있고, 머리를 받드는 몸체[大臣]를 지켜주는 눈과 귀[臺諫]가 있는데, 이 삼자는 각각 맡은 바 제 기능과 역할을 발휘해야 몸이 비로소 완전하다는 '삼위일체론'을 주장하였다. 임금은 국가의 주체가 아니라 국가를 이루는 하나의 기관이므로 대신은 대신대로, 대간은 대간대로 임금을 잘 보좌하고, 직간을 하여야만 그 기능이 원활하게 작동한다고 했다.[57] 정치적 '평등사상'에 입각한 퇴계의 이 같은 언론철학은 성리학을 바탕으로 한 정도전의 언론사상을 잇는 것으로서 조선조 건국의 이념이었던 정통 유학사상을 극명히 표현한 것이었다.

대간의 언론활동 이외의 기능으로는 첫째, 참정기관으로서의 역할을 들 수 있다.[58] 대간은 매월 4회(5 · 11 · 21 · 25일) 열리는 조계와 매일 아침에 열리는 약식 조회인 상참에 참여하여 정치에 대한 국왕과 신하들의 의견을 듣고, 이에 자문했다. 대간은 또 윤대관輪對官으로 임금을 만나 정치에 대해 영향력을 행사할 뿐 아니라 참의기관으로서 국가의 중대한 일과 시책[政策] · 입법을 논의하는 데 관여, 의견을 개진하기도 했다.

둘째, 대간은 시신侍臣으로서 국왕의 경연과 세자의 서연書筵에도 입시하였다. 특히 국왕이 유교 윤리를 배우고 닦는 시강의 자리에는 반드시 간관이 참석하여 그 직무를 수행했다. 대간은 또 왕이 궁궐 밖으로 거동하는 행행行幸에 수행하여 이목지관耳目之官으로서의 역할을 담당했다.

셋째, 5품 이하 관리의 인사 행정과 새 법령의 제정 · 공포 등에 서명을 해야만 효력이 발생하는 서경기관으로서의 기능을 지녔다. 대관의 서경권은 왕권이나 권당 · 권신 또는 이조 · 병조의 인사 전횡을 견제할

57 김기중, 「한국의 언론사상」, 『논문집』 제4집(광주개방대학, 1987), 217쪽.
58 최승희, 앞의 책(1976), 46~60쪽 참조.

수 있고 관료 체제를 바로 잡을 수 있는 제도였다.

넷째, 대간은 법사기관으로서의 기능도 지녔다. 각종 법령의 집행이나 백관에 대한 규찰은 사헌부의 고유한 직무이지만 중대한 죄를 범한 자에 대해 죄의 사실 여부를 묻는 국문은 대간과 형조, 즉 삼성三省에서 주로 담당하였다. 재판의 판결은 사헌부와 형조·한성부·장예원·지방관[方伯, 守令] 등이 담당했으나, 조선조 초기 중요한 송사의 하나인 노비변정奴婢辨正(결송決訟)에는 사간원도 참여했다.

조선시대의 언관은 국정의 건강한 운영과 주권의 안정 도모라는 역할을 앞세운다.[59] 정도전은 "군주가 언로를 크게 열어 사총史總을 통달하여야 민정을 제대로 파악할 수 있기 때문에 군주의 첫째 덕목은 언로의 개방에 있다."라고 언로의 중요성을 강조했다.[60] 대간언론이 이러한 기능을 제대로 수행한 것은 조선 전기 중종대까지다. 희대의 폭군이었던 연산군은 "입은 화의 문이요, 혀는 몸을 자르는 칼이 될 것이니, 입을 다물어 자기 몸을 보전하라."는 말의 '승명패承命牌'를 대소신료에게 차도록 하고, 간언을 일체 금지시켰다.[61] 그런데도 홍문관 응교 권연수權連手와 이행李荇은 난정을 비판했다가 권연수는 사형되고, 이행은 원지에 유배되었다. 갑자사화 때 당시 대사간이었던 강사姜訶는 그 불가함을 간했다가 그의 아들과 함께 장살을 당하면서까지 언로의 확보를 위한 투쟁을 포기하지 않았다.

대간의 기능적 성패는 곧 올바른 국정의 전개여부, 즉 유교정치의 이념적 진퇴와 직결되었기 때문에 만조백관의 외경의 대상이 아닐 수

---

59 조맹기, 「조선시대 언관구조에 관한 연구」, 『커뮤니케이션 이론 토착화』(한국언론학회, 1993), 107쪽.
60 鄭道傳, 『三峯集』 卷2, 樂章 文德曲: "君主要得民情通, 大開言路達四聰, 開言路."
61 『大東野乘』 卷9, 燕山君條.

없었다. 역대 국왕들도 대간을 중히 여겨 예우하였고, 그들의 신랄한 간쟁을 너그럽게 들어주고 포용하는 것이 성군의 제일 요건이자 덕목이라고 인식했다. 또 실제로 대간들 스스로도 자신들의 직임수행에 도가 지나치는 일이 있더라도 너그럽게 용납할 것[優容]을 기회 있을 때마다 강조하고 있고, 의정대신이나 홍문관도 국왕에게 대간의 논사를 너그럽게 대하라고 측면 지원을 아끼지 않았다.[62]

(3) 대간의 실상

백관을 규찰·탄핵하고 간쟁을 하는 대관臺官들이 그 직무를 원활히 수행하려면 엄격한 권위와 위신이 필요했다. 정도전은 대관이 권위와 위신이 있으면 비록 종일 말을 하지 않아도 사람들이 스스로 두려워하여 복종하나, 권위와 위신이 없으면 비록 백 번 언론[上疏]를 하여도 아무도 두려워하지 않는다고 했다.[63]

사헌부의 기강은 출근의례와 회의의식에서도 근엄하기 그지없었다. 하관은 반드시 상관의 출근을 영접해야 했고, 심지어 차茶(탕약湯藥) 한 잔 마시며 공무를 시작하는 것조차 격식을 갖추어야 했다. 성현成俔의 『용재총화』는 사헌부의 근무 풍속을 다음과 같이 들려준다.[64]

> 대관과 간관이 비록 한몸과 같다고 하나 실은 다르다. 대관은 풍속을 규찰하고,
> 간관은 국왕의 과실을 바로잡는다. 대관의 상하관계는 다른 관청의 기강에 비해

---

62 목정균, 앞의 책(1985), 82~83쪽.

62 목정균, 앞의 책(1985), 82~83쪽.
63 鄭道傳, 『三峯集』卷10, 經濟文鑑 下, 諫官條: "臺諫權輕, 人無畏."
64 사헌부의 공무시작 의식에서 齊座는 "회의를 시작합니다."라는 뜻이며, 奉藥은 "탕약 그릇을 잡으시오.", 正飮은 "탕약을 드시오.", 放藥은 "약그릇을 놓으시오.", 正坐正公事는 "자리에 앉아 공무를 보시오."라는 뜻이다. 또 申時는 "네 십니다.", 公廳封置 臺長可出은 "서류 궤짝을 봉했으니 대장은 나가도 좋습니다."라는 뜻이다(成俔, 『傭齋叢話』, 卷1).

113

제3장 조선시대의 제도언론

매우 엄격하다.

장령이 출근하면 지평은 섬돌 아래까지 나가 맞이하고, 집의가 출근하면 장령이 그렇게 하고, 대사헌이 등청할 때는 집의 이하가 모두 나가 영접하는 것이 관례였다. 이때 하관이 아직 출근하지 않았으면 상관은 의막依幕에 들러 하관이 오기를 기다렸다가 그의 영접을 받고서야 들어간다. 대사헌이 정문에 들어서면 사대장四臺長(4명의 장령, 지평)은 중문 밖에서, 집의는 중문 안에서 공손히 맞아들이고, 각기 자기 집무실로 돌아간다.

대사헌이 대청에 앉으면 수석 아전[都吏]이 대장청臺長廳에 가서 "제좌"라고 큰 소리로 네 번 외치고, 다시 집의청執義廳에 가서 "제좌"라고 한 번 외친 후, 대사헌 앞에 나아가 "제좌"를 또 한 번 외치고 물러난다. 그러면 집의가 북쪽 문의 발을 걷고 들어와 대사헌에게 두 번 절을 하는 예를 행하고, 사대장이 뜰아래 있는 문으로 들어와 섬돌 위에 도열해 있다가 대청으로 올라 재배하는 예를 마친다. 이 의식이 끝나면 모든 감찰이 뜰에 들어와 뵙기를 청하는데, 서리가 와서 다시 알리면 감찰이 차례로 대청 위에 올라와 절을 하고 물러난다. 이어 서리와 나장들이 차례로 들어와 두 번 절을 하고 물러난다.

이윽고 각자 자기 자리에 각각 앉는데, 대사헌은 의자에 앉고 나머지는 모두 평상에 앉는다. 다섯 아전들이 탕약 그릇을 들고 와 대사헌 이하 여섯 대관 앞에 꿇어앉는다. 한 아전이 "봉약"이라고 외치면 약그릇을 잡고 "정음"이라고 하면 마시고, "방약"이라고 외치면 약그릇을 물린다. 그런 후 또 다른 아전이 "정좌정공사"라고 외치면 여러 관원들이 일어나 읍하고 회의실로 옮겨 앉아 서경과 탄핵할 일 등을 선후에 따라 논의 한다.

협의 처리할 일이 끝나면 집의 이하는 다시 집무실로 나가는데, 하인 하나가 중문 안에서 "신시"라고 세 번 소리치고는 조금있다가 또 한 아전이 문안에서 "공청 봉궤 대장가출"이라고 외친다. 이렇게 해서 차례로 공손히 전송한다. 길을 갈 때에도 직급 순으로 차례대로 간다. 이것이 사헌부의 관례이다.

사헌부의 이러한 상하간의 의례는 집무하는 절차, 퇴청에 이르기까지 다른 관사에 비할 수 없이 조직적이고 엄격한 것이었다. 이는 지위·직분에만 관심을 둔 형식주의에 빠지기 쉬우나 위계질서의 의례를 통해 개인의 직분과 의무정신을 보증해 주기도 한다. 결국 사헌부의 의례는 사회질서와 여론의 향방을 쫓을 수 있도록 잠재적 기능을 하는 것이었다.[65]

백관의 비위를 규찰하는 사헌부의 기강은 오늘날 검찰의 '상명하복'과 다를 바 없다. 사헌부의 상하관계가 엄격하고 깍듯하다고 하여 논사에서도 상명하복이 지켜진 것은 아니었다. 비리를 광정하는 데는 상하가 문제되지 않았다. 비록 대사헌이라 할지라도 흠구가 드러나면 서슴없이 하관이 상관을 탄핵했다.

간관諫官의 근무실태는 파격적이었다. 간관은 부내의 상호간에 있어서 존비의 예가 없었고, 심지어 완의석完議席(언론회의)에서는 술을 취하도록 마실 수 있었으며, 행동 또한 구애받지 않았다. 출근길 입청 순서가 정해진 것도 아니요, 상관이 먼저 출근했으면 북쪽을 향해 하관을 기다리고 있다가 하관이 오면 서로 읍하고 자리에 가 앉는다. 제좌하는 날 탕약을 마시고 공무를 집행하는 것은 사헌부와 같으나, 파하고 나면 으레 아란배鵝卵盃로 주거니 받거니 했다. 아란배란 거위알 모양의 술잔인데, 사간원을 상징하는 술잔이다.

또한 근무 중에도 후원의 정자에 가 옷을 벗고 드러눕기도 하고, 집무실 바닥이 싸늘하여 깔고 앉을 물건이 없으면 선생안先生案을 방석으로 사용하기도 하였다. 선생안이란 대사간을 비롯한 사간원을 거쳐간 관료들의 이력명부이니, 그 자유분방한 태도는 파격 그 자체였다. 원래

---

65 조맹기, 앞의 글(1993), 115쪽.

방석으로 표범이나 사슴가죽으로 된 표피·녹피를 사용하지만, 때로는 이를 다른 관서에 빌려주고 그 대가를 모았다가 술값으로 충당하는 일도 종종 있었다. 평상시 일반 경상비는 사헌부에서 타다 쓰지만, 원苑 안에서 나는 배나 대추를 따서 각 관사에 강매한 돈으로 술값을 모으기도 하였다.

혹 금주령이 내려지면 사헌부 대신들은 술을 마실 수가 없지만 사간원 간신들은 평상시와 다름없이 즐겼다. 간신은 붉은 옷[朱衣]을 입었고, 대신은 검은 옷[烏衣]을 입었는데, 금주령이 내린 때에 붉은 옷이 흥건히 취하여 검은 옷을 보며 "나는 밤낮으로 잔뜩 취해서 낯이 붉기 때문에 옷도 붉거니와, 너는 신산하고 차서 술도 마시지 못하여 안면에 항상 검은빛이 있기 때문에 옷도 검다."고 조롱하기도 하였다. 성균관에서 석전제가 있으면 음복은 으레 사간원 간신들이 차지하였으며, 그 아래 아전들이나 종복들도 실컷 취할 수 있었다. 만약 일이 있어 간신이 참석하지 못하면 남은 음식은 간관의 집에 보내는 것이 고풍이자 관례였다.[66]

간관에 임명된 자는 반드시 관례에 따라 회식자리를 마련해 동료들과 술 한 잔을 나눈다. 뿐만 아니라 간관은 여러 곳의 각종 연희뿐만 아니라 궂은 일 등 나라의 주요 대소사에 빠짐없이 찾아다녔다. 그렇다고 간신들이 일은 하지 않고 매일 술에 취해 업무에 소홀히 한 것은 아니었다. 간관이 각종 대소사를 찾아다니는 것은 술을 마시기 위해서라가 아니라 정보수집이 주목적이었다. 간혹 술자리에서 중요한 정보가 유통되는 것은 예나 오늘이나 마찬가지다. 이때 수집된 정보는 간관의 논사활동에 근거가 되었음은 두말할 나위 없다.[67]

---

66   徐居正, 『筆苑雜記』, 卷2.

사간원 관원들의 근무에 대해 이처럼 너그러운 것은 간관의 업무가
지닌 특성 때문이었다. 간관의 언론활동은 유교적 이념의 실현이라는
공의를 실천하는 것이다. 상하관계가 엄격한 계급사회에서 아랫사람이
윗사람에게, 그것도 국왕에게 잘잘못을 지적하기란 여간 곤욕스러운
게 아니었다. 또 때론 자기의 직위와 생명을 걸고 해야 하는 것이므로
다른 관료들과는 달리 기개를 살릴 필요가 있었다. 그들의 업무성격상
간관의 기를 진작시키기 위한 방안의 하나로 파격적인 대우로 자유분
방한 근무태도를 지니게 했던 것이다.

간신들은 또 직무의 특성상 자칫하면 임금의 눈에 거슬리는 일이 많
아 걸핏하면 좌천되거나 파직될 확률이 높았다. 이를 보호하기 위해
공무상 중대한 과실이 있을 때를 제외하고는 좌천되거나 지방으로 전
출되지 않았다. 또한 설령 간관이 파직되었다 할지라도 타 관원과는
달리 파직된 기간을 근무시간에 합산해 주는 등 제도적으로 신분을 보
장함으로써 그들이 마음 놓고 간관활동을 할 수 있게 해주었다. 그것이
조선시대의 언론이 제도언론이라는 한계성을 지녔음에도 불구하고 건
강한 언로로서의 역할을 다할 수 있었던 하나의 통로였음을 두말할 나
위 없다.

기관 운영에 있어서도 사간원은 자유로운 관계가 유지되어 지위, 신
분 등의 높음과 낮음에 구애받지 않았고, 때로는 최하위직인 정언이
최상위직인 대사간을 논박·탄핵하여 교체시킨 일도 있었다. 물론 사
헌부에 있어서도 상위자가 실수할 경우 하위자는 가차 없이 그를 탄핵
하였고, 논사에 있어서는 비판이 엄정히 독립되었을 뿐 아니라 준열했
다. 대간은 언론의 장에서만은 상하의 직위에 구애받지 않고 소신껏

67 成俔, 『傭齋叢話』, 卷1.

논사 활동을 할 수 있도록 제도적으로 보장받았다. 그 대신 언관의 약점이나 실수는 추호도 용납되지 않았고, 동료나 다른 관료 또는 사림으로부터 잘못된 것을 질타 받으면 사직하는 것이 하나의 불문율로 되어 있었으며, 따라서 대간의 인사 교체는 다른 관직에 비해 매우 빈번하였다. 그것은 언관의 직책 완수가 어렵고 고통스러운 것인 만큼 그 기개와 절의가 손상되지 않도록 하기 위해서 우대한 것이었다.[68]

이에 따라 대간들의 권위를 존중하기 위해 각종 인사상 특혜와 우대 조치가 마련되었다. 대간에 관한 특전 가운데 가장 매력적인 것은 승진이 빠르다는 점이었다. 조선시대 관료들이 종6품에서부터 정3품 당하관까지 승진하자면 대개 32년이 걸린다. 대간은 6년이면 가능했다.[69]

대간에 대한 근무성적 평가도 여느 관리들과는 달랐다. 조선시대 관리들은 서울에서 근무하는 경우에는 해당 관사의 당상관·제조 및 소속 부서의 당상관이, 지방관리는 해당 도의 관찰사가 매년 6월과 12월 두 차례 근무성적을 왕에게 보고토록 되어 있었다. 이때 대간에게는 등급을 매기지 않도록 했다. 이는 대간들이 근무성적 평가에 구애받지 않고 자유롭게 소신있는 논사를 할 수 있게 하기 위해서 취해진 조처였다.[70]

대간은 당하관이라 할지라도 3품 이상의 관료 자손에게만 주어졌던 음직蔭職의 혜택도 있었다. 또 사신이나 어사로 파견될 기회가 주어지기도 하였다. 언론활동을 하다가 피해를 입는 경우가 많았기 때문에 불체포 특권도 보장했다. 마치 오늘날 국회의원이 의정활동의 보장을 위해 면책특권을 누리는 것과 마찬가지였다.[71]

68   이택휘, 앞의 글(1985년 여름호), 65쪽.
69   이성무, 앞의 책(2000), 58쪽.
70   최승희, 앞의 책(1976), 20~23쪽 및 28~29쪽.
71   이성무, 앞의 책(2000), 59쪽.

조선시대의 언론연구

대간이 범법행위를 했을 경우에도 여느 관리와는 달리 형조에서 취조하지 못했다. 사헌부 관리는 사간원에서, 사간원 관리는 사헌부에서 취조토록 했다. 이때 양사가 담합하여 비리를 쉬쉬하지 않을까 하는 것은 걱정할 필요가 없다. 양사는 서로 경쟁적인 논사기관이었으므로 비리의 묵인이나 봐주기식 수사는 있을 수 없었다.

이밖에 대간에 대한 우대는 타 관원들의 대간에 대한 예에서도 나타난다. 관원이 서로 만날 경우 상관은 하관의 예를 받고도 답례를 하지 않도록 되어 있으나 대간에 대해서는 당상관도 정중히 답례하도록 규정했다. 대간은 비록 품계는 낮았지만 실질적으로는 정2품 이상의 대우를 해준 셈이다. 대간에 대한 이러한 각종 특혜는 신분보장을 통해 언론의 자유를 보장해 줌으로써 그들의 직무를 원활하게 수행하기 위해서였다.

대간의 간언이 임금에 의해 가납되지 않으면 물러나는 게 상례였다. 대간은 사직상소를 통해 간언은 나라를 위하고 사회를 위한 것인데도 임금이 언로를 열지 않는 것을 공박하고, 집무거부를 선언한다. 임금의 선택은 둘 중의 하나다. 즉 대간의 말을 가납하던가 아니면 대간 교체를 단행하는 것이다.

대간의 간언을 끝내 물리치고 대간 교체를 행하면 새로 임면된 후임 대간은 전임 대간의 목소리를 앵무새처럼 되뇌고 또 그 자리를 물러난다. 그것은 전임 대간의 논지가 유교적 정명을 지니고 있기에 차마 거부할 수 없는 노릇이다. 따라서 임금은 전임 대간의 말꼬투리를 트집 잡아 처벌할 수밖에 없었다. 대간의 언론에는 권력의 어떠한 탄압에도 나라를 위한다는 정당한 명분을 지녔기에 결코 한 번 세운 뜻은 굽히질 않았다.

3) 대간의 언론활동

(1) 대간언론의 내용

조선시대 제도권 언론 활동의 주체는 주로 대간臺諫, 즉 사헌부와 사간원兩司에 의해 전개되었고, 때로는 홍문관이 합세해 삼사三司 합동언론을 퍼기도 했다. 대간의 직무에서 중심이 되는 것은 언론활동이었다. 대간언론의 주된 내용은 간쟁·탄핵·시정·인사언론이었다.[72]

간쟁언론諫諍言論이란 국왕의 과실을 규간함을 말한다. 왕권의 정치적 영향력이 절대적인 전제 왕조 체제에서는 국왕이라고 모두가 영명한 현인이 아니므로 때로는 본의 아니게 과오를 범할 수 있다. 또 크고 작은 국왕의 과실은 그대로 국정에 반영되므로 이를 수시로 바로잡아 고칠 수 있는 제도적 장치가 필요하였다. 간쟁언론은 국왕의 실정을 예방하여 종사를 튼튼하게 지켜 나갈 목적으로 부여된 제도언론의 가장 중요한 기능이었다.

간쟁언론의 내용은 언로를 널리 열고 언관을 우대할 것, 사사로운 개인의 정리를 베풀지 말 것, 사람을 신중히 쓸 것, 항상 몸을 닦고 자신을 반성할 것, 거동을 삼갈 것, 근면하고 검소하며 사정이나 사태를 분명하게 미루어 생각[明察]할 것, 예의염치를 계도할 것, 역대 선왕의 가르침을 따를 것, 형벌을 신중히 할 것, 정치와 법령, 제도[政令]를 일관되게 할 것 등이 주된 내용이다.

간쟁언론은 국왕을 커뮤니케이션 대상으로 하는 언론 행위라는 의미에서 국왕의 과실에 관해 직언으로 시비를 다투는 경우가 많았다. 그러나 근본적으로는 실정의 예방에 목적이 있었기 때문에 국왕 스스로 성

---

72 최승희, 앞의 책(1976), 155~156쪽; 목정균, 앞의 책(1985), 90~91쪽 및 101~113쪽; 이택휘, 앞의 글(1985년 여름호), 68~70쪽 참조.

군의 경지에 이를 수 있도록 수성덕치修省德治의 품성 함양이 논사의 기조를 형성한다. 흔히 조종祖宗(역대 군주)의 선왕지도先王之道를 위시하여 성현의 교의敎義를 준거로 하는 설득커뮤니케이션 형태를 취했으며, 상소나 차자 같은 문자커뮤니케이션의 경우에는 그 자체가 하나의 완벽한 작품으로서 손색이 없을 만큼 시대정신과 문제의식을 밀도 있는 사색적 논구로 구성한 이론적 또는 이념적 결정체인 경우가 많다.

탄핵언론彈劾言論이란 관료의 기강을 세우고 이들의 부정, 불법, 불의, 과실, 태만을 감시・규찰하여 시정・제거해 나감을 목적으로 한 언론을 말한다. 조선은 개국과 더불어 강력한 중앙 집권적 관료제 국가 건설을 지향했고, 정교한 계층 구조로 짜여진 거대한 관료 조직이 바로 왕권의 수탁대행자였기 때문에 대소 관료의 정치적 자세와 청淸・탁濁・근勤・태怠에 따라 국정의 성패가 크게 좌우되었다. 탄핵언론은 왕조 체제의 양대 지주[국왕國王과 신료臣僚]의 하나인 관료에 대한 감시・비판・견제의 기능을 부여함으로써 유교정치의 이상을 구현하고 관료 체제를 견고하게 지켜나갈 목적으로 제도언론에 부여된 기능이었다.

탄핵언론은 부정・불법・탐관오리에 대한 탄핵, 무능・태만・용렬한 신료에 대한 탄핵, 불충・간사한 무리에 대한 탄핵, 군율 위반이나 직무 소홀에 대한 탄핵, 관리들의 작패에 대한 탄핵, 고변 관련자들의 허위에 대한 탄핵 등 신료들의 비위를 감시・규찰하여 이를 시정하거나 제거함을 목적으로 하는 논사였다. 따라서 그 내용도 신랄한 경우가 많았으며, 원색적인 표현이 등장하기도 한다. 특히 반정이나 사화 또는 중요한 정치적 변란의 시기에 탄핵언론이 활발했다.

대간의 탄핵은 그 범위가 광대했다. 육조의 참의 이상, 의정부의 대신, 그 밖의 정3품 이상의 고위관리가 대부분이었으며, 지방관은 목사, 부사, 감사, 절제사, 절도사 등 행정 책임자가 주된 대상이었다. 뿐만 아니라 어느 특정 한 관직은 지니지 않았다 할지라도 당시의 정치에 영향력을 행사했던 종친이나 공신 등도 예외일 수는 없었다. 대간의 탄핵은 당 시대에 영향력을 미치고 있는 인물이라면 재야에 있건 재조에 있건 가리지 않고 탄핵의 대상이 될 수 있었다.[73]

이는 대간이 정치에 미치는 영향력이 그만큼 광범함을 의미한다. 대간의 탄핵은 국왕이 어떻게 수렴하는가에 따라 달라진다. 대간이 한번 탄핵을 하면 국왕이 번번이 그 요구를 묵살하더라도 개의치 않고 문제가 해결될 때까지 지속되었다. 따라서 대간의 탄핵은 당시 정국에 커다란 영향력을 미쳤다.[74]

시정언론時政言論이란 당면한 주요 서정庶政(여러 가지의 공무)과 시정時政(시세와 정치)을 논하는 것을 말하며 민중들의 이해와 직결되는 정치의 구체적인 실천언론이라 말할 수 있다. 시정의 이해와 득실을 비판·평가하는 시정언론의 기능은 언론을 통해 위민애민爲民愛民의 민본民本·덕화정치德化政治를 실현하려는 유교적 여론정치의 표본이다.

시정언론의 내용은 척사·척불에 대한 논사[75]를 비롯한, 사회·민생에 대한 논사의 비중이 매우 컸으며, 노비의 공정한 관리에 관한 것, 교육·문화에 관한 것, 군사·역참에 관한 것, 재정·외교·행정·형사 정책에 관한 것, 그리고 각종 금령에 관한 것 등이었다. 또한 반정 직후에는 폐조의 폐습에 관한 논사가 두드러지게 나타난다.

인사언론人事言論이란 관료의 선발·탁용·이동·승진·상벌·공과

---

73   정두희, 「조선 성종대 대간의 탄핵활동」, 『언론문화연구 논문모음집』 권 I(서강대학교 언론문화연구소, 1989), 23쪽.

74   정두희, 위의 책, 63쪽.

75   요망스럽고 간사한 것, 즉 전통 무속 신앙이 주 대상인 斥邪와 불교를 배척한 斥佛에 대한 논사는 양사보다 홍문관이나 경연관이 더욱 적극성을 띠고 있다. 이것은 조선조 정치 체제의 이념적 정향이 철저하게 성리학적 사상에 근거하고 있음을 말해주는 징표라 하겠다(이택휘, 앞의 글, 1985년 여름호, 69쪽).

등에 관한 제반 행정 절차를 논하는 언론이다. 관료제의 구축과 정착은 합리적이고 적법한 인사 절차를 통해서만 가능하며, 지배 계급의 정치·경제·사회적 이해관계 역시 바로 인사 문제에서 비롯되는 것이기 때문에 인사 행정의 엄정함은 정치적 안정의 기초가 된다. 인사언론은 관료적 왕조 체제의 유지, 발전과 직결되는 정치적 기능이 되므로 곧잘 탄핵언론으로 발전하기도 한다.

인사언론에서 가장 빈번하게 나타나는 것은 상과 작위의 남발에 따른 인사 행정의 난맥상이다. 또한 인사 결정에 있어서의 부적합성과 불공정성에 대한 논사, 인사 건의에 관한 내용, 관제의 개정 및 폐지에 따른 논사, 정실 인사를 막기 위한 제반 조처, 관원의 기강 확립과 법규 준수 문제, 위인설관 인사의 폐해 등의 내용이었다.

조선조와 같은 관료 지배 사회에서는 인사는 곧 지배 계층의 정치적·사회적 이해관계 뿐 아니라 경제적 이해관계와도 직결된다. 벼슬에 오른다는 것은 정치적 지위와 사회적 명예를 획득하는 길인 동시에 경제적으로도 기반을 닦을 수 있는 계기가 된다. 따라서 관직에 나가기 위한 경쟁이 치열해졌고, 특히 경제적 이해관계가 깊은 관직을 얻기 위한 경쟁과 갈등이 나타나게 됐으며, 이러한 갈등을 조정해 나가는 것이 정치적으로 중요한 의미를 갖는다. 언관은 인사 문제의 조정에 있어서 부적합한 인사의 비판자로서, 그리고 적절한 대안의 제시자로서 기능했다.

(2) 풍문탄핵과 대간언론

조선시대의 대간은 사헌부 6명, 사간원 5명 등 모두 11명에 불과했다. 이 소수의 인원이 한 나라의 논사를 담당할 수 있었던 것은 '풍문탄핵風聞彈劾'에 있다. 풍문탄핵이란 풍문만으로 탄핵하는 것을 말한다.

대간들이 논사의 근거로 삼고 있는 정보의 취득방법은 다양했다. 우선 현지인들에게 직접 듣거나 억울한 일을 당한 사람이 제보한 내용을 토대로 논사의 근거를 삼는다. 이외에도 사헌부 감찰이 지방을 다녀온 뒤 올리는 출장보고서가 중요한 취재원 구실을 하기도 하고, 사간원은 매일 아침 임금과 대신들이 한자리에 모여 있는 조회 등에 참석, 임금의 동정이나 국정전반에 관한 일을 파악해 논사의 근거로 삼기도 한다.

하지만 문제는 늘 취재원이 부족하다는 사실이다. 더구나 대간의 집에는 분경이 금지되어 있어 사석에서 가까운 친척·인척·이웃·친구 외에는 만나는 것이 원칙적으로 금지되어 있었다. 따라서 대간의 정보는 사헌부의 감찰이나 의금부·포도청 등 공안관서의 서리 등이 제공하는 것을 제외하면 승정원의 조보나 자신들이 개인적으로 보고들은 정보가 고작이었다. 물론 문서나 물증 등 근거가 뚜렷한 정보는 당연히 논사의 정보로 구실하였지만 문제는 그것만으로 언론을 구현하기에 부족하다는 것이다.[76]

대간이 관료를 탄핵하는 근거로는 풍문·명문名聞·허문虛聞·실문實聞·실견實見·허견虛見·실지實知·허지虛知 등 8가지가 있다. 이중 실지로 듣거나 보거나 아는 것을 근거로 탄핵해야 하지, 잘못 듣거나 잘못 보거나 잘못 아는 것을 근거로 탄핵해서는 안된다. 그런데도 조선시대 대간들은 풍문을 근거로 탄핵했다. 특히 고위관료에 대한 태반은 풍문에 근거한 탄핵이었다. 풍문탄핵은 본질적으로 정보부족으로

---

76 奔競이란 분주하게 대하면서 이권을 챙긴다는 奔趣競利라는 중국 고사에서 나온 말로써 定宗 즉위년에 정부의 주요 대신을 사사롭게 찾아가는 것을 금지한 인사청탁금지법이었다. 이를 어기면 최고 유배 3천리형에 처해졌는데, 당시로는 사형 다음가는 중형이었다. 분경죄로 처벌받은 자는 두 번 다시는 관직에 발붙일 수 없었다. 또한 3, 4촌 이내의 가까운 친척의 출입은 허용됐으나 재판의 판결을 담당하는 관리의 집은 문병과 조문 외에는 일체 금지되었다. 청탁 가운데는 인사청탁이 가장 무거운 죄였으며, 병역관련청탁, 언론청탁, 소송판결청탁 순으로 무거운 책임을 물었다.

인해 대간언론이 위축될 염려가 있었기 때문에 그와 같은 사태를 방지하기 위해 허용된 제도이지, 결코 권장할 만한 것은 아니었다.[77]

아무튼 대간들은 확실한 정보는 아니지만 이미 세간에 파다하게 소문이 나면 그것만으로도 탄핵했다. 탄핵받은 사람은 사실 여부를 떠나 그 자리에서 물러나 제3기관에서 조사를 받은 다음 탄핵내용이 사실이면 당사자를 처벌하고, 허위이면 탄핵한 대간을 처벌했다.

풍문탄핵은 그야말로 풍문만으로 탄핵하는 것이어서 피탄핵자가 억울한 누명을 쓸 여지가 있는 등 제도적으로 문제가 많았다. 실제로 탄핵 대상이 된 사람이 극렬히 반발하면 풍문의 사실 여부를 최종 판단할 국왕은 물론 조정 전체가 심각한 논쟁에 휘말리곤 했다. 이에 걸핏하면 풍문탄핵의 피탄핵자로 거론되는 훈구대신들은 기회가 있을 때마다 풍문탄핵의 폐단을 들어 폐지를 요구했고, 대간들은 공론의 수호를 들어 풍문탄핵을 고집했다. 풍문탄핵은 조선조 초기 몇 차례 금지되었으나, 대체로 허용되었다. 그것은 풍문탄핵을 통해 국왕은 권신을 통제할 수 있었으며, 대간은 유교이념의 구현이라는 정치적 이상을 실현할 수 있는 제도라고 여겼기 때문이다.

풍문탄핵이 논쟁에 휘말리면 피탄핵자와 국왕은 진실의 규명을 위해 때론 풍문의 근거[言根], 즉 최초 발언자를 대라고 추궁했다. 이에 대해 대간은 결코 선발언자先發言者를 밝히는 법이 없다. 이는 오늘날 언론인들이 취재원을 보호하는 것과 같은 이치다. 선발언자를 공개하면 누구든 대간에게 제보하지 않을 것이며, 그것은 결국 대간으로 하여금 정보부족을 초래해 대간언론을 유명무실하게 할 수 있었기 때문이었다.

---

77 이성무, 앞의 책(2000), 101~112쪽 참조.

대간은 풍문의 근거를 대라는 반격을 받으면 으레 "나라 사람이 다 안다."든가, "사림이 다 알고 있다."는 등 두루뭉술하게 둘러댄다. 이미 그러한 소문이 공공연히 드러나 있고, 그러한 소문이 특히 사림, 혹은 사대부 사이에 널리 알려져 있다고 주장했다. 사대부들의 여론, 즉 공론이 이미 그를 지탄하고 있다는 것이 근거라는 것이다. 공론이 그러한데 구차하게 물적인 증거는 제시할 필요가 없다는 논리이다.

성종 3년 12월에 발생한 '한명회 탄핵사건'은 대간언론의 풍문탄핵이 어떻게 작용하고 있는지를 잘 보여준다. 이를 보면 사헌부 집의 임사홍任士洪과 장령 이맹현李孟賢이 평창군수로 임명된 김순성金順誠이 발령을 받고서도 임지로 부임하지 않는다는 이유를 들어 탄핵했다. 대간들이 지목한 것은 김순성이 아니라 실제로는 배후에 있는 한명회韓明澮였다. 한명회는 세조의 불법적인 군사쿠데타에 수석참모로 활동, 정난공신에 오른 훈구대신이었다. 대간들은 무소불위의 권력을 휘두르던 당대 훈구세력의 우두머리를 겨냥했던 것이다.[78]

한명회는 즉각 그러한 고발이 근거 없는 것이라고 하면서, 일단은 자신이 탄핵받았으니 병조兵曹의 겸판서兼判書의 직을 거두어 중론을 달래라고 성종에게 요청하였다. 이는 물론 한명회가 진심으로 사직하려는 것이 아니고, 즉위한 지 얼마 되지 않는 어린 왕에게 은근한 압력을 넣기 위한 처사였다. 이에 성종은 이맹현에게 김순성이 한명회에게 청탁한 사실을 누가 보거나 들었느냐고 질문하였다. 이맹현은,

"저희들이 그러한 사실을 직접 듣거나 목격하지는 못했습니다. 그러나 김순성이 청탁하지 않았다면 한명회가 어떻게 김순성의 처가 병중인 것을 알았겠습니까. 이

78 정두희, 앞의 책(1989), 103~106쪽 참조.

러한 이유로 김순성이 한명회에게 청탁하였을 것이라는 점을 알게 되었으며, 이러한 부탁을 받아들이는 것은 대신의 도리가 아니라고 판단했습니다."

라고 답변했다. 이맹현의 해명이 있고 난 이후의 진행된 논의과정을 보면,

성종 : 정승(한명회)에게 (김순성이) 청탁하였다는 것을 누가 먼저 말하였는가?

장령 이맹현 : 사헌부에서 해야 할 일이 생기면 반드시 모든 관원이 의논하여 결정하지, 어느 한 사람이 단독으로 하는 것은 아닙니다.

성종 : 먼저 발언한 자가 누구인가?

이맹현 : 같이 이 일을 의논할 때 누가 먼저 발언하였는지는 모르겠습니다. 돌아가서 알아보고 말씀드리겠습니다.

성종 : 그렇게 하라.[79]

다음날이 밝았다. 대사헌 권감權瑊을 비롯한 사헌부 집의 임사홍, 이맹현, 지평 서근, 김이정金利貞 등 대간 전원이 성종을 찾았다.

대사헌 권감 : 한명회를 탄핵해야 한다는 것은 제가 먼저 발언했습니다.

집의 임사홍·이맹현, 지평 서근·김이정 : 권감이 비록 먼저 말하였다 하더라도 저희들 모두가 의논하여 합의를 본 후에 건의를 한 것입니다. 왕의 실수를 말하는 이는 많아도 대신의 잘못을 말하는 자는 적습니다. 그러므로 선발언자先發言者를 찾아내어 그를 문책한다는 것은 대체大體에 해가 되는 일입니다. 이에 조종조에서는 이를 불문에 처했던 것입니다. 차후로

선발언자를 묻지 않았으면 다행이겠습니다.

성종 : (원상들에게) 대간이 시소한 일로써 대신들을 탄핵했다면 대신들이 어찌
　　　안심하고 재직할 수 있겠는가? 그리고 일을 당하여서 대신들로 하여금
　　　말도 하지 못하게 한다면 내가 깊은 궁중에서 어떻게 하정을 들을 수
　　　있겠는가. 또 대간은 나의 이목지관이기는 하지만 대체에 관계되면 말하
　　　는 것이 옳지만 이처럼 사소한 일을 가지고 논하는 것은 옳지 않다. 대사
　　　헌(권감이)이 (이 문제를) 선발언하였다 하니 그를 좌천시키는 것이 어떻
　　　겠는가?

원상 김국광金國光·성봉조成奉組 : 전하의 말씀이 옳습니다. 예로부터 대간의
　　　말이 사실과 같지 않으면 반드시 그 선발언자를 처벌하였습니다. 지금
　　　대사헌의 (한명회) 탄핵도 잘못된 것입니다.

성종 : 사헌부의 관리들을 모두 좌천시키도록 하라.

이에 대해 사신은 사론으로 논하기를,

"성상께서 어린 나이에 대통을 이어 바야흐로 대신들과 더불어 다스리는 도리
[治道]를 다하여 왔다. 그런데 정승인 한명회가 대간에 의해 탄핵되었다. 성상께서
원로대신을 중하게 여겨 사소한 일로 탄핵하였다며 대간들을 문책하려고 했다. 김
국광과 성봉조 등은 언로가 상한다고 고하지 않고 조종에 그런 일이 있었다며 대간
의 체대遞代에 동조했다. 조종에 설사 그런 일이 있었다 할지라도 이는 본받을 수
없는 것이다. 사신은 김국광 등의 (대간 체대 동조가) 성상의 뜻에 들게 하여 총애
를 굳게 하려는 계교인지, 아니면 또한 자신이 시의時議에 용납되지 않아 마침내
대간에게 공박당할 것을 알고 미리 예방하려는 입장에서인지 (그 저의를) 알지 못
한다. 다만 (대간의 체대로 언론의 자유가 훼손된) 이는 한 말[一言]로써 거의 나라
를 잃게 함과 다를 바 없다. 장차 저 원상院相들을 어디다 쓸까?"[80]

라고 하여 대간의 죄를 묻는 것에 동의한 원상들을 비난했다. 사헌부의 김순성과 한명회 탄핵사건은 결국 사헌부의 관원이 전원 인사조치 되는 것으로 일단락되는 것 같았다. 이러한 조치가 취해진 바로 그날 사간원 헌납 최한정崔漢禎은

"언관이 실언을 하더라도 이를 너그럽게 용서하여야 합니다. 지금 사헌부에서 (한명회를 탄핵한) 일이 잘못이라는 이유로 (그 소속 관원들을) 모두 좌천시키면 언로가 막힐까 두렵습니다."

하고 이의를 제기했다. 다음날 성종은 경연에서 영경연사인 조석문曹錫文과 윤자운尹子雲에게

"사헌부의 관원을 좌천하라고 명한 것은 내가 언로를 막고자 한 조치가 아니다. 대신의 과실을 탄핵하지 말라는 것은 더더욱 아니다. 다만 사헌부가 사소한 일로 대신을 탄핵했기 때문이다."[81]

라고 해명하였다. 이번에는 사간 김영견金永堅이

"지금 대간이 한 말을 문제 삼아 이들을 좌천시킨다면 전하께서는 간언을 잘 용납지 않는다는 평을 들을까 두렵습니다. 만일 임금이 직간을 기꺼이 용납한다

80 『成宗實錄』卷25, 成宗3年 12月 8일 庚午條: "史臣曰, 上幼年繼統, 方與大臣, 日講治道, 惟大臣是聽. 而今韓明澮爲臺諫所論, 上欲遞先發言者, 蓋亦重元老大臣之意也. 金國光, 成奉祖等, 不以言路有傷爲對, 反以爲祖宗故事, 是何意也? 假使祖宗果有是事, 寧可引以爲法乎? 臣未知國光等逢迎上意, 爲固寵之計歟? 抑亦知已不容議, 終爲臺諫所攻, 預爲之地歟? 此不幾於一言而喪邦乎? 將安用彼相?"
81 『成宗實錄』卷25, 成宗3年 12月 9일 辛未條.

하더라도 아랫사람들은 감히 모든 말을 다하지 못하는 법인데, 하물며 그 말이 잘못된 것이라 하여 죄를 준다면 어떻게 되겠습니까?"

라고 거듭 성종에게 항의했다. 사헌부 관원의 인사조치에 대해 사간원 간관들만 이의를 제기한 것이 아니었다. 경연에 참석한 조석문도

"대간의 말이 비록 지나친 점이 다소 있다손 하더라도 그것을 이유로 그들을 좌천시키는 것은 불가합니다."

라고 성종의 조치에 반대했다. 결국 이 탄핵을 주도한 사헌부 대관들과 이에 관련했던 사간원 간관이 전원 좌천되었다. 서거정徐居正이 사헌부 대사헌에, 현석규玄碩圭가 집의에, 김자정金自貞이 장령에, 안호安瑚와 신중거辛仲琚가 지평에 새로 임명되었으며, 사간원에도 일부 인사개편이 있었는데 박숭질朴崇質이 사간에, 진지陳祉를 정언에 새로 임명했다. 또한 한명회는 겸하던 병조판서직을 내놓고 상당부원군上黨府院君 자격만 유지한 채 정치일선에서 한발 물러서게 되었다. 아울러 대간이 교체된 이유 또한 풍문탄핵에 있는 것이 아니라 사소한 일로 대신을 탄핵했다는 죄명으로 명분을 정함으로써 언론의 자유가 훼손되는 사례를 남기지 않으려 했다.[82]

조선시대의 대간들이 구체적인 증거도 없이, 더구나 풍문탄핵이 지닌 폐해와 모순점을 알면서도 이를 감행한 것은 앞서도 얘기했듯이 그것이 도덕정치를 구현할 수 있는 장치라는 신념에서였다. 대간은 공론에 의해 간쟁하고 탄핵하는 것이야말로 유교이념을 수호하고 조선왕조

---

82 정두희, 앞의 책(1989), 106쪽.

의 도덕적 기초를 확립하는 것이라고 여겨왔다. 그래서 대간의 풍문탄핵은 항상 피탄핵자의 인간됨, 도덕성을 문제시했다. 피탄핵자의 공적인 자질보다는 사적인 품성을 문제삼음으로써 조선왕조 정치가 이상적으로 흐르게 유도했다.

(3) 대간언론 개혁론

풍문탄핵은 고위 정치관료의 능력보다는 개인적인 덕성에 초점이 맞춰짐으로써 당파적인 이익을 추구하는 도구로 전락할 가능성이 농후했다. 실제로 조선 후기 당쟁이 격화되면서 풍문탄핵은 정권을 획득하는 당파간의 정쟁 도구로 이용되기도 했다. 풍문탄핵이 무제한 허용된 탓으로 이를 통해 상대 당파를 공격하면서 당쟁은 더욱 심화되었던 것이다. 풍문탄핵은 정치적으로 대간의 발언권을 확대시켰다. 대간의 역할이 지나치게 활성화되면서 고위 관료들의 부정부패를 방지하는 데는 크게 기여했지만, 반대파에 대한 근거 없는 인신공격으로 악용되면서 당쟁의 격화를 심화시키는 부작용을 초래하기도 했다.[83]

대간의 논사행위가 권력화 되면서 대간언론에 대한 견제론이 대두되었다. 이에 대간의 인사권을 이조판서에게로 이관하자 대간은 권신의 통제를 받게 되었다. 언권이 권신의 예속화로 전락함으로써 대간언론은 '언론'이라는 본질에서 벗어나 정치도구화로 전락했다. 당쟁시대에는 정권을 잡기 위해서는 우선 대간을 장악하고, 대간의 언론으로 상대방을 공격했다. 조선 후기 집권자들은 언로를 지배하기 위해 대간에 자기 계파만 임명했다. 대간이 당쟁의 한 가운데 서서 서로 상대방을 비판하는 권력의 저격수, 촉수로 전락하면서 대간은 더 이

---

83   이성무, 앞의 책(2000), 143~158쪽 참조.

상 청요직이 아니라 뜻있는 선비가 사직할 구실만 찾는 벼슬로 그 명예가 실추되었다.

이에 대간개혁론臺諫改革論이 대두되었다. 선조 때 대사간을 역임한 류성룡柳成龍은 무엇보다도 풍문탄핵의 폐단을 지적했다. 그는 대간은 군주의 이목지관으로 사실을 사실대로 간언해야 하는데 실제는 그렇지 못하다고 개탄했다. 그러다가 사실 여부가 드러나면 대간은 "풍문을 듣고서 일을 말하게 되니 일의 허실을 어떻게 죄다 가릴 수 있겠는가." 라면서 빠져나가고, 군주는 "대간이 풍문을 듣고서 일을 말하게 되니 이런 사태가 초래된 것을 괴이하게 여길 것 없다."고 하여 풍문을 핑계로 서로 책임을 떠넘기며 회피한다는 것이다.

류성룡은 다음으로 원의제도의 문제점을 지적했다. 대간은 모여서 토의하고 합의한 후에 의견을 개진했다. 류성룡은 바로 이 의사결정장치가 권신에 의해 악용되는 실태를 비판했다. 그는 대간들이 부하뇌동하여 합의한 뒤에야 군주에게 의견을 개진하고, 혼자서는 결코 자기 의견을 내놓는 바가 없다고 질책했다. 권신의 권력이 막강할 경우, 대간은 그 권신의 편에 서서 모든 대간들이 그 뜻에 따르도록 회의를 꾸려간다는 것이다. 대간의 원의가 권신들에게 농락당한다면서 류성룡은 원의라는 의사결정 장치를 개혁할 것을 주장했다.[84]

유형원柳馨遠은 예전에는 모든 관원이 군주에게 간언할 수 있었다면서, 왜 군주에게 간언하는 별도의 관청이 필요한가라고 반문하고 극단적으로 사간원의 폐지를 주장했다. 사헌부에서도 풍문에 의해 탄핵하는 것을 금지해야 한다고 역설했다.[85]

---

84 柳成龍, 『西厓全書』, 別集 4, 雜著(이성무, 위의 책, 151쪽 재인용).
85 柳馨遠, 『磻溪隨錄』, 卷14, 官制, 地制, 司諫院條(이성무, 위의 책, 151~153쪽 참조).

이익은 관직과 녹봉을 사양하는 사람은 예로부터 무척 드문데도 대간이 핑계만 있으면 물러나려고 하는 것은 자신의 몸보신 때문이라고 개탄했다. 그는 이어 "규탄할 일이 있으면 반드시 그 사실여부를 확인하여야 한다. (그렇지 않고) 만약 거리의 뜬소문을 토대로 (남의 죄과를) 논한다면, 논하는 사람이야 쉽겠지만 (규탄을) 당하는 사람은 (억울한) 피해를 입는 것이다. (이렇게 해서야) 어떻게 인심을 설복시킬 수 있겠는가."라며 풍문탄핵의 철폐를 주장하였다.[86] 이익은 "지금까지 대간은 총체적으로 평가를 받은 바 없다."[87]고 지적하고, 대간의 활동에 대한 사후평가제의 실시로 무책임한 대간활동을 근절하자는 대간의 인사관리 혁신을 통해 대간개혁을 일궈내자고 역설했다.

정약용은 『경세유표經世遺表』에서 사간원 제도의 발전 경위와 직제를 밝힌 다음 이 제도가 왜 잘못 운영되고 있는지를 설명하고 있다.

"근세에는 관리를 임명하는 제도가 날로 어지러워지자, 옥당이 함부로 간관을 천거한다. 이에 한미하고 용렬하며 어리석고 둔한 사람들만 뽑아 간관에 임명하게 되었다. 간관으로 임명된 자는 앞뒤 눈치를 보기에 바빠 감히 입도 열지 못한다. (관리들을) 논박하는 것을 이렇게 어려워하는 데 어찌 (왕에게) 간쟁할 수 있겠는가. 더욱이 (간관을) 아침에 임명했다가 저녁에 교체하는 것이 일상이어서 능히 3일간을 재직하는 사람이 드물다. 또한 언동 하나하나가 모두 승지들로부터 감시를 받게 된다. (그리하여 승지들이 사소한 잘못이라도 지적하기만 하면) 피혐하여 그 직에서 물러나면서 (그렇게 하는 것이) 의로운 일이라고 변명하지만, 실은 왕명

86   李瀷, 『星湖先生全集』 卷30, 雜著, 論諫官條.
87   李瀷, 『星湖先生全集』 卷45, 論諫官條.

을 거스르는 것이다. 그 사소한 체면치레가 마치 소털처럼 세밀하고, 자질구레하게 염치를 따지는 것이 마치 모기 속눈썹처럼 세세하다. 때문에 큰 덕을 갖춘 인물이라 할지라도 한번 간관이 되면 그 신명을 오래 보존할 수가 없으니, 천하의 희극이 아닐 수 없다. (그러니) 이 보다 더 무익한 일이 없다. 그러므로 간쟁의 임무를 어느 한 관청에 일임해서는 안되는 것이다."[88]

정약용은 언론의 전면개방을 대간언론의 혁신으로 들었다. 그는 "옛날에는 모든 사람이 간관이었는데, 오늘날에는 소수의 간관이 언론을 장악하고 있어 언로가 좁아진 탓으로 대간언론의 문제점이 파생되었다."고 개탄했다. 따라서 그 혁파의 일환으로 모든 관리에게 언로를 열어야 한다면서 사간원을 폐지하라고 주장했다. 정약용의 간관폐지론은 언론기능의 폭발적인 확대를 통한 대간언론개혁론이었다.

대간제도가 긍정적으로 기능할 때는 국정이 원활하게 운영되었지만, 부정적으로 운영되자 권신이 출현하고 사림정치의 틀이 무너졌다. 그것은 또한 절대권력은 절대부패 한다는 말처럼 권력을 독점한 세도정치로 나타났으며, 부정부패가 만연되었고, 마침내 망국의 길로 치달았다.

(4) 대간언론의 변천[89]

언론은 시대를 반영하는 제도의 산물이다. 따라서 조선시대의 제도

---

88   丁若鏞, 『經世遺表』 卷1, 春官 禮曹 第3, 禮官地俗 司諫院條: "近世官方日淆. 玉堂之官無不兜攬. 於是苟取寒微畸孤闒茸之人. 以充其額. 於是凡爲諫官者. 前顧後瞻. 莫敢開口. 論駁猶難. 況於諫乎. 唯於狼狽之人推淵下石. 以爲職耳. 然且朝除夕遷. 如波滾沙. 鮮有能三日行公者. 然且一言一動, 承旨察推, 避嫌退恃. 引義違召. 小小體面, 密如牛毛, 瑣瑣廉義. 細如蚊睫, 有大德之人, 一人此地. 鮮有能保其身名者. 天下之戲劇無實. 未有甚於足者. 大抵諫之爲職, 非可以專責一可資."
89   이상희, 『조선조 사회의 커뮤니케이션 현상연구』(나남, 1993), 67~73쪽 참조.

언론 또한 조선사라는 시대적 부침과 함께할 수밖에 없다. 조선시대를 시기적으로 구분하면 대체로 다음과 같이 정리할 수 있다.

○ 성립기 : 태조 원년(1392년)~성종 초기(1400년대 후반)

○ 대립기 : 성종 초기~명종 말기(1567년)

○ 당쟁기 : 선조 초기(1568년)~경종(1724년)

○ 탕평기 : 영조 초기(1725년)~순조 초기(1800년대 초)

○ 세도기 : 순조 초기~한 말

왕조 성립기의 제도언론은 유교적 지배이데올로기를 심화 발전시키고, 그것을 통치과정 속에 깊숙이 침투시킴으로써 새로운 왕조의 국기를 다지고 왕권을 강화하는데 기여하였다. 이 시기에는 왕권과 집권세력, 그리고 사림세력과의 이해관계는 일치하였으며, 따라서 제도언론은 유교적 이념을 구현할 매체로서의 기능을 다할 수 있었다.

대립기에 접어들면 수양대군의 군사쿠데타와 연산군의 난정 등으로 정치사회적인 격변이 잇따른다. 왕조 성립기의 왕권과 신권, 사림의 세력 균형은 파괴되고, 왕권과 연합한 훈구세력은 사림세력을 억압했으며, 이는 지식인 사회에 대한 견제와 제도언론의 비판활동에 대한 언론 탄압으로 나타났다. 사림과 제도언론은 잇따른 사화라는 참화 속에서도 굴하지 않고 기득권 세력의 비리를 폭로하고 비판하는 투쟁을 멈추지 않았다. 이 시기의 제도언론은 행동하는 조선시대 선비들의 언론정신을 극명히 보여준 때였다.

당쟁기의 제도언론은 그 본래의 기능을 상실하고 소속당의 지시에 의해 언론을 사용[論劾]하는 등 당쟁의 도구로 전락했다. 권력을 장악한 세력이 대간마저 집권당이 점거하게 됨으로써 대간은 권력의 하수인으

〈표 7〉 왕권과 언론과의 관계

왕조	언론실태
太祖	왕권의 압력으로 언론이 활성화되지 못했다.
定宗	사병혁파 등을 둘러싸고 왕권강화를 주장하는 언론이 국왕의 이해와 뜻을 함께 해 유착관계를 보인다.
太宗/世祖	왕권 강화 과정에서 언관과 언론에 대한 탄압이 극심해 언론자유가 크게 위축되었다.
世宗	세종 18년(1436) 이전에는 태종조의 언론활동을 억압하는 강경기조가 유지되었으나, 그 이후에는 유교정치의 진전에 따른 정치의 안정으로 언론활동이 자유로웠다.
文宗	세종조의 후반기와 같이 언론활동의 자유가 보장되었다.
成宗	집권 초반에는 세조비 정희왕후의 수렴청정과 원상들의 권력이 강화되면서 언론활동이 위축되었으나, 곧 사림의 정계진출과 왕권이 강화되면서 건국이후 언론활동이 가장 활발하게 전개되었다.
燕山君	패륜행위를 비판하는 언론이 비등하자 언론에 대한 극심한 탄압이 뒤따랐다.
中宗	언론활동이 다시 활성화되었다.
明宗	문정왕후의 섭정과 함께 언론이 다시 위축되었다.
宣祖	공론에 의한 붕당정치가 궤도에 오르면서 백가쟁명식의 언론활동이 활발하였다. 그러나 임진왜란 이후 언론활동은 위축되었다.
仁祖~顯宗	병자호란, 예송논쟁 등과 같은 민감한 정치현안에 자칫 잘못하면 해를 입을 수 있어 언론활동이 감소되었다.
肅宗	붕당정치의 변질로 언론이 상대를 공격하는 데 동원되는 등 정략적 도구로 사용되어 언론 본래의 기능을 잃고, 왕권과의 마찰과 유착을 거듭해 갈팡질팡했다.
英祖/正祖	상언·격쟁 제도 등을 통해 백성들의 의견을 수렴하여 정책에 반영하겠다는 왕권의 의지가 확고해 여항언론이 크게 활성화되면서 관료와 선비들의 언론활동 또한 활발히 전개됐다.
純祖 이후	세도정치의 만연화로 언론활동이 본래의 목적과 기능을 잃고, 권력을 위한 시녀로 전락했다.

※출처 : http://majorblog.hankooki.com/document/aaoa10007

조선시대의 언론연구

로 전락하였다. 대간언론은 철저히 무시당하거나, 무력화되었으며, 언관의 권위는 땅에 떨어지고 미약하기 짝이 없었다.

탕평기의 제도언론은 당쟁의 도구로 전락한 제도언론을 탕평책이라는 미명하에 극도로 억압·봉쇄함으로써 대간은 완전히 기가 꺾였고, 겨우 행정적인 문서 정리나 할 정도로 신망이 추락했다. 언론의 기능이 종식된 대간언론은 왕이나 집권세력의 시정에 대한 비평이나 건설적인 대안은 제시하지 않고 오히려 군주와 집권세력에 영합하고 아부하는 작태로까지 타락하였다.

세도정치가 시작되는 순조 대에 이르면 제도적 언로는 완전히 그 기능을 상실하고 만다. 언론은 더 이상 언론이 아니었다. 무늬만 언론이었지, 대간언론의 사명도 기능도 찾아 볼 수 없었다. 대간 가운데 직언을 용감하게 간하는 단 한사람도 없을 뿐 아니라 관료로서 자리만 차고 앉아 국록을 축낼 따름이었다.

언론의 종식은 왕권의 약화를 초래했다. 세조대, 연산·중종대, 광해·인조대 할 것 없이 훈구세력이 권력을 장악하고 전횡했던 시기에는 양식 있는 언론은 항시 억압당했고, 그 언론의 주체였던 지식인들, 특히 사림은 거세당하거나 숙청당했다. 조선조의 언론은 따지고 보면 부당한 집권세력에 대한 항거였으며, 그로 인한 핍박의 산물이었다.[90]

---

90 이상희, 위의 책, 71~73쪽.

3. 제도언론의 보조시스템

1) 사관과 언론

(1) 사관의 직제와 직무

조선은 유교이념의 국가를 구현하기 위해 언론의 자유를 활용하여 대동사회를 구현하고자 했다. 그 과정에서 대간의 활동과 언로의 개방이 제도적으로 보장되도록 끊임없이 투쟁하였고, 역사의 기록이라는 사관제도를 보조적 시스템으로 도입해 언론제도가 지닌 취약성을 보완했다. 사관의 언론활동은 당대에는 볼 수 없는 것이기 때문에 대간보다 영향력이 크지 않았다. 그러나 역사라는 장치를 통해 후세에 널리 전해지기 때문에 비록 현실정치에 미치는 영향력은 대간언론에 비해 적었으나, 그 무게는 결코 대간언론 못지않았다.

조선시대에는 국왕의 전제를 막기 위해 사헌부를 비롯한 사간원·홍문관 등의 언론삼사를 중심으로 한 언관 부서와 춘추관春秋館을 비롯한 예문관藝文館·승정원承政院 등의 사관 부서를 설치했다. 춘추관의 사관은 '역사의 거울', '바른말의 잣대'로서 군신간의 독대나 국왕의 사사로운 커뮤니케이션을 제한했다.[91] 언관이 직접적으로 일시적인 견제 기능을 가지고 있는 데 비해 사관의 언론활동은 간접적이지만 영속적인 견제기능을 가지고 있는 데 그 의미가 있었다. 따라서 언관들이 제 기능을 발휘하지 못할 때도 사관은 계속 왕권이나 정부를 견제할 수 있었다.[92]

---

91 조맹기, 앞의 글(1993), 114쪽.

사관은 직접적인 견제기능을 가진 대간과 상호보완적인 관계를 가지며 그 기능을 발휘하였다. 즉 사관은 그들의 견제기능이 간접적인 것이라는 점을 이용하여 대간에서 감히 탄핵하지 못하는 인물들까지도 과감하게 비판하고 있을 뿐 아니라 연산군 때처럼 대간의 기능이 완전히 마비된 뒤에도 국왕 및 권신들을 견제하는 마지막 보루로써 제 기능을 발휘하였다.

조선시대의 사관은 춘추관 관원으로서 사초史草를 작성하고, 시정기時政記를 찬술하는 업무를 맡은 관리이다. 사관은 겸직사관과 전임사관으로 구성되는데, 보통 사관이라 함은 봉교奉敎, 대교待敎, 검열檢閱 등 전임사관을 지칭한다.

조선시대의 사관은 봉교 이하 8명이 정원이었다. 사관은 승정원 옆에 거처하며 번을 갈라 왕명을 출납하는 승지承旨와 함께 숙직하고 조회·조참·상참·윤대 등 정례회의와 정치를 많이 논의하던 경연·중신회의重臣會議·백관회의百官會議에도 참석하여 회의 내용을 기록하였다. 또한 정승·판서를 비롯한 국가의 중신과 대간·홍문관의 관원 등은 직접 임금과 만나 국사를 논의할 수 있었으나 단독으로 면담하지 못하고 반드시 승지와 함께 사관을 대동하고 면담하였다. 이는 단독으로 면대하면 사사로운 일을 청하거나 다른 사람을 모함할 염려 때문이었다.

처음에는 한 명만 입시하게 하여 기록하였는데 불편이 있어 세종 7년(1425)부터 사관 2명이 좌우에 입시하여 말하는 바를 직접 받아썼으며, 지방에서 올라오는 장계狀啓나 왕이 내리는 교서敎書는 반드시 사관이 초록抄錄한 뒤에 육조六曹와 대간에 넘기게 하였다. 사관제도는 정확한

92   차장섭, 「조선전기의 사관」, 『경북사학』 제6집(경북대학교 사학과, 1983), 85쪽.

〈표 8〉 춘추관의 겸관

관직	품계	인원	겸관	비고
영사	정1품	1	영의정	經筵 領事 겸
감사	〃	2	좌의정·우의정	
지사	정2품	2	例兼	
동지사	종2품	2	〃	
수찬관	정3품 당상관	7	부제학 + 여섯 승지	經筵 參贊官 겸
편수관	정3품 ～ 종4품	11	(홍문관) : 직제학1, 전한1, 응교1, 부응교1	經筵 侍講官 겸
			(의정부) : 사인2	
			(승문원) : 판교1	
			(사헌부) : 집의1, 장령2	
			(종부시) : 정1	
기주관	정5품 ～ 종5품	7	(홍문관) : 교리2, 부교리2	經筵 侍讀官 겸
			(의정부) : 검상1	
			(사헌부) : 지평2	
기사관	정6품 ～ 종9품	28	(홍문관) : 수찬2, 부수찬2 박사1 저작1 정자2	經筵 檢討官 겸 經筵 司經 겸 經筵 說經 겸 經筵 典經 겸
			(시강원) : 당하관2	
			(승정원) : 주서2	
			(사간원) : 당하관1	
			(육조) : 당하관6	
			(승문원) : 당하관1	
			(예문관) : 봉교2, 대교2, 검열4	전임 史官
계		60		

직필直筆로써 국가적인 사건, 왕의 언행, 백관의 잘잘못, 사회상 등을 기록하여 후세에 정치를 하는데 거울로 삼게 하려는 것으로 사관이 기록한 사초는 시비를 가리지 못하고, 또한 수정도 가하지 못했다. 사관의 기록 행위도 일종의 면책권이 있어 신분이 보장되었다.

사관은 국왕의 말을 기록하는 좌사左史와 행동을 기록하는 우사右史로 나뉘는데, 임금의 언행 및 시정의 시비 득실, 신하들의 현부를 빠짐없이 기록하여 후세에 지난 잘못을 거울삼아 다시는 그런 잘못을 되풀이하지 않도록 하는 경계를 줄 뿐 아니라 역사의 교훈과 방향을 제시하는 사람들이었다.[93] 사관을 사한史翰, 한림翰林 등이라고도 하는데 그 품계는 그다지 높지 않았다.

사관은 예문관 소속으로서 정4품인 응교應敎 이상은 타관이 겸하고 전임관인 정7품인 봉교奉敎(2명), 정8품인 대교待敎(2명), 정9품인 검열檢閱(4명) 등을 말한다. 시정을 기록하는 춘추관은 기사관을 겸하는데 모두 타관이 겸했다. 그것은 춘추관의 주요 임무인 실록의 편찬에 있어서 필요한 자료를 각 아문衙門에서 널리 효율적으로 모집하기 위해서였다.

(2) 사관의 자격과 임용

조선시대 사관들은 역사를 통해 시비선악을 밝혀 과거의 삶에 대한 윤리적 심판을 내리고 이것을 미래의 삶에 대한 반성의 거울로 활용하고자 했다.[94] 그들은 역사에서 자신들의 삶에 대한 궁극적 가치를 찾고자 했던 것이다. 따라서 사관이 직서直敍한 기록물은 현실 정치의 방향

93 김경수, 「조선 중종대의 사관연구」(충남대학교 대학원 박사학위논문, 1995), 1쪽.
94 최봉영, 『조선시대 유교문화』(사계절출판사, 1997), 134쪽.

〈그림 3〉『朝鮮王朝實錄』과 『承政院日記』
조선의 역사를 낱낱이 기록한 『조선왕조실록』과 『승정원일기』, 세계 어느 나라도 이와 같은
풍성한 기록문화를 지닌 국가가 없다. 유네스코는 인류가 간직해야 할 세계의 문화유산으로
지정했다.

이 될 뿐 아니라 여러 대에 걸친 오랜 세월동안 규범이 되는 것이므로
국가의 중대사로 취급되었다.

　사관은 본인이 원한다고 아무나 되는 것은 아니었다. 사관은 첫째,
재질·학문·식견을 두루 갖춘 자라야 했다. 둘째, 사관의 직무가 타인
의 시비를 기록하는 일이었기 때문에 행동이 본받을 만하고 경계할 만
한 일에 대해서는 선악을 명시할 수 있는 인품을 갖춰야 했다. 셋째,
본가뿐 아니라 처가·외가의 가계에 아무런 흠이 없어야 했다. 넷째,
반드시 문과 급제자에 한했다. 무과 급제자는 물론 음관蔭官도 사관이
될 수 없었다.[95]

　사관이 되기 위해서는 반드시 예문관 사관의 추천이 필수였다. 사관

의 추천을 받은 자를 대상으로 사관을 지낸 사람과 홍문관·예문관의 당상관이 모여 이를 심의한다. 이 심의에서 아무런 의의가 없다는 것이 확인되면 향을 피우고 축문을 지어 맹세를 다짐하는 분향을 한다. 이때에는 봉교 이하가 흑단령을 입고 추천된 사람의 단자를 상위에 놓은 후에 차례로 네 번 절하는 예를 행하고 꿇어앉아 "사필을 잡는 임무는 국가에서도 가장 중요하니 추천된 사람이 그 적임이 아니면 천지신명으로부터 반드시 재앙이 따를 것"이라는 내용의 축문을 읽은 뒤 다시 4배를 했다.[96]

이와 같은 의식 절차와 심의에서 통과된 자를 대상으로 삼정승과 의정부 좌·우찬성, 춘추관·예문관의 당상관, 이조 및 집책관 등이 참석한 가운데 『강목』·『좌전』·『송감』 가운데 한 권을 선택하여 강하고, 여기서 나타난 성적에 따라 임명했다.

사관의 가장 큰 업무는 사초와 시정기를 작성하는 일이었다. 이는 정치적으로 막대한 영향력을 발휘했다. 사관은 조계, 경연, 독대, 윤대, 정청 등의 일반적인 행사는 말할 것도 없고 백관회의와 기타 모든 중대 회의에도 모두 참석하여 정사는 물론 임금과 신하들의 일거일동을 빠짐없이 기록했다. 그 기록물이 사초이다. 사초가 역사로서 후세에 전해짐으로 해서 역사에 대한 두려움을 알고 있는 국왕이나 대신들로서는 언행에 제약을 받지 않을 수 없었다.[97] 사관이 입시하여 사초를 기록하는 자체가 권력에 대한 커다란 견제기능을 수행했다.

사관은 또 중앙과 지방 각 관청의 기록도 수집하여 사초와 시정기를

---

95 차장섭, 「사관을 통해 본 조선전기 사림파」, 『경북사학』 제8집(경북대학교 사학과, 1985), 5쪽.
96 『翰苑故事』의 新薦式條는 '維年號幾年歲次干支某月干支朔日干支 下史臣某官 姓某敢昭告于皇天後土之神秉筆之任 國家最高重薦非其人必有其殃'이라는 축문의 양식을 기록하고 있다.
97 차장섭, 앞의 글(1985), 6쪽.

작성했다. 사초는 원칙적으로 춘추관에 두는 것이나 시정의 득실과 국왕의 언동, 인물의 선악, 기타 모든 비사秘史를 보고들은 대로 기록한 극비 서류이므로 대개는 사관이 개인적으로 보관했다가 실록을 편찬할 때 춘추관에 제출하였다.[98] 사관의 사초와 시정기는 사관이 보고들은 바 그대로 적은 것이었다. 사초와 시정기는 최대의 기밀로 다루어 사관 이외에는 여하한 사람도 보지 못하였을 뿐 아니라 기록을 누설한 자도 중죄에 처함으로써 사관은 안심하고 직필할 수 있었다.

사관의 또다른 중요한 업무는 실록實錄을 발간하고 관리하는 일이었다. 국왕이 서거하면 춘추관에 임시로 실록청實錄廳을 설치하고, 총재관 이하의 수사관修史官을 둔다. 실록은 춘추관 수찬관修撰官 이하가 수납한 시정기의 토대가 된 이외의 사초, 즉 가장사초家藏史草와 춘추관의 시정기, 각사의 등록 · 조보 · 개인일기 · 소 · 초 · 문집 등을 토대로 편찬하였다.[99]

실록의 주 자료가 되는 것은 시정기와 수찬관 이하가 제출한 사초이다. 실록청이 개설되면 사초납부령史草納付令이 내려지는데 조야의 신료들은 누구나 사초를 납부해야 할 의무를 지녔다. 이때 미납자에게는 은20냥, 자손은 금고, 또는 사초미납자의 관리등용 배제 등의 벌칙이 가해졌다. 그럼에도 사초는 잘 걷혀지지 않았다. 그것은 사초에 따라 큰 정치적 파장을 불러일으킬 수도 있었기 때문이었다. 따라서 실록을 작성할 때마다 사초의 부족을 겪었다.

이에 보다 역사를 정확하고, 풍부하게 기록하기 위해 조선은 제도적

---

98 오늘날 우리나라 고가에서 흔히 발견되는 『翰苑日記』는 봉교 · 대교 · 검열 등 사관들의 사초이며, 『堂後日記』는 승정원 註書의 사초이다. 이밖에 『承宣日記』 · 『政院日記』는 승지의 사초 원본으로서 실록을 편찬할 때에는 모두 이것을 정서하여 제출했다(신석호, 「조선왕조실록의 편찬사업」, 『한국사론』 권3, 국사편찬위원회, 1975, 175쪽).

99 總裁官은 정1품으로 대개는 춘추관의 영사나 감사가 임명되어 겸직하는 것이 관례다.

으로 사초의 양적·질적 확보와 직필 담보를 위해 △국정논의·국왕과 신하가 만나는 모든 곳에 사관이 참여토록 하고 △조계시에 입시 사관을 증원하여 기록에 정확성을 기하도록 하고 △모든 장계와 하교사는 필히 사관이 초록한 후에 6조·대간 등에 하달하며 △사관의 상시거처를 확보하고 △사초의 소멸·누설·개작을 한 자는 참형 이하에 처하도록 처벌을 강화하며 △국왕의 사초 및 실록열람 금지, 사초작성자의 불서명 인정 등을 시행했다.

유교정치의 진전과 함께 국왕이나 주요 관료들의 모든 언동·정치득실·인물평 등을 직필하는 사관의 영향력은 당대의 평가가 아니라 후대의 평가이므로 언론으로서의 막강한 영향력을 발휘하였다. 연산군 4년(1498)에는 사초가 원인이 된 무오사화戊午史禍가 발생하여 사림파가 떼죽음을 당한 사건이 발생했다. 또 명종 2년(1547)에는 을사사화乙巳士禍가 발생, 시정기를 집필한 안명세安名世를 죽이고 시정기를 고친 일도 있으나, 사관들은 자신이 쓴 기록을 고치는 일이 극히 드물었다.

사관에게는 사고史庫를 지켜야 하는 임무도 주어졌다. 사고는 사관의 허락 없이 여닫을 수 없었으며, 그 문지기는 비록 임금이라 할지라도 사고를 열려는 자를 내동댕이쳐도 그 죄를 물을 수 없도록 해 관리를 엄격히 했다. 그것은 역사의 왜곡을 제도적으로 방지하기 위해서였다. 만일 국왕이 실록을 보게 되면 나쁘게 기록된 것을 고치게 할 것이며, 사관은 왕이 볼 것을 염려하여 사실대로 기록하지 않을 것이고, 실록을 편찬한 신하와는 좋은 군신 관계를 유지할 수 없을 것을 염려했다. 왕이 반드시 실록을 보아야 할 일이 있을 때는 사관으로 하여금 실록을 대신 상고하여 아뢰도록 했다.

이 밖에 사관은 뛰어난 자질의 소유자를 선발함으로써 왕명의 전달 대행, 대신들의 의견 수렴, 민심 감찰, 각 기관의 비위 적발, 사건의 진상 규명, 종묘의 관리 감찰 등의 업무와 법률의 집행이 공평한지 여부를 살피거나 성균관, 사학四學에 파견되는 등의 업무를 위탁받아 수행하기도 했다.

사관들은 중죄가 아닌 경우에는 직접 추궁 당하지 않고 글로서 묻는 함문緘問의 특혜가 주어지기도 했다.[100] 본래 7품 이하의 관원이 저지른 범법 행위에 대해서는 사헌부에서 직접 그 죄를 문초하는 것이 원칙이었으나, 사관은 글로써 묻는 특혜를 줌으로써 어느 정도의 면책 특권이 주어졌던 것이다. 이것으로 볼 때 사관으로 임명된 사람들은 중죄가 아닌 경우 곧바로 처벌하지 않을 뿐 아니라 어느 정도 자유로운 분위기에서 활동할 수 있도록 하는 여건이 마련된 것으로 볼 수 있다.

한편 사관과 승지는 정치적으로 늘 대립 관계를 유지했다. 사관과 승지는 다 같이 왕의 측근에 있으면서 정사를 기록한다는 공통점을 지니고 있었으나 사관이 왕권에 대해 견제기능을 지니고 있는 반면 승지는 왕권과 밀착되는 경향을 지니고 있다는 점에서 차이점이 있다. 그러므로 사관과 승지의 대립은 그 직무상 불가피한 것이었다. 조선 초기에는 대체로 승지가 우대되었으나 성종조 이후 사림의 정계 진출이 늘어나고 중종대에 이르러서는 사관의 지위가 향상되면서 사관이 오히려 승지보다 우대되는 쪽으로 기울었다.[101]

조선시대의 사관은 역사를 건설하는 엘리트였다. 사관은 대개 청망淸望을 지닌 선비들이 맡았다. 사관은 청요직 가운데 하나였을 뿐 아니라 항상 권력의 심장부와 가까이 하고 있어 그 영향력이 매우 컸었다. 따

---

100 『中宗實錄』卷10, 中宗5年 2月 20日丙午條: 金壽童等啓: "大抵朝官有罪, 囚于禁府, 此尊待士大夫之良法也. 凡參外官, 皆進來推考, 而如翰林, 弘文館官員, 例出緘問, 爲經筵與史官也. 然經筵官罪重, 則不可不推, 亦不可以進來推考, 遽遞其職. 觀罪之輕重而處之, 不可輕易立法也." 依允.
101 차장섭, 앞의 글(1983), 88쪽.

라서 유교적 지식과 품성으로 무장한 선비들이야말로 이를 현실적으로 감당해 낼 적임자였던 것이다.

2) 경연관과 언론

(1) 경연의 목적과 운영

조선시대의 국왕은 하루 세 차례 이상 경연經筵에 들어가야 했다. 경연은 국왕이 학덕 높은 신하와 더불어 유교와 시정에 대해 함께 공부하고, 또 그 대안을 궁구했던 학습 시스템이었다. 경연은 단순히 국왕에 대한 인간 개인의 교육 작용으로서보다는 천명이라는 자연질서의 존중, 역사적 가치의 존중, 민본주의의 실현이라는 국가적 역사적 가치의 실현이 그 주된 목적이었다.

경연의 교재는 유교 경전과 역사서, 유학자들의 저술 등이었다. 경전을 통해서는 국왕의 통치이념을 습득하고자 하였고, 역사서에서는 선대 군주들의 정치모델을 학습하려 하였으며, 유학자들의 저술로는 유교적 가치를 내면화하고자 하였다. 경연의 교재는 왕조와 시대적 상황에 따라 달라지기도 했다. 고려시대에는 『서경』과 『정관정요貞觀政要』가 중심교재였으나, 조선시대 전시대에 걸쳐 일관되게 사용된 대표적인 교재는 『대학연의大學衍義』와 『강목綱目』이었다.

『대학연의』는 송나라 때의 유학자 진덕수眞德秀가 『대학』의 삼강령과 팔조목을 세분하여 경전에서 관계되는 설을 모두 인용하여 입증하고, 자신의 의견을 부연하여 『대학』의 원의를 해명하는 데 기본을 둔 책이다. 태종 3년(1403)과 세종 16년(1434), 중종 22년(1527) 등 여러 차례 국비로 간행하였다. 중종은 이 책을 간행하면서 선비들이 수신과 제가와 치국과 평천하의 대강을 알아서 태평성대를 이룰 것을 당부하였다. 그 후부터 이 책이 강경과를 준비하는 선비들에게 필수과목이 되었으며, 『대학연의집략大學衍義輯略』 등 많은 유서가 간행되었다.

『강목』은 송나라의 주희가 저술한 중국의 역사서이다. 편년체로 쓰였으며, 강綱이란 주희가 대별한 주요 사항이고, 목目이란 문인 조사연趙師淵이 강에 붙인 상세한 주석으로『자치통감』을 그의 유교적 명분론에 기초하여 강목으로 편집하였다. 이 책은『자치통감』을 간략화한 것으로서 사료적 가치는 낮지만 주자학의 확립과 함께 정통론으로 본다. 세종 20년(1438)에 간행된 이래 여러 차례 중간되었다.[102]

특히『강목』은 선왕들의 치적을 통해서 귀감을 얻고자 경연에서 자주 진강되었는데, 역대의 군주들은 경연의 진강에서『강목』의 강독에 가장 많은 시간을 할애하였다. 『강목』은 권수가 많아서 장기간에 걸쳐 강독하기도 하였거니와 역사적 교훈을 얻는 기본 교재로 가장 중요시되었다.[103]

경연은 필요에 따라 수시로 열리는 시사時事와 하루 세 차례 정기적으로 열리는 법강法講, 법강이 열리지 않을 때 실시하는 소대召對로 구분한다. 이 중 가장 중요한 것은 조강, 주강, 석강으로 분화된 법강이다. 법강 중에서도 아침에 열리는 조강은 가장 규모가 크며, 보통 조강만을 경연이라고도 한다. 조강은 상하 번으로 나뉜 경연관經筵官 중에서 당번

102 『資治通鑑』은 중국 北宋 때 司馬光이 지은 通史的 史書이다. 英宗의 칙령을 받고 1065년 편집에 착수한 뒤 19년만에 완성하여 1084년 神宗에게 헌정했다. 역대의 事績들을 낱낱이 밝혀 황제가 통치하는 데 참고가 되게 한다는 뜻으로 이 이름이 붙여졌다. 周나라의 威烈王23년(BC 403)부터 五代의 後周 말(959)까지 1362년간의 史實을 編年體로 기술하였으며, 정치·경제·군사·지리·학술 등 넓은 분야에 걸쳐 서술하고 있다. 300종 이상의 광대한 원사료를 유교적 역사관과 명분론에 입각하여 유려한 문체로 편집한 중국의 대표적 사서이다. 특히 唐나라와 오대 부분의 사료적 가치가 크다. 南宋 말, 元나라 초의 胡三省이 30년에 걸쳐 만든 註釋은 이 책의 가치를 더욱 높여주고 있다.

103 강태훈, 「경연의 교육학적 접근」, 『교육연구』 제16호(원광대학교 교육문제연구소, 1997), 5쪽.

이 된 경연관은 영사를 비롯하여 모두 참석한다. 조선시대의 국왕은 아무리 바쁘더라도 대개 조강만은 필히 거르지 않고 참석했다. 조강의 법식을 보면 다음과 같다.

조강은 대개 새벽 동틀 때[平明] 시작한다. 이에 앞서 하루 전에 승정원에서는 분판粉板에 '내일모시강來日某時講'이라고 게시한다. 홍문관의 기별서리奇別書吏는 입번이 된 경연관에게 고지하고, 책색서리册色書吏는 대전별감大殿別監에게 알려 왕의 교재를 들여와 경연관에게 고지한다. 입번 경연관은 진강의 진도를 결정하여 서리로 하여금 표시하도록 한다. 조강에는 대개 △영경연사 △지경연사 혹은 동지경연사 중 1인 △특진관 2인 △승지 △경연관 상하번 각 1인 △사헌부, 사간원 각 1인 △승정원 주서 △한림 상하번 각 1인 등이 참석한다.[104]

경연이 열리는 정시 2각 전에 시간을 알리는 금루관禁漏官이 홍문관에 와서 알리면 당번인 상하번 경연관은 공복을 갖추어 입고, 합문 밖 막차에 나아가 입시할 사람들과 함께 차례에 따라 자리를 정한다. 영사가 도착하면 지사 이하 모두 자리를 비켜선다. 영사가 좌정하면 사관을 제외하고는 모두 서열대로 영사 앞에 나아가 절을 한 뒤 물러나 자기 자리로 돌아가 앉는다.

책을 담은 함이 도착하면 진강할 책을 각 경연관 앞에 놓는다. 그런 다음 상하번 강관講官이 영사 앞에서 미리 강의할 내용을 미리 해보는 습강習講을 하는데, 상번이 먼저 시작한다. 습강이 끝난 뒤 왕이 배울 항목을 적은 좌목단자座目單子를 대전으로 보낸다. 정시가 되면 왕이 정전에 나온다. 왕이 좌정을 하면 경연에 참석한 신하들은 자리에 앉는 예절과 절차에 따라 좌정하고, 진강을 시작한다. 진강의 순서는 대체로

104 강태훈, 위의 글, 8~10쪽.

다음과 같이 진행된다.

> 첫째, 왕이 먼저 전날 배운 학습내용을 끝까지 한번 읽어보며 복습한다. 단 중복
> 된 강의일 경우는 복습하지 않는다.
> 둘째, 새로 학습할 내용을 강관이 소리내어 크게 읽으면, 뒤이어 왕도 새로 학습
> 할 내용을 크게 소리내어 따라 읽는다.
> 셋째, 강관이 학습의 내용을 해석하고, 그 의미를 강론하고 끝낸다.

이와 같은 방법으로 조선시대의 국왕은 하루 적게는 2시간, 많게는 10시간 이상씩 경연을 통한 학문 도야를 해야 했다. 그것은 경연이 국왕의 개인에 대한 보편적 가치의 추구가 목적이 아니라, 경연을 통해 국왕이 학문적 소양의 축적과 유교적 품성을 도야함으로써 궁극적으로는 백성의 삶의 수준을 향상시키는 데 목적이 있었기 때문이다.

(2) 경연관과 커뮤니케이션

경연관은 당대 최고의 지식인 엘리트였다. 경연관은 모두 문관을 임용하며, 제학提學 이상의 관직은 다른 관사의 관원으로 겸임케 한다. 홍문관의 관원은 모두 경연관을 겸임하며, 부제학부터 부수찬까지의 관원은 지제교知製教의 관직을 겸직케 한다. 지제교 가운데 부제학 이하의 관원이 겸임하는 것을 내지제교라 하고, 홍문관 대제학이 이조판서와 상의하여 6품 이상의 관원으로써 별도의 후보자를 초계抄啓하여 지제교로 임명된 자를 외지제교라 한다. 규장각奎章閣의 직제학 이하의 관원은 현·전임을 막론하고 모두 외지제교를 겸하여 왕을 보필한다.

경연관은 옥당玉堂이라 하여 조선시대 최고의 청요직 가운데 하나였다. 경연관이 되기 위해서는 우선 과거에 급제한 뒤 승문원 문관부

〈그림 4〉 경연언론

국왕은 전한들로부터의 경연을 통해 유교적 이념에 따른 통치를 배우며, 그 과정에서 자연스럽게 시사에 관한 언론행위를 하게 된다. 사진은 SBS의 「여인천하」한 장면.

서부터 배정받아야 했다. 그런 다음 사관 또는 한림이라 불리는 예문관의 검열(정9품), 대교(정8품), 봉교(정7품)를 필수코스로 거쳐야 하는데 사관이 되면 2년이나 3년만에, 남들은 10여 년이 걸리는 참상관으로 진급할 수 있었다. 참상관 가운데서는 국왕의 잘못을 간하고 관료들의 비리를 탄핵할 권한을 가진 언론삼사의 6품관과 5품관이 청요직에 해당한다. 이 가운데 경연과 서연을 담당하는 홍문관의 옥당은 청요직 중의 청요직이었는데, 대개는 사헌부나 사간원에서 그 인재를 충원하였다. 홍문관에 재직하다가 문관의 인사권을 행사하는 이조나 무관의 인사권을 행사하는 병조의 좌랑(정6품)이나 정랑(정5품)으로 가는 것이 청요직의 마지막 단계였다. 이조·병조의 좌랑과 정랑은 당하관(정3품 통정대부 이하) 중에서는 가장 막강한 권한을 가진 요직이었다.

국왕의 경연에 참석하는 경연관이 커뮤니케이터로서 주목을 받는 것은 국왕과의 지적 교환이라는 대면·직접커뮤니케이션을 달성할 수 있는 가장 효과적인 위치에 세게 된다는 점에서이다. 경연의 내용 또한 학문적 영역뿐만 아니라 때로는 시무에 관한 것도 있어서, 자연스럽게 경연관은 학습이라는 도구를 통해 자신의 정치적 견해를 표명할 수 있었으므로, 그 영향력은 매우 컸다.

경연관은 경연이라는 합법적인 제도로 시정에 대한 논평과 대안을 제시함으로써 정치적으로 막강한 영향력을 발휘한다. 경연은 단순히 역사적 사실이나 유교적 이념이라는 일반론만을 강조하는 것이 아니라, 그때그때의 현실적 정치 문제를 역사적 경험과 유교적 이념에 비추어서 해석함으로써 구체적으로, 또는 결정적으로 현실정치에 직접 참여했다. 따라서 경연관의 직접·대인커뮤니케이션은 대간언론의 기능에 비해 결코 뒤지지 않는 영향력을 지니고 있다고 할 것이다.[105]

중종조의 경연관 언론을 분석한 자료에 따르면 경연관의 언론은 대개 대간과 공동보조를 취하면서 주로 대간이 제기하고 있는 문제의 본질을 보다 선명하게 부각시켜주고, 대간의 입장과 그 주장의 타당성을 이론적으로 뒷받침하면서 시비의 귀결을 제3자적인 객관적 입장에서 명쾌하게 가려주는 데 주력하는 것으로 나타났다. 특히 홍문관의 언론은 다분히 사변적이면서 신중하여 잡다한 현안 문제를 구체적 현실에 입각하여 거시적으로 분석·종합·평가함에 있어서도 대간의 언론보다 가일층 가치지향적이고 규범적인 커뮤니케이션 내용을 함축하고 있었다.[106]

105 이상희, 앞의 책(1993), 65쪽.
106 목정균, 앞의 책(1985), 86쪽.

3) 국왕과 언론

(1) 국왕언론의 특성

조선시대 제도언론에서 커뮤니케이터로서의 국왕은 커뮤니케이션의 최종 수용자인 동시에 커뮤니케이션의 주체라는 성격을 지닌다. 국왕은 대간을 비롯한 의정대신 등이 제기하는 커뮤니케이션을 최종적으로 수렴하거나 폐기한다. 국왕이 가납한 언론은 공식적인 언론으로서의 권리를 획득하며, 국가의 정책으로 기능한다. 반면 국왕이 폐기한 언론은 공론空論으로 전락하기 일쑤이다. 물론 그 과정에서 대간들이 공론화의 방지를 위해 부단히 공론公論의 관철에 최선을 다함은 두말할 나위 없다.

국왕은 또 커뮤니케이션의 정점에서 하향적 커뮤니케이션의 발신주체가 되기도 한다. 국왕언론의 특징은 그것이 곧 국가의 정책을 대변한다는 점이다. 국왕은 나라의 수반이다. 국왕이 권력을 집행하기 위해서는 사대부 관료에서부터 일반 백성들에 이르기까지 정사를 알리고 설득하는 커뮤니케이션이 불가피하다. 즉 국왕언론은 나라를 통치하기 위해서 발하는 대민커뮤니케이션으로써 조야의 관료는 물론 백성들에게 명령하거나 설득하기 위한 기능과 역할을 수행한다.

국왕언론에는 비망기備忘記·비답·교서·윤음·전교·돈유敦諭·유서諭書·봉서·판부判付·연설筵說 등 다양하다. 하향적인 언론매체의 대표적인 것으로는 교서와 윤음을 들 수 있다. 교서는 명령이나 훈유문, 선포문의 성격을 갖는 문서로서 조선왕조의 중요한 정책이나 시책에 대한 결정을 알리는 역할을 해왔다. 윤음은 백성을 훈유하는 문서로서 임금은 어버이나 스승과 같은 입장에서 백성을 가르치고 깨우쳐 주어야 한다는 덕치주의에 따라 교화와 교육의 성격을 지녔다.[107]

국왕언론이 지닌 매체의 특성과 개념을 간략히 설명하면 다음과 같
다.[108]

① 비망기 : 국왕이 명령을 적어서 승지에게 전달하는 문서다. 시대에 따라 비망
　　기를 널리 알리는 경우도 있으나 이는 극히 예외적인 일이었다.

② 비답 : 상소에 대한 국왕의 답변서다. 이는 신하가 올린 상소에 대한 국왕의
　　답변이라는 점에서 쌍방향 커뮤니케이션을 구현한 것이라 할 수 있다.

③ 교서敎書 : 국왕의 명령서이다.

④ 윤음綸音 : 백성을 훈유하는 문서이다.

⑤ 전교傳敎 : 국왕의 정령을 뜻하며, 승정원을 통하여 조보 형태로 매일 발표된
　　다. '전왈傳曰……'이라는 문구로 시작된다.

⑥ 돈유 : 국왕이 의정대신이나 유현儒賢에게 면려勉勵를 권하는 글월이다.

⑦ 유서 : 국왕이 각 지방으로 파견되는 관찰사 · 절도사 · 병마사 등이 부임할
　　때 내리는 문서이다.

⑧ 봉서 : 겉봉에 봉한 문서로 종친이나 근친에게 내리는 국왕의 사신일 경우도
　　잇고, 암행어사가 임지로 떠날 때 비밀을 지키기 위해 4대문 밖에 나가서
　　펴보도록 쓴 명령서이다.

⑨ 판부 : 상주한 형사사건에 대한 국왕의 판결문이다.

⑩ 연설 : 경연에서 이루어진 국왕과의 토론 내용, 일종의 회의록이다.

107　박정규, 「조선시대 교서 · 윤음에 관한 연구」, 『조선시대 커뮤니케이션연구』(한국정신문화연구
　　원, 1995), 80쪽.
108　박정규, 위의 글, 51~52쪽.

(2) 교서커뮤니케이션[109]

조선시대의 국왕언론은 문서커뮤니케이션이라는 특징을 지닌다. 때
론 국왕이 말로서 커뮤니케이션을 행하는 때도 있으나, 이것이 공식적
인 커뮤니케이션으로 기능할 때는 반드시 문서화했다. 교서는 국왕의
말이나 명령을 적은 문서인데 국왕언론에서 가장 중요한 언론매체이
다. 따라서 교서의 반포에는 의식이 엄격하게 거행되는 경우가 많았다.
조선시대 반포된 교서는 대체로 다음과 같이 구분할 수 있다.

첫째는 즉위교서卽位教書다. 즉위교서는 임금이 즉위할 때마다 발표
되는 교서다. 새로운 임금이 등극하는 것은 국가에서 매우 중대한 변화
이므로, 이를 알리는 공식적인 문서가 발표되는 것은 당연했다. 즉위교
서는 대개 당대 최고의 석학이 대신해 집필하며, 반드시 왕에 오르게
된 연유를 적고, 말미에는 화합을 위해 사면령을 곁들이는 것이 관례
다. 대제학 조태억趙泰億이 쓴 영조의 즉위교서를 한번 보자.[110]

경종 4년 8월 25일(을미乙未)에 전하가 창경궁昌慶宮 환취정環翠亭에서 승하하
였다. 그 후 6일째 되는 날인 경자 오시午時에 왕세제王世弟가 창덕궁昌德宮 인정문
仁政門에서 즉위하였다. 원상·승지·사관은 조복朝服 차림으로 돈례문敦禮門 밖 서
쪽 뜰에 동쪽을 향하여 앉고, 홍문관은 승정원의 다음에 앉고, 시강원侍講院은 동쪽
뜰에 서쪽을 향하여 앉고, 익위사翊衛司는 시강원의 다음에 앉고, 병조·도총부都摠
府는 융복戎服 차림으로 동쪽·서쪽에 앉아서 때가 되기를 기다렸다. 왕세제가 최복
衰服을 벗고 면복冕服 차림으로 여차廬次에서 나오니, 좌통례左通禮가 왕세제를 인도

---

109 教는 法·律·令의 효력을 가진 것인데, 이 왕명을 문자화한 것을 教書라 한다. 즉 국왕이
     내리는 命令書, 訓諭書, 宣布文의 성격을 가진 문서를 일컫는다. 교서의 명칭은 教文, 教令,
     頒教, 教示 등 다양하게 쓰인다(박정규, 위의 글, 52~62쪽 참조).
110 『英祖實錄』, 卷1, 英祖 卽位年 8月 30日 甲午條.

하여 대행대왕大行大王의 빈전殯殿에 나아가 서쪽 계단을 거쳐 욕위褥位에 올라갔다. 찬의贊儀가 큰 소리로, '배拜, 궤跪'하고 선창하니, 좌통례가 낮은 소리로 '궤하소서'하고, 고하기를,

"사왕嗣王은 보위를 받으소서."

하였다. 상향례上香禮를 마치고 왕세제가 내려와 막차幕次로 들어갔다. 조금 있다가 막차에서 나와 걸어서 돈례문의 동쪽 협문夾門을 지나 동쪽 계단으로 내려가 연영문延英門을 거쳐 남쪽으로 가다가 서쪽으로 꺾어 숙장문肅章門의 동쪽 협문으로 나가서 다시 북쪽으로 꺾어 인정문의 동쪽 협문 밖에 이르러 멈추어 섰다. 그 곳 한복판에 어좌御座를 설치하였는데, 왕세제가 어좌에 올라가니 백관이 네 번 절하고 '천세千歲!'하고 호창呼唱하였다. 임금이 어좌에서 내려와 인정문의 동쪽 협문으로 들어가 인정전仁政殿 정로正路를 거쳐 인정전에 올라갔다. 임금이 여차로 돌아와 면복을 벗고 최복을 다시 입었다.

이보다 4일 전에 예조에서 사위嗣位하는 절목節目을 올렸는데, 왕세제가 영지令旨를 내려 돌려주게 하였다. 의정부에서 백관을 거느리고 하루 세 번씩 도로 올렸으며, 승정원·사헌부·사간원·홍문관에서도 번갈아 계청啓請하였으나, 윤허하지 아니하였다. 성복成服하는 날에 이르러 외부 의식이 이미 마련된 다음에 원상 이광좌李光佐가 여차 앞에 이르러 면복으로 갈아입기를 간청하였으나, 왕세제가 눈물을 흘리며 점침[111]에 엎드려서 끝내 허락하지 아니하였다. 이광좌가 왕대비전王大妃殿과 왕비전王妃殿의 승전색承傳色을 불러 구전으로 내전에서 나아가도록 계청하니, 왕대비전과 왕비전에서 언문교지諺文敎旨를 내려 나아가도록 권유하였다. 그제서야 왕세제가 남여籃輿를 물리치고 걸어서 어좌 앞에 이르렀는데, 그래도 울부짖으며 어좌에 오르지 않고 말하기를,

---

111 苫枕은 부모의 喪을 당했을 때 짚을 엮어 만든 거적자리를 깔고 흙덩이를 베게로 삼는다는 뜻으로, 상중에 있는 사람의 거처를 말함.

"내가 옛날에 여기에서 영고寧考를 모셨었는데 지금 무슨 마음으로 어좌에 오를 수 있겠는가?"

하고, 목이 메어 소리를 내지 못하였다. 이광좌 등이 누누이 간청하니, 한참 후에 등극하였다. 정시正時가 되니, 예조에서 비로소 사시巳時가 되었다고 계하陛下하였다. 오시午時에 이르러 마침내 즉위하고, 혜순자경왕대비惠順自敬王大妃 김씨金氏를 높여 대왕대비大王大妃로, 왕비王妃 어씨魚氏를 왕대비王大妃로, 빈빈嬪 서씨徐氏를 왕비로 삼고, 마침내 인정문에서 교서를 반포하였는데, 이르기를,

"왕은 말하노라. 하늘이 어찌 차마 이런 재앙을 내리는가? 거듭 큰 상喪을 만났는데, 나라에는 임금이 없을 수 없으므로 억지로 군하群下의 청을 따랐노라. 지극한 슬픔을 억제하기 어려운데 보위가 어찌 편하겠는가? 삼가 생각하건대, 대행대왕께서는 타고난 천성이 관대하고 어질었으며 그 마음은 효우孝友하였도다. 저위儲位에 있은 지 30년에 온 백성이 목숨을 바칠 정성이 간절하였고, 조정의 정사를 대리한 지 4년에 성고聖考께서는 수고로움을 나누는 기쁨이 있었다. 남몰래 부각된 실덕實德은 지극히 어려움을 겪으면서도 마침내 정고貞固(굳은 의지로 흔들리지 않음)하게 대처했고, 말없이 운용한 신기神機는 지극히 비색함을 돌려서 태평하게 하였다. 하늘이 널리 덮어서 만물을 길러주어 모두 형통하게 하고, 태양이 높이 매달려 퍼지는 불길한 기운을 신속하게 쓸어버렸다. 놀이와 사냥과 음악과 여색은 하나도 좋아함이 없었으므로, 정령政令을 시행함에 있어 모두 그 적절함을 얻었다. 위대하신 선왕의 덕을 크게 이어받았으니, 거의 삼대三代(중국의 하夏, 은殷, 주周 세 나라를 말함)의 다스림을 회복할 수 있었으나, 기거起居도 못하고 잠도 이루지 못하다가 문득 구령의 징조[112]를 잃었다. 반야半夜 사이에 갑자기 빙궤의 유명[113]을 받게 될

---

112 九齡의 징조는 90세를 살 수 있는 징조라는 뜻. 周나라 武王이 上帝에게 九齡을 받는 꿈을 꿨는데, 文王이 이에 대해 "이는 너의 수명이 90임을 뜻하는 것인데, 내가 너에게 세 살을 주겠다."고 하였다. 그래서 무왕이 93세에 사망하였다는 고사에서 비롯된 말이다.
113 憑几의 遺命은 유언을 뜻하는 말이다. 周나라 成王이 임종 때 대신을 불러놓고 玉几에 기대어 顧命을 내린 데에서 인용된 것임.

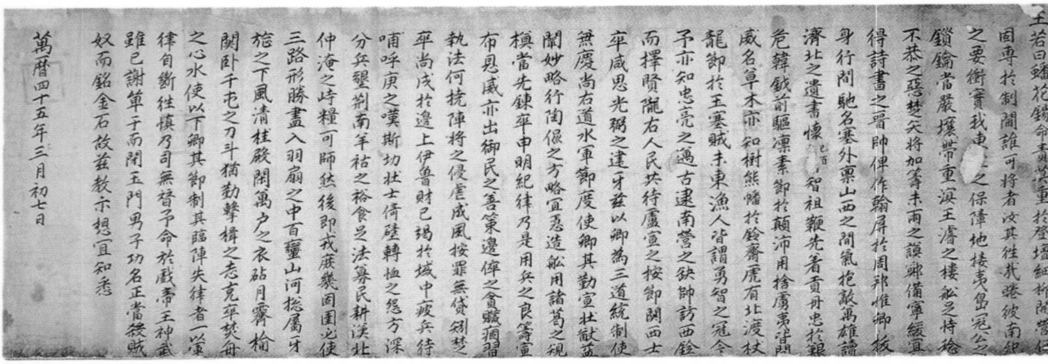
王若曰蟠花錫命責莫重於登壇細柳開營任
固專於制閫誰可將者汝其往哉睠彼南鄙
之要衝實我東[illegible]之保障地接夷島冠[illegible]之
鎖鑰當嚴壤帶重溟王濬之樓船是恃捻
不恭之慝楚矢將加於未雨之謨卿備寧緩宜
得詩書之晉帥俾作翰屛於周邦惟卿板
身行閭馳名塞外稟山西之間氣抱敵萬雄讀
濟北之遺書懷[illegible]習祖鞭先着貢丹忠於艱
危韓鉞前驅凜素御於顚沛用捨屬弟常開
威名草木亦知樹熊幡於鈴齋虎有北渡杖
龍御於王塞賊未東漁人皆謂勇智之冠令
予亦知忠亮之邁古建南營之鈇鉞訪西銓
而擇賢隴右人民共待廬宣之按御關西士
卒咸思光弼之達牙茲以卿爲三道統制使
兼慶尙右道水軍節度使卿其勤宣壯猷益
闡妙略行陶侃之方略宜悉造船用諸葛之規
模當先鍊卒申明紀律乃是用兵之良籌宣
布恩威亦出御民之善策邊陲之貪臟痼習
執法何撓陣將之侵虐成風按罪無貸朔楚
卒尙戍於邊上伊魯財已竭於域中疲兵待
哺呼庚之嘆斯切壯士倚壁轉恤之念方深
分兵墾荊南羊祜之裕食是法募民耕漢北
仲淹之峙糧可師然後即戎庶幾固圉必使
三路形勝盡入羽扇之中百蠻山河摠屬牙
旄之下風淸桂殿開萬戶之衣砧月霽榆
關卧千屯之刁斗猶勤擊楫之志克卒焚舟
之心水使以下御其節制其臨陣失律者一從
律自斷往愼乃司無替予命於戲帝王神武
雖已謝單于而閉玉門男子功名正當發賊
奴而銘金石故茲敎示想宜知悉
萬曆四十五年三月初七日

〈그림 5〉 **教書**

교서는 국왕의 통치행위와 관련된 커뮤니케이션이 주로 유통되는 매체이다. 사진은 보물 제669호로 지정된 광해군 9년(1617)의 교서다(정기목 소장, 267×85cm).

줄 누가 알았겠는가? 불행하게도 5년 안에 두 번이나 승하昇遐의 슬픔을 품게 되었으니, 애처로운 나는 고아[嬛孤]로서 이렇게 혹독한 벌을 받게 되었다. 여차에서 곡읍哭泣을 하며 명령을 내릴 경황이 없었는데, 왕위에 오를 면복 차림으로 어찌 차마 대통을 계승할 생각을 할 수 있겠는가? 비록 만조백관들의 요청이 더욱 간절하다 하나, 다만 슬픈 감회만 더할 뿐이로다. 돌이켜 보건대, 양전兩殿께서 특별히 간곡하게 권유하시니, 감히 초지를 고집할 수 있겠는가? 윤리로는 형제이고 의리로는 부자이니, 진실로 지극히 애통함이 끝이 없다. 조종을 계승하여 신민의 주인이 되었으나 보잘것없는 몸이 감당하기 어려움을 어찌하겠는가? 환규[114]를 잡고서 오동잎의 희롱[115]을 생각하였고, 법전法殿에 임해서 동기간에 쓸쓸함을 슬퍼하노라. 갱장의 사모함[116]이 간절하니 차례를 계승하는 생각 잊을 수가 없고, 근심이

114 桓圭는 五瑞의 하나. 즉 周代에 公爵의 작위를 가진 사람이 갖는 길이 9寸의 笏을 말한다.

115 오동잎[桐葉]의 희롱은 주나라 성왕이 오동잎으로 圭를 만들어 동생인 唐叔에게 주면서 "너를 임금으로 봉하겠다."고 한 고사에서 인용된 말임.

116 羹墻의 사모함은 堯 임금이 죽은 뒤 舜 임금이 3년 동안 지극히 사모하니, 앉으면 요 임금의 모습이 담에 나타나 보이고, 음식을 대하면 국에 나타나 보였다는 데에서 유래한 말이다.

더욱 깊었으니 임금이 되는 것이 어찌 기쁘겠는가? 높은 지위에 오르니 두려움이 마음을 놀라게 하고, 성대한 의식을 보니 끊임없이 눈물만 흐르는 도다. 선왕의 성덕과 선행에 뒤따라 이어가기를 어찌 바라겠는가? 열성의 대업과 큰 규모를 무너뜨릴까 매우 걱정이다. 조종께서 잇따라 멀리 떠남을 슬퍼했으니, 나라를 장차 어떻게 다스릴 것이며, 인종·명종처럼 서로 계승하기를 내가 어찌 감히 본받을 수 있겠는가? 이에 중외에 널리 알려서 온 백성과 기쁨을 함께 하노라. 비록 옛 나라이나 새로운 명을 받았으니, 정치는 시작을 잘해야 할 기회를 당했고, 허물과 수치를 깨끗이 씻어내기 위하여, 이에 함께 살기 위한 인덕을 베푸노라. 이달 30일 새벽 이전부터 잡범으로서 사죄死罪 이하는 모두 사면하고, 관직이 있는 자는 각각 한 자급을 올려 주되 자궁자資窮者는 대가代加하게 하라. 아! 편안하고 위태로움과 다스려지고 혼란스러운 계기가 처음 시작에 있지 않음이 없으니, 협력하여 도와주어 유지할 수 있는 힘은 오직 여러 신하에게 기대하노라. 그래서 이렇게 교시하니, 잘 알 것으로 생각하는 바이다." 하였다.

이 교서에서는 영조의 등극절차를 알 수 있다. 즉위교서에서는 선왕을 잃은 것에 대한 애도를 표하고, 그 공덕을 칭송한 다음 이어받을 것을 다짐한다. 아울러 새 임금으로서 성업을 지킬 수 있을지를 겸허하게 자성하며, 나아가 열성조의 대업을 수호할 각오를 새롭게 한다. 그리고 국민화합을 위해 일대 사면령을 발표하고, 관직자에게는 품계를 올려주어 새 왕조의 출범을 계기로 나라를 다스리는 일에 더욱 성심을 다하라고 격려한다. 조선조의 스물여섯 국왕의 즉위교서는 대체로 이런 형식에 따라 집필되었다.

둘째, 구언교서求言教書다. 구언교서는 열린 의견청취제도로, 국왕의 교서 가운데 가장 많이 발령되었다. 재앙이나 어떤 이변이 일어나면 이는 임금이 부덕하고 무능함에서 연유되었고 자책하고, 이를 물리치기 위해서 임금 스스로 반성하며, 임금의 잘못에 대해 직간하는 기회를 내외의 관원, 백성들에게까지 듣고자 하는 데에서 기인한 교서다. 구언교서는 민심이 천심이라는 유교적인 사상에서 나온 것을 민심을 수습하기 위한 하나의 방안이었다. 따라서 구언의 경우 특별한 사안이 아니면 상소자에게는 면책특권이 주어지는 것으로 이해되었다.

셋째, 권농교서勸農敎書다. 권농교서는 관리와 백성들에게 농업을 권장하는 훈유서였다. 농업은 백성들의 삶을 담보하는 매우 중요한 생산수단이었다. 국왕이 관리들과 백성들에게 농업을 진흥하라고 독려하는 일은 소홀히 할 수 없다. 그리하여 국왕은 궁궐 내에 권농단勸農壇을 설치해 몸소 농업을 실천해 보이기까지 했다. 권농교서는 매년 1월 1일 반포된다고 하여 원조교서元朝敎書라고도 했으며, 때로는 농상교서農桑敎書라고 부르기도 했다. 조선 후기에 이르러서는 권농윤음勸農綸音이라는 명칭이 더욱 널리 사용되었다.

넷째, 기타교서로는 먼저 반사교서頒赦敎書를 들 수 있다. 이는 국가나 왕실에 경사스러운 일이 있을 때 백성과 함께 기쁨을 나눈다는 의미에서 사면령을 내리는 교서를 말한다. 공신교서功臣敎書는 나라나 왕실에 공을 세운 사람에게 내리는 교서로, 공적의 내용[勳功]을 나타내는 명호名號를 주고 등급을 나누어 포상한다. 구휼교서救恤敎書(구황교서救荒敎書)는 흉년이나 기근 때 이를 탈피하기 위해 내리는 교서다. 시혜교서施惠敎書는 왕실의 경사를 맞아 내리는 교서를 일컫는다. 언문교서諺文敎書는 대왕대비가 수렴청정 할 때 한글로 내리는 교서이며, 새로운 임금이 즉위할 때는 대부분 언문교서가 반포되었다.

조선 초기에는 전제적인 왕권을 지닌 국왕이 민의에 귀 기울이고, 자신의 정책이나 결정사실을 널리 알리는 커뮤니케이션 체계가 비교적 잘 확립되어 있었다. 이때에는 교서가 활발히 반포되었다. 후기로 넘어

오면서 백성들을 훈유하고 일깨워 주어야 한다는 명분하에 윤음매체가 더욱 발전하게 되었다. 윤음은 또 국왕이 당파싸움으로 비대해진 신권을 견제하기 위해 백성들의 커뮤니케이션을 공론으로 활용했다는 정치적 의미를 지니고 있기도 하다.

조선 전기에 나온 교서는 대개 필사로 제작하여 전파되었으나, 후기에 나온 교서와 윤음은 필사복제된 것뿐만 아니라 인쇄되어 널리 보급된 것도 많았다. 즉 한양에서 주자로 인쇄하여 지방으로 내려보내면, 감영 등지에서 목판이나 활판으로 다시 인쇄하여 확산시킴으로써 필사로 제작된 조보와 비교하여 진일보한 근대적 언론매체로서의 성격을 보여줬다. 아무튼 교서와 윤음은 조정에서 어려운 문제에 봉착하였거나 새로운 시책을 널리 알리고, 국민을 설득하고자 할 때 반포되는 대표적인 하향적 언론매체다.[117]

(3) 윤음제도

윤음은 국왕이 백성들에게 내리는 훈유문이다. 이를 윤발綸發, 윤지綸志라고도 한다.[118] 수신자는 백성, 또는 일정한 부류, 일정한 지역의 관원 등 경우에 따라 다르다. 그 종류는 양로養老·권농勸農·척사斥邪·포충襃忠·구휼·독역督役·군포탕멸軍布蕩滅·계주戒酒·과폐科弊·이정釐正·수성守城·반행頒行 등 매우 다양하다.

윤음의 내용은 당시의 사회 전반에 관한 현안을 다루고 있다. 그 형식은 대상과 내용에 따라 차이가 있으며, 일정하게 정해진 형식은 없다. 그러나 서두는 대개

---

117 박정규, 앞의 글(1995), 80쪽.
118 綸發은 국왕의 傳教, 上疏草記의 批答 등을 檢書官에게 명하여 뽑아 연월일 순으로 엮은 책을 말한다.

"御製諭某人等某事綸音　王若曰云云"

등으로 시작된다.[119]

　윤음은 영조대 이후 교서를 대신해 국왕언론의 주류매체로 등장한다. 17~18세기 양반사회가 붕괴되기 시작하고, 당파싸움의 심화로 정치세력의 변동이 잦았다. 그런 가운데 점차 일당독재가 심화되면서 왕권은 상대적으로 약화되었다. 영조대에 들어 당파와 문벌에 의해 왕권이 제약받게 되자 이를 극복하기 위해 일반 백성들의 공론을 중시하고, 그들을 목표 공중으로 하여 설득하고 효유해 나가는 정책을 펴게 되었다. 국왕은 빈번한 궁궐 밖 행차로 일반 백성과의 만남이 잦았으며, 이때 격쟁으로 억울한 사정을 국왕에게 호소하는 상언제도가 부쩍 활성화되었다. 윤음제도도 이때 시작되어 정조대에 이르러서는 사대부의 공론에 비견할 정도로 성장하였다. 정조는 윤음이라는 하향적 언론매체를 활용하여 신료들의 커뮤니케이션을 견제할 수 있었다.[120]

　윤음은 백성들을 효과적으로 설득하고 훈유하기 위하여 소책자 형태로 발행되었다. 대량으로 배포하기 위한 목적에 따라 윤음은 필사본이 아니라 활판이나 목판으로도 인쇄·복제하여 제작하였다. 뿐만 아니라 사용문자도 한문과 한글판을 동시에 제작하여 사림은 물론 시정의 일반 백성들에 이르기까지 골고루 미치도록 보급했다. 국왕의 발표문을 언문이라고 천시하던 당시에 윤음을 한글판으로 발행하였다는 것은 종래에 비해 일반 백성들의 사회적 지위가 높아지고, 그들도 공론의 중요한 축으로 형성하고 있는 것을 보여준다. 이는 커뮤니케이션의 주된

119　유병윤, 앞의 논문(1994), 14~17쪽.
120　박정규, 앞의 글(1995), 80~81쪽.

운용자인 국왕이 당파에 찌든 사대부 공론을 제압하기 위해 백성들의 힘을 빌려 왕권의 강화를 기도하려 한 것이라고 해석할 수 있다.

윤음이 국왕과 백성을 잇는 저널리즘 구실을 하면서 가끔 위조사건이 발생하여 사회를 혼란에 빠뜨리기도 했다. 오늘날의 기준으로 보면 공문서 위조사건쯤 된다. 정조 즉위년(1766) 12월 15일 사헌부 장령을 지낸 이평李枰은 상소에서

"신의 이웃에 있는 사람이 충주·여주에서 와서 신에게 묻기를 '일곱 조항의 윤음이 6, 7행에 불과한데, 두 고을 사이에 전하고 있다'고 하기에 신이 상세히 물어보았습니다. 이는 모두 불령不逞한 무리들이 보이지 않는 곳에서 숨어서 서로 근거 없는 말을 선동하여 향곡鄕曲을 의혹과 혼란에 빠뜨림으로써 기필코 나라에 흉화凶禍를 끼치고야 말 것입니다. 임금의 말은 밝기가 단청丹靑과 같아서 얼마나 엄중한 것인데, 국가를 원망하는 잔당들이 왕령王令을 속여 선동하여 먼저 민심을 소란스럽게 하려 모이고 있는 것이 불을 보듯 훤히 드러났습니다. 삼가 바라건대 죄인을 체포하여 근원을 타파하고, 속히 명명明命에 대해 팔도에 효유曉諭케 하소서."

라고 했다.

이에 입시하여 고하라고 명했다. 이평이 말하기를 "윤음이 위조되고 있다는 말을 사헌부 전지평 송민재宋民載로부터 듣고, 그 내용이 매우 흉패凶悖스러워 1본本을 등서謄書하여 가지고 왔습니다."라고 하였다.

이를 보고 정조는 "근래 윤음을 위조하는 자가 있어 이를 향곡에 전파시키고 있다."며 "과인의 명령에 견주어서 과인의 백성들을 속였으니, 어찌 통분스러운 일이 아니겠는가."라며 엄단을 내렸다. 정조는 또 이르기를 "백성들은 모든 조정의 정령政令에 대해 방백과 수령이 지휘

하는 것이 아니면 혹시라도 동요되거나 와언訛言에 휩쓸림 없이 각기
자신의 생업에 편안히 종사하여 안락한 삶을 누리기 바란다."고 하여
'사이비' 윤음에 주의할 것을 덧붙였다.[121]

4. 조선시대 언론의 실제적 기능[122]
—중종조의 폐비신씨복위상소사건을 중심으로

조선의 5백 년 역사 가운데 언론활동이 가장 활발했던 시기는 중종조
였다. 중종조는 쿠데타로 집권한 사회적 분위기와 더불어 조선조의 중
기를 개막하면서 초기에 닦여진 성리학에 기반한 유교정치문화가 꽃을
피우기 시작한 때여서 언론활동이 활발하게 일어날 수 있었다. 이 글에
서는 조선조의 제도언론이 특정 문제에 대해 어떻게 실재적으로 기능
하고 있으며 언론의 주체인 대간들의 언론활동은 어떻게 전개되고 있
는지, 또한 이들이 전개하는 언론활동이 결과적으로 문제 해결에 어떤
효과를 가져왔는지 사실적 사례를 통해 조선시대 제도언론의 언론관과
의미, 시사점 등에 대해 알아보기로 한다.

---

121 『正祖實錄』, 卷2, 正祖 卽位年 12月 25日 壬戌條: "近來有僞造綸音者, 播傳鄉曲…今乃擬之於寡
人之令, 而誣之於寡人之民, 寧不痛哉? 嗟我八方之民, 自今以後, 凡朝家政令, 非方伯與守宰之指
揮者, 毋或撓動, 毋或煽訛, 各安其業, 各奠其居."
122 이상은, 「조선조 국론에 반영된 의리정신」, 『사문논총』(사문학회, 1973), 59~145쪽; 목정균,
앞의 책(1985), 259~297쪽 참조.

왕	간쟁건수	언론건수	비율(%)	순위	왕	간쟁건수	언론건수	비율(%)	순위
태조	74	1		24	선조	487	2,933	6.0	9
정종	26			25	광해군	181	2,167	12.0	6
태종	214	280	1.3	20	인조	314	823	2.6	15
세종	378	873	2.3	17	효종	120	552	4.6	10
문종	27	97	3.6	12	현종	183	511	2.8	14
단종	38	83	2.2	18	숙종	550	6,365	11.6	7
세조	207	199	1.0	22	경종	50	754	15.1	5
예종	14	20	1.4	19	영조	619	5,497	8.9	8
성종	301	4,980	16.5	3	정조	291	1,314	4.5	11
연산군	141	2,466	17.5	2	순조	412	1,038	2.5	16
중종	458	11,787	25.7	1	헌종	175	141	0.8	23
인종	9	143	15.9	4	철종	174	186	1.1	21
명종	264	785	3.0	13	계	5,707	43,995	7.7	

※출처 : 김경수, 『언론이 조선왕조 500년을 일구었다』(가림기획, 2000), 305쪽.

중종은 연산군의 폭정을 타도한 반정 세력의 옹립에 의해 왕위에 올랐다. 중종은 폐조의 모든 악정을 일소하고 유신 중흥의 이상정치를 재건, 정의로운 사회건설에 정치적 명분을 뒀다.[123] 그러나 중종의 개혁과 명분은 곧 후퇴할 수밖에 없는 상황에 직면하게 되었다. 그것은 쿠데타 주도 세력이 정치적 신념과 철학 때문에 반정을 도모한 것이 아니라 단지 폐조의 난정에 대한 사원私怨 때문에 이를 기도했고, 중종 자신 또한 왕자적 소양을 기를 만한 위치에 있지 못하다가 갑자기 군왕으로

---

123 연산군은 잘못을 規諫하는 소리가 두려워 경연을 폐지하고, 사간원과 홍문관을 없앴으며, 사헌부의 持平(5품관)도 2명을 줄였고, 上疏, 上言, 擊鼓(신문고) 등을 금했다. 형벌 또한 극히 참혹하여 烙訊(담근질 신문), 寸斬(마디마디 잘라 죽임), 剖棺斬屍(관을 쪼개 시체의 목을 뱀), 碎骨飄風(뼈를 빻아 바람에 날림) 등의 형벌이 내려졌다. 그러나 논사들은 이러한 형벌에도 굴하지 않고 그 직분을 다함에 조금도 거리낌이 없었다.

등극했으며, 폐조에 기생했던 대다수의 권력을 장악했던 신료들에 대해 준열한 심판을 통한 숙정은커녕 오히려 그들을 체제의 화합과 안정이란 빌미로 고스란히 안고 갔기 때문에 중종반정은 이내 개혁의 한계를 드러낼 수밖에 없었다.

중종 시대에는 개혁과 대의명분을 표방하는 사림파 세력과 화합과 안정, 기득권을 고수하려는 훈구파 사이에 끊임없는 권력 투쟁이 이어졌다. 사화가 곧 그것이다. 사화는 왕권과 훈구·기성세력이 결탁, 사림의 비판언론을 제거하는 과정에서 발생한 정치적인 언론탄압의 산물이었다. 아무튼 그 논쟁의 와중에서 조선조의 제도언론은 왕성한 언론 활동을 전개하였으며 관원언론의 한 정형으로 자리 잡게 되었다.

중종 10년 8월 8일부터 이듬해 5월 8일까지 무려 10개월 동안 진행된 박상朴祥과 김정金淨의 '폐비신씨복위상소사건廢妃愼氏復位上疏事件'은 제도언론이 어떻게 전개되고 기능하는지를 극명하게 보여준다. 반정 세력은 쿠데타 과정에서 연산군의 처남이었던 신수근愼守勤을 주살하고, 이미 중종비로 책립된 신비愼妃마저 역적의 딸이라는 이유로 폐위시켰다.

재위 10년을 맞아 때마침 폭우·우박·지진 등 천재지변이 연이어 일어나자 중종은 전래의 예에 따라 구언의 교지를 내렸다. 구언은 자연 재변이 극심할 때 국왕이 국정 전반에 대하여 수성하는 뜻에서 일반 신하들은 물론 초야의 백성들까지 누구나 하고 싶은 말을 다할 수 있도록 하는 일종의 열린 여론청취 제도이다. 이에 담양부사 박상朴祥과 순창군수 김정金淨이 신비 폐출을 격렬히 비판하고 마땅히 중전으로 복위시켜야 한다는 다음과 같은 내용의 상소를 올렸다.[124]

124 중종은 신비가 폐출된 후 계비로 장경왕후 윤씨를 맞았으나 章敬王后는 이해 원자를 낳고 7일만에 사망했다. 한편 사가로 폐출된 신씨는 중종이 그리워 날마다 북악산에 올라 치마를 걸어놓고 중종의 부름을 기다렸다. 그러나 중종은 박숙의를 사랑하고 있어 그녀를 정비로 승격시키고

첫째, 신씨는 폐출될 이유가 전혀 없었다. 그런데도 반정초 박원종 등이 신수근을 주살하고 보니 왕비가 그의 소생이라 오로지 후환이 두려워 자기보전의 사심으로 폐위를 꾀했다. 이는 일신의 안전을 도모하는 간교한 속셈 때문에 방자한 짓을 기탄 없이 자행하여 임금을 우롱하고 국모를 추방한 것으로서 도저히 용서할 수 없는 짓이다.

둘째, 전하께서는 반정하는 날 마땅히 대비의 명을 받들어 종묘에 연산의 죄를 고하고 정정당당하게 대위에 올라야 했다. 대의에 어두운 박원종 등의 무리들 때문에 구차하게 연산으로부터 선위 받는 형식을 취하게 되었다. 이는 강신强臣의 견제 때문에 가문과 나라, 나아가 왕권의 근본과 본질을 뒤틀어 정치의 도를 세우지 못하도록 한 것이었다.

셋째, 이제 내정의 주인이 없으니 심기일전 결단을 내려 신씨를 정비로 복원시키고, 박원종 무리배가 죽었다하나 지금이라도 엄격히 그 죄를 물어 후대에 엄연한 명분을 뚜렷이 하여야 한다. 신 등은 울분을 품은 지 오래이나 장경왕후의 처지를 생각하여 고하지 못하다가 이제 왕후가 세상을 떠났으니 지금이 곧 정위를 회복할 기회라 생각하고, 때마침 구언하는 시기이므로 급급히 고하는 바이다.

당시의 사관은 "박상 등의 봉사는 선비의 곧은 의논이며, 그 주의가 지극히 충실하고 뜻이 곧은 말이다. 비록 간혹 맞지 않는 의논이 있기는 하나 어찌 감히 이 때문에 나무라겠는가. 상上(임금)은 출납을 미덥게 한다는 뜻을 몰랐고, 아랫사람도 역시 그 직책을 다하지 못하였으니, 그 통탄스러움을 견딜 수 있겠는가."라고 이 상소가 지닌 의미를 평했다.[125] 이 상소에 대해 중종이 취할 수 있는 길은 첫째, 소에서 권하는 대로

싫어했다(『中宗實錄』卷22, 中宗10年 8月 8日 壬戌條).

125 『中宗實錄』卷22, 中宗10年 8月 8日 壬戌條, 史論: "사신은 논한다. 이 의논이 매우 올바른 것인데, 좌우의 의논이 분분하여 서로 是非를 하고, 나중에는 兩是 兩非의 말이 나와, 조정이 안정되지 못하고 士林이 反目하여, 그 禍의 階梯가 참혹하였다[史臣曰: 此論甚正, 而傍議紛紛, 互有是非. 厥後有兩是兩非之語, 朝廷不靖, 士林反目, 其禍階慘矣]."

신씨를 복위시키는 것이다. 이는 인정에 합당한 것이나 10여 년 전에 왕비를 폐위시킨 죄로 이미 죽은 삼훈을 다시 추론하여 죄를 물어야 하는 정변이 발생하는 것을 의미한다. 둘째, 현재 총애하고 있는 후궁後宮(박숙의)을 왕비로 맞는 방법이 있는데, 이는 당시 사대부조차 첩실을 정실로 삼는 것을 기피하는 풍조에서 근본적으로 불가능했다. 셋째, 새로 정비를 간택해 새 장가가는 것이다. 중종이 택할 수 있는 길은 결국 이 방법밖에 없었다.

때문에 이 상소는 정치적으로 '대의와 명분을 지고지순한 가치 기준으로 삼는 유교이념을 수호, 실천할 수 있는가'라는 리트머스이자 쿠데타 세력의 역사적 지위와 그 잔당의 정치적 생존의 근거를 송두리째 박탈하려는 극단의 도전이었다. 아울러 무력하기 짝이 없던 중종 자신에 대한 냉혹한 힐책이었을 뿐 아니라 반정을 주도한 삼훈三勳, 즉 부패한 무반 박원종朴元宗이나, 단순히 연산군이 자신을 내친 데에 대한 사원私怨이 앞장섰던 성희안成希顔, 기회주의자에 불과했던 무능한 관리 유순정柳順汀 등 반정공신들에 대한 선비들의 반감을 직접적으로 드러내는 것이었다.

다시 말해 반정공신들이 정치적 경륜이나 개혁의지를 가진 경세가經世家들이 아니라 한낱 권력에 빌붙어 축재와 부귀영화를 누리려는 이기배利己輩에 불과했기 때문에 대간들의 규탄이 빗발쳤음은 당연했다.[126] 또 이들에 대한 논죄 여하에 따라서는 반정의 명분론적 기반마저 위협하는 중대한 문제 제기였다. 그리하여 삼훈 잔당들을 이 문제가 종사에 관계되는 놀라운 사의邪議라고 규정짓고 그들의 정권 안보와 종사의 안보를 혼효시킴으로써 종사가 언론에 우선한다는 일종의 국시 안보논쟁으로 몰고 갔다. 이에 상소를 냈던 박·김 양인은 3일 만에 전격 구속되었다. 이후 이 언로 시비 파동은 대체로 다음과 같이 전개되었다.

---

126 박영규, 「조선 중종초에 있어서 대신과 대간의 대립」, 『논문집』 제5집(경북대학교, 1962), 382~387 쪽 참조.

〈표 10〉 언로시비파동의 발전과정

日字	8월	9월	10월	11월	12월	1월	2월	3월	4월	5월
				중종 10년(1515)				중종 11년(1516)		
1		甲申	甲寅	癸未	癸丑	癸未	壬子 ●	壬午	壬子	辛巳
2		乙酉	乙卯	甲申	甲寅	甲申	癸丑	癸未	癸丑	壬午
3		丙戌 ●	丙辰 ●	乙酉	乙卯	乙酉	甲寅	甲申	甲寅	癸未
4		丁亥 ●	丁巳 ●	丙戌	丙辰	丙戌	乙卯	乙酉	乙卯	甲申
5		戊子 ●	戊午	丁亥	丁巳 ●	丁亥 ●	丙辰	丙戌	丙辰	乙酉
6		己丑	己未	戊子	戊午 ●	戊子 ●	丁巳	丁亥	丁巳	丙戌
7		庚寅	庚申	己丑	己未 ●	乙丑	戊午	戊子	戊午 ●	丁亥
8	壬戌 ●	辛卯	辛酉	庚寅	庚申	庚寅	己未 ●	己丑 ●	己丑 ●	戊子
9	癸亥 ●	壬辰	壬戌	辛卯	辛酉	辛卯	庚申	庚寅	庚申	석방
10	甲子 ●	癸巳	癸亥	壬辰	壬戌	辛巳	辛酉	辛卯	辛酉	
11	乙丑 ●	甲午	甲子	癸巳	癸亥 ●	癸巳 ●	壬戌	壬辰	壬戌	
12	丙寅 ●	乙未	乙丑	甲午	甲子 ●	甲午 ●	癸亥	癸巳	癸亥	
13	丁卯 ●	丙申	丙寅	乙未	乙丑 ●	乙未 ●	甲子	甲午	甲子	
14	戊辰 ●	丁酉	丁卯	丙申	丙寅 ●	丙申 ●	乙丑	乙未	乙丑	
15	己巳 ●	戊戌	戊辰	丁酉	丁卯 ●	丁酉	丙寅	丙申	丙寅	
16	庚午 ●	己亥	己巳	戊戌	戊辰 ●	戊戌	丁卯 ●	丁酉 ●	丁卯	
17	辛未 ●	庚子	庚午	己亥	己巳 ●	己亥	戊辰	戊戌	戊辰	
18	壬申 ●	辛丑	辛未	庚子	庚午 ●	庚子	己巳 ●	己亥	己巳	
19	癸酉 ●	壬寅	壬申	辛丑	辛未 ●	辛丑	庚午	庚子	庚午	
20	甲辰 ●	癸卯	癸酉	壬寅	壬申 ●	壬寅	辛未	辛丑	辛未	
21	乙亥 ●	甲辰	甲戌	癸卯	癸酉 ●	癸卯	壬申 ●	壬寅	壬申	
22	丙子 ●	乙巳	乙亥	甲辰 ●	甲戌 ●	甲辰	癸酉	癸卯	癸酉	
23	丁丑 ●	丙午	丙子	乙巳 ●	乙亥	乙巳 ●	甲戌	甲辰	甲戌	
24	戊寅 ●	丁未	丁丑	丙午 ●	丙子	丙午	乙亥	乙巳	乙亥	
25	己卯 ●	戊申	戊寅 ●	丁未 ●	丁丑	丁未 ●	丙子	丙午	丙子 ●	
26	庚辰 ●	己酉 ●	己卯	戊申 ●	戊寅	戊申	丁丑	丁未	丁丑	
27	辛巳 ●	庚戌 ●	庚辰	乙酉 ●	己卯	己酉 ●	戊寅	戊申	戊寅	
28	午年 ●	辛亥 ●	辛巳	庚戌 ●	庚辰	庚戌 ●	己卯	己酉	己卯	
29	癸未 ●	壬子 ●	壬午	辛亥 ●	辛巳	辛亥 ●	庚戌 ●	庚戌 ●	庚辰	
30		癸丑 ●		壬午	壬午	辛巳				
	12	22	4	5	13	17	7	8	4	3

구간 표제(세로 서술):
- 8월: 상소 / 치죄와 치죄불가 논쟁기
- 9월: 대간의 安瑭탄핵과 국시논쟁기
- 10월: 朴·金 양인에 대한 1차 석방청원기
- 11월: 趙光祖의 대간탄핵
- 12월: 三公의 사임청원기 / 孔瑞麟발언시비와
- 12월~1월 상단: 양사양설의 대두
- 1월: 朴·金 양인에 대한 2차 석방청원기
- 2월: 직책한계 논쟁기
- 3월: 양시양비론자의 반성기
- 4월: 朴·金 양인에 대한 3차 석방청원기
- 5월: 석방

※ ● 표시는 朴·金 양인의 상소와 관련된 언로시비 논쟁 또는 석방 청원이 있던 날
※ 출처 : 목정균, 『조선전기 제도언론 연구』(고려대학교 민족문화연구소, 1985), 265쪽.

1) 치죄 논쟁

상소일로부터 3일이 지난 8월 11일, 삼훈의 잔당이었던 대사간 권민수權
敏手, 대사헌 이행李荇 집의 허지許遲·사간 김내문金乃文·장령 김영金瑛·
지평 채침蔡忱 문관文瓘·헌납 유돈柳墩·정언 표빙表憑등은 "박·김 등
두 사람이 놀랄 만한 그릇된 의견을 냈으므로 즉시 하옥시켜 추문推問함이
옳다."는 논계를 했다. 중종은 "삼훈이 다 죽은 틈을 타 굳이 10여 년
전에 발생한 폐비사건을 새삼스럽게 들춰내는 저의를 알 수 없으니 대간의
계啓대로 추문하라."고 명했다. 영의정 유순柳洵 등은 "대간의 말도 일리는
있으나 그렇다고 말을 하라 해놓고 그 말에 잘못이 있다하여 추문함은
언로를 크게 방해하는 일이므로 벌을 주어서는 안된다."고 반대했다.[127]

조선시대의 언론연구

127 『中宗實錄』卷22, 中宗10年 8月 11日 乙丑條: 이 사건을 보는 사신의 사론은 다음과 같았다.
사신은 논한다. 이행이 먼저 발언하기를 '박상 등이 이 사특한 의논을 내었으니, 추고하지
않을 수 없다' 하니, 나머지 사람들은 모두 바람에 쏠리듯 좇았다. 이행의 뜻은, 대개 章敬王后가
이미 元子를 낳고 昇遐하였으므로, (坤位는 비록 비었으나 나라의 근본은 이미 정하여졌으니,
만약 愼氏를 복위하여 선후의 의리를 논하면, 신씨는 먼저이고 장경 왕후는 뒤이기 때문에
나라의 근본이 혹 동용될까 염려하여서였다. 헌납 柳墩이 홀로 그렇지 않다고 논하였는데,
그 뜻은 대개 상소하였다고 잡다 추고하면 言路에 방해가 될까 두렵다 하는 것이었다. 그러나
유돈도 능히 강제하지는 못하였다[史臣曰: "李荇先發曰: '朴祥等出此邪議, 不可不推.' 餘皆靡然
從之. 荇之意, 蓋章敬旣誕元子而升遐, 坤位雖缺, 國本已定. 若復愼氏, 以先後之義論之, 則愼氏
先也, 章敬後也, 然則國本或搖也. 獻納柳墩獨不然而難之, 其意蓋上疏而拿推, 恐妨言路. 然墩亦
不能强焉"].
또 논한다. 三勳은 추대한 공이 비록 크나, 왕비를 위협하여 폐한 죄는 만세에 벗어나기 어렵다.
만약 삼훈을 저승에서 일으켜 이 상소를 보이고 물으면, 또한 반드시 목을 움츠리고 부끄러워하기
에 겨를이 없을 것이다. 대간이 모두 무식한 사람이라서 권민수와 이행의 말만을 믿고 바람에
쏠리듯 좇았으니, 애석하다[史臣曰: "三勳推戴之功雖大, 脅廢中闈之罪, 萬世難逃. 若起三勳於九
原, 示此疏而問之, 則亦必縮頸慙惡之不暇. 臺諫皆無識者, 只信敏手, 荇之言, 靡然從之, 惜哉!"].
또 논한다. 이행이 생각하기를 '장경 왕후가 薨하자 박상·김정이 신씨를 세워 왕후 삼기를
청하매, 신씨는 신수근의 소출이라 만약 뜻을 얻으면 어버이를 위하여 보복할 것이니, 이런
일이 반드시 없으리라고 보장할 수는 없는 것이다. 그렇게 되면, 조정이 반드시 그 재앙을
받을 것이다. 연산군이 폐비 윤씨(尹氏)의 원수를 갚기 위하여 거의 사직을 위태롭게 하였으니,
마땅히 다시 그 전철을 밟아서는 안되거늘, 더구나 우리 임금의 거룩하심으로써 뒷날의 염려를
하지 않을 수 있으랴?' 하고 이에 박상·김정을 죄주어 뒷날의 재앙을 막기 위하여 청한 것이다.
사림(士林)들은 이런 깊은 생각을 모르고 죄를 청한 것을 허물로까지 여겼다[史臣曰: "李荇謂
'章敬之薨, 朴祥, 金淨請立愼氏爲后, 愼氏, 守勤之出也. 若得志, 爲親報復, 未可保其必無也.

그 다음날 사간원 정언 표빙表憑은 "종사가 그르치는 것에 비해 언로
가 방해됨은 조그마한 일이므로 이를 추죄하지 않으면 안된다."고 주장
하였고, 사헌부 지평 채침蔡忱도 "대신은 마땅히 국가와 함께 하여야
함에도 아랑곳없이 언로에 방해가 된다고 하여 치죄불가론을 주장하는
것은 언로만 생각하고 종사는 생각하지 않은 것"이라고 대신을 공격했
다. 우의정 김응기金應箕는 "구언을 트집잡아 죄를 묻는다면 나라의 체
면에 큰 상처를 가져온다."며 반발했고, 좌의정 정광필鄭光弼 또한 "구
언 때문에 죄를 받는다면 사람마다 모두 말하기를 꺼리게 되고, 그로
인한 후유증이 더 크다."며 치죄 불가를 계속 논했다.[128]

대신들의 치죄 반대에 부딪힌 중종은 부원군·육조·한성부당상·
홍문관 전원이 참가하는 확대회의를 열어 중의를 묻기로 했다. 여기서
도 대신들의 주장과 마찬가지로 구언 후의 치죄는 언로를 방해하는 것
이니 다소 지나친 점이 있더라도 포용해야 한다는 조정공론을 확인하
였다. 그러나 사헌부 장령 김영金瑛 등 대간들은 중종을 면담, "시비가
분명하고 의심의 여지가 없으니 다중이 모여 논의할 성질의 것이 아니
다."라며 계속해서 추문을 요구하였고, 정치적 격변을 우려한 중종도
치죄를 고집, 박·김 양인의 체포 지시를 내렸다.

8월 15일 조강에서 대사간 이행은 "다른 일 같으면 광언狂言이라 하
여 내버려두고 죄를 묻지 않아도 좋겠으나 신씨 복위에 대해서는 반드
시 추고하여 다 털어놓도록 해야 인심이 안정된다."며 거듭 죄를 묻는
것이 당연하다고 주장했다. 시독관 신광한申光漢은 이 자리에서 "무릇
임금의 위엄은 하늘의 벼락과 만근이 넘는 추와 같이 무겁고 엄중하여

然則朝廷必受其禍. 燕山爲尹氏報怨, 幾危社稷, 不宜復蹈其轍. 況以吾君之聖. 而不爲後日之慮
乎?' 於是請罪祥, 淨, 以杜他日之禍. 士林有不識深慮, 至以請罪爲咎"].
128 『中宗實錄』 卷22, 中宗10年 8月 12日 丙寅條.

누르지 못하는 것이 없다. 그러므로 안색을 부드럽게 하여 말을 이끌어 내도 감히 있는 말을 다하지 못하는 법인데 하물며 노한 뜻을 보여서야 되겠는가? 그렇게 되면 아랫사람들이 입을 다물고 말을 삼가서 그 품은 생각을 알 수 없게 되니 나라가 위태롭게 된다."고 치죄 반대를 역설했다. 전경 임권任權도 "문자상의 일을 가지고 치죄하면 언로에 방해됨이 크다."고 진언했다. 그러나 중종은 "반정은 조정이 함께 논의해서 한 일인데 삼훈에게만 허물을 묻고, 다른 사람은 말하지 않는 것은 저의가 있는 일이지, 소소하게 문자상의 일이 아니라."고 치죄를 고집했다.[129]

8월 22일 홍문관 부제학 김근사金謹思 · 부응교副應敎 이언호李彦浩 · 교리 임추任樞 · 부교리 유인숙柳仁淑과 신광한申光漢 · 수찬 이청李淸 · 부수찬 김구金絿 · 저작 임권任權 · 정자 정응鄭應과 기준奇遵 등이 차자를 올려 "구언에 의하여 개진한 소를 문제삼아 그 잘못된 말에 대해 죄를 물어라 함은 선비의 기개를 죽이고 언로를 막는 일이 되므로 박 · 김 두 사람은 마땅히 구제되어야 한다. 대간측의 우려 또한 그 타당성이 있는 것을 인정해야 한다."고 하여 양시양비론을 전개하기 시작했다.[130] 이는 중종 으로 하여금 치죄 결정을 굳히게 하는 역효과를 초래했다. 박 · 김 양인 에 대한 치죄불가론은 이후 26일까지 연 나흘 동안 계속되었으나 중종은 대간의 청에 따라 박상은 남평에, 김정은 보은에 유배시켜 버렸다.

이것이 이 사건의 제1라운드이다. 사건이 발생한 중종10년 8월 11일 에서 27일까지의 『중종실록』을 분석하면 박 · 김 양인에게 죄를 주자고

129 『中宗實錄』 卷22, 中宗10年 8月 15日 己巳條.
130 『中宗實錄』 卷22, 中宗10年 8月 22日 丙子條, 史論: "사신은 논한다. 김근사의 음험한 것과 이언호의 좁은 것, 임추의 어두운 것과 신광한 · 이청의 겁많은 것은 말할 것도 없거니와, 유인숙 · 김구 · 임권 · 정응 · 기준은 모두 그러한 사람들인데, 어찌 시비를 밝게 분변하지 않고 兩是兩非의 꼬투리를 열어서, 조정으로 하여금 紛擾하여 오래도록 안정하지 못하게 하였는가[史臣曰: "謹思之險, 彦浩之隘, 任樞之暗, 光漢 · 李淸之怯, 不足言也. 仁淑, 金絿, 任權, 鄭應, 奇遵, 皆可人也, 胡不明辨是非, 以開兩是 兩非之端, 使朝廷紛擾, 久而不定耶"]?"

청하는 사람은 연 13명에 발언이 9회인데 반해 죄를 물어서는 안된다는 치죄불가론자는 연 75명 이상 111명까지이며, 발언 회수도 40여 차례에 이른다. 중종 또한 24회 발언한 것으로 나타나고 있다. 한마디로 대간을 제외한 조정의 대부분 신하가 적어도 치죄에는 반대하였고, 발언회수도 5배 가까이 많았다. 그런데도 그 뜻을 관철하지 못한 것은 치죄를 주장한 언관의 위력이 얼마나 큰 것인가를 여실히 보여준다.[131]

2) 국시 논란

박·김 두 사람에 대한 치죄는 조야에 커다란 충격을 주었다. 전시에서 과거에 응시한 유생들은 박·김 양인 치죄가 부당하다는 의견을 그 대책 논문[殿策]에서 개진하였고, 별시에서도 대간을 비난하는 글을 지은 유생이 30여 명이나 되었다. 이는 당시의 일반 여론이 치죄불가론에 있음을 반영하는 것이었다. 이조판서 안당安瑭은 8월 26일 "대간이란 허물을 바로잡고 그릇된 것을 규탄하는 자요, 재상은 나라를 지키는 자다. 정부와 육조가 치죄불가를 논하는 것은 국시의 소재이다. 예로부터 국시의 소재가 조정에 있어야지 대각에 있어서는 안된다."고 논계했다.[132]

이튿날 석강에서 대간은 일제히 안당이 임금으로 하여금 대간들의 논사를 거부하게 한다고 논박하면서 죄줄 것을 청했다. 대간의 안당

---

131 목정균, 앞의 책(1985), 269~270쪽.
132 『中宗實錄』卷22, 中宗10年 8月 26日 庚辰條, 史論: "사신은 논한다. 朴祥 등을 죄주자고 청한 의논은, 李荇이 주장하고 金乃文은 끌려갔는데, 安瑭의 의논을 듣고서 의심하고 두려워하였다. 확고한 시비(是非)를 결정하지 못하고 남을 따라 일을 논하였다가 논란을 당하고는 문득 뜻을 굽히니, 마음이 굳고 확실하지 못하기가 이와 같았으므로 식자가 이를 조소하였다[史臣曰: "請罪朴祥等之議, 李荇主之. 乃文牽而從之, 及聞安瑭之論, 疑而恐懼, 其莫定是非, 而因人論事, 被議輒屈, 心不堅確如此, 識者譏之"]."

탄핵은 29일, 9월 3일에도 계속되었고, 권민수와 이행 등은 연명상소를 통해 "대간은 조정을 위해 언책을 맡고 있다. 따라서 조정의 언로가 대간을 제외하고 어디서 나오는가. 안당의 속셈은 언론을 위하는 체하면서 기실은 임금과 대간을 이간시켜 오히려 간쟁의 길을 막으려는 데 있다. 국왕이 눈과 귀를 대간에게 맡겼고, 대간은 쟁론爭論을 소임으로 하고 있으니, 대간이 생각하는 바가 곧 국시요 임금이 믿고 따르는 것이 국시이다. 박·김 양인의 일은 치죄로 이미 국시가 정해진 것이다. 대간과 조정이 별개의 것처럼 운운하는 것은 대간을 무시하고, 조정을 무시하고, 국시를 아랑곳하지 않으며, 임금을 거간으로 빠뜨려 정론을 억압하려는 것이니 경계하여야 마땅하다."고 주장했다.[133]

대간들은 9월 13일, 19일, 24일, 그리고 10월 3일에도 각각 소를 올려 "재상은 위와 세가 높아 조정에서 이들과 대항할 수 있는 자는 대간뿐임"을 역설하고,[134] "안당은 국가의 원기인 공론을 보호하여야 함에도 오히려 원기를 대변하고 있는 대간 누르기를 기탄없이 자행하여 임금으로 하여금 대간의 말을 따르지 않도록 유도하고 있으니, 이는 실로 공론이 행해지느냐 아니면 폐하느냐 하는 중대한 문제"라 하며 안당을 치죄하여 공론의 소재를 대간에 있음을 만천하에 뚜렷하게 밝힐 것을 요구했다.[135] 대간의 이와 같은 전횡에 대해 당시의 사관은 "박·김 양인의 소는 엄정·정직한데 대간이 사의라고 지적하니 이는 너무 심하다는 것이 일반의 여론이었다."고 대간들의 '언론자유 남용'을 증언했다.[136]

133 『中宗實錄』卷23, 中宗10年 9月 3日 丙戌條.
134 『中宗實錄』卷23, 中宗10年 9月 19日 壬寅條.
135 『中宗實錄』卷23, 中宗10年 10月 3日 丙辰條.
136 『中宗實錄』卷23, 中宗10年 9月 5日 戊子條.

조선시대의 언론연구

3) 대간 탄핵과 내분

박·김 양인에 대한 이청李淸·이장곤李長坤 등의 1차 석방 청원에 이
어 11월 22일 때마침 사간원 정언으로 임명된 조광조趙光祖가 "언로가
열리고 막히는 것은 나라의 근본에 관계되는 중대한 일이다 언로가 통
하면 나라는 다스려지나, 막히면 반드시 난정에 들거나 망하게 된다."
며 원론적인 언론관을 전제한 다음 "언로를 널리 열어야 할 의무가 있
는 대간이 '구언'에 응해 의견을 개진한 박·김 양인을 죄로 다스리게
함으로써 오히려 스스로 언로의 봉쇄를 자초, 자기 직분을 저버렸다."
고 규탄하면서 양인의 석방과 아울러 대간의 파직을 요구했다.[137]

조광조의 주장은 이제까지 언로 문제를 놓고 주로 대신과 대간 사이
에 벌어졌던 논쟁이 언론이란 무기를 무책임하게 마구 휘둘렀던 대간
내의 자가 숙정이라는 차원으로 논쟁의 국면을 전이시켰다. 조광조의
언설은 유교의 정명사상에 입각하여 명名과 실實을 서로 부합시키고자
하는 '춘추대의'의 논법이었다.[138]

삼훈 잔당이었던 사헌부의 권민수·허진許璡·김영·채침·문관文瓘
과 사간원의 이행·김내문金乃文·유돈柳墩·표빙 등 대간이 파직되고
사헌부에는 이장곤·성세창成世昌·김희수·유부·김감金堪이, 사간원
에는 김안국·문관·이우李佑·장옥 등이 새로 임명되었다.

---

137 『中宗實錄』卷23, 中宗10年 11月 22日 甲辰條: 正言趙光祖啓曰: "言路之通塞, 最關於國家,
   通則治安, 塞則亂亡. 故人君務廣言路, 上自公卿, 百執事, 下至閭巷, 市井之民, 俾皆得言. 然無言
   責, 則不自得盡, 故爰設諫官以主之, 其所言雖或過當, 而皆虛懷優容者, 恐言路之或塞也. 近者朴
   祥, 金淨等, 當求言而進言, 其言雖若過當, 不用而已, 何復罪之? 臺諫乃以爲非, 而請罪, 至發禁府
   郞官而拿致. 爲臺諫者, 能開言路然後, 可謂能盡其職也. 金淨等事, 宰相雖或請罪, 臺諫則當救解,
   以廣言路, 而反自毁言路, 先失其職. 臣今爲正言, 豈敢與失職臺諫同事乎? 不可相容矣, 請罷兩
   司, 復開言路."
138 이상은, 앞의 글(1973), 98쪽.

새로 임명된 사간원 정언 장옥張玉은 "이제까지 대신들조차 대간의 청죄에 대해서 정면으로 논박하지 못했는데 홀로 조광조만이 이를 통박하니 사림이 모두 통쾌히 여긴다."고 밝혔고, 대사간 김안국金安國 역시 "조광조의 말은 여론을 대변한 것"이라고 하여 조광조를 지지하고 나섰다. 그러나 장령 김희수金希壽와 유부柳溥는 조광조의 주장이 옳은 줄 모르겠다고 하여 신임 대간 사이에 언론의 주도권 장악을 위한 헤게모니싸움이 일어 그 의견이 대립되었다. 특히 조광조를 지지하는 대간들은 조광조의 주장에 대해 중종이 온당하게 생각하지 않고 있음이 드러나자 모두 체직을 청했고, 중종은 이를 가납하였다. 이때에도 홍문관은 전 대간의 청죄나 조광조의 대간 논박이 종사와 언로를 위해서 모두 옳다는 양시설을 전개하면서 조광조에 반대한 김희수와 유부도 체직시켜야 한다고 하여 결국 신임대간 전원이 물러나게 되었다.[139]

신임 대간이 전원 체직되자 사관은 "이장곤·김안국 등이 중론에 의거 정론을 주장했으면 마땅히 끝까지 싸워 유부 등의 그릇된 의견을 공격·배척하여 그 시비를 확정하고, 임금의 뜻을 고정시켜 언로의 중함을 알리고 용감하게 공론을 주장하여 조정의 기강을 진작시키고, 언로를 통하게 할 때가 바로 지금인데 그렇지 못하고 각기 자기의 의견만 진술하여 겨우 언관된 자의 소임만 다했다는 흉내만 내고 있어 안타까운 일이로다."라고 하여 대간의 분열을 개탄했다.[140]

11월 29일 사헌부에는 박열朴說·성세창·송흠宋欽·홍언필洪彦弼·박수문朴守紋·김인손金麟孫이, 사간원에는 방유영·문관·이원간李元幹·김응벽金應璧·허위許渭 등이 대간에 새로 취임함으로써 제2차 대간

조선시대의 언론연구

139 『中宗實錄』 卷23, 中宗10年 11月 28日 庚戌條.
140 『中宗實錄』 卷23, 中宗10年 11月 28日 庚戌條.

인사 개편이 단행되었다.

12월 3일 대사간 방유영方有寧을 비롯한 간관 3인은 사헌부와 사간원이 의견을 달리하고 있으므로 사간원의 입장을 밝힌다면서 "△조광조의 소신과 의론을 지지하며, 이에 반대한 김희수와 유부는 시비를 그릇 판단했고, 이장곤과 김안국 등은 시비를 옳게 판단했다 △임금이 시비를 잘못 보고 애초에 그른 김희수와 유부는 놔두고 이장곤과 김안국을 체직한 것은 잘못이다 △양시양비란 있을 수 없다 △현재 사헌부는 양시론을 견제하고 있는데 이는 시비를 분명히 가리지 않는 것"이라고 논계하였다.[141]

사간원의 이러한 주장에 대해 사헌부 집의 성세창成世昌, 장령 홍언필洪彦弼·지평 박수문朴守紋, 지평 김인손金麟孫 등은 "진실로 언로를 구할 뜻이 있었고, 조광조의 소신과 의론이 옳았다고 생각했다면 조광조가 문제를 제기하기 전에 '대간의 직분론'을 제기했어야 할 삼공三公(영의정, 좌의정, 우의정의 삼정승을 말함)이 국론이 분열하여 정국이 불안한 중대한 시기에 무위무능으로 일관하여 재상의 체통을 잃었다."고 양시론의 입장을 전개하며 공격의 화살을 삼공에게로 돌려 논박했다. 사헌부는 그러면서 임금이 그르다고 생각하는 쪽에서 모두 물러나는 체직으로 그 시비를 가리자고 제의했다. 이에 대해 사간원은 조광조의 논계는 어느 한 개인의 의견이 아니라 사림의 공론이라고 강조하며, 정론으로 시비를 가리자고 맞섰다.[142]

중종은 양사의 의견이 첨예하게 대립하자 대신들을 불러 의견을 구했다. 영의정 유순·좌의정 정광필·우의정 김응기·우찬성 김전金

---

141 『中宗實錄』卷23, 中宗10年 12月 3日 乙卯條.
142 『中宗實錄』卷23, 中宗10年 12月 4日 丙辰條.

銓·우참찬 남곤南袞 등은 "지금의 시비는 10분分에서 1분을 다하지 못해도 그 다하지 못한 1분의 잘못을 논하는 자가 옳다는 것으로 시비의 표준을 삼을 것"을 진언했다.[143]

4) 양시양비설의 대두

12월 5일 홍문관 부제학 김근사金謹思 등은 "권민수·이행 등의 박·김 양인에 대한 청죄는 종사를 위한 것이었으며, 조광조의 대간 탄핵 또한 국가를 크게 염려해서이므로 모두 옳다고 했다. 또한 지금 현재 서로 옳다고 하는 것만 취하여 서로 분분히 시비하며 온갖 논의를 곁들여 임금을 현혹시키고, 나아가 국시를 정하지 못하게 하고 있으니 이 어찌 잘하는 일이라 할 수 있을까."라고 하여 양비론을 전개했다. 홍문관은 "이런 때에 대신들은 적극적으로 나서 사태를 수습하지는 않고 남의 일처럼 방관하고 있다가, 임금이 물으면 그제야 겨우 대답하고 나중에는 또 딴소리하며 녹위祿位만 지킬 뿐이니 그 쓰임새가 어디 있는지 모르겠다."고 삼공의 무위·무능을 공격했다. 일종의 책임 회피론과 같은 애매모호한 이 양시양비론을 중종이 받아들임으로써 방유영 등을 체직하는 제3차 대간 인사 개편이 있었다.[144] 사헌부에는 이계맹李繼孟·이번李蕃·유관柳灌·공서린孔瑞麟·윤지형尹止衡·유윤덕柳潤德

---

143 『中宗實錄』卷23, 中宗10年 12月 4日 丙辰條.
144 이 사건이 조기에 수습될 수 있었음에도 불구하고 매듭의 고리가 풀리지 않게 된 것은 중종이 양시양비론이라는 '中道論'을 가납했기 때문이다. 이로서 정국은 제3차 대간들의 사직 파동으로 이어졌고 국론은 양분되어 갑론을박을 거듭했다. 이처럼 중도론은 국가에 중대한 문제가 발생해 국론이 분열되고 혼란이 극에 달할 때 그 시비를 더욱 어렵게 하고 혼란만 가중시키는 지극히 위험한 생각이다. 따라서 오늘날 현대 언론이 상업적 기회주의 속성을 바탕으로 마구 휘두르는 '양비론'의 폐해를 경계하지 않을 수 없다.

등이, 사간원에는 김근사·문관·신광한·박세희朴世熹 등이 신임 대간
으로 취임했다.

5) 삼공의 사임 청원

12월 11일 신임 사간원은 "이제 나라의 뜻이 정해졌고 임금도 그
시비를 알게 되었으니 언로를 열 때"라고 전제하고, 그러기 위해서는
박·김 양인의 석방이 이루어져야 한다고 주장했다. 신임 사헌부도 "대
간의 잇단 교체는 조정의 큰 변란임에도 삼공은 시종 모른 체 하였고,
그것도 임금이 불러야 겨우 응하면서 그나마 온당치 못하여 임금이 부
득이 홍문관과 논의하여 정하니 이런 삼공과 어찌 구사를 논할 것인
가." 하며 삼공의 체직을 강력히 촉구하였다.[145]

이미 논박을 당할 때마다 사의를 표명해 온 삼공은 12월 12일 "대간
이 시비를 논하는 중간에 끼어들어 시비를 왈가왈부함은 훗날 그 폐가
생길 것을 우려해서 신중을 기하기 위해서였지, 무위·방관이 아니었
다."고 해명하고, 그러나 대간의 소신과 의론이 그러하다니 정승직에
재직할 수 없다며 사퇴를 청원하였다.[146]

삼공 대신이 끈질기게 사직을 청하고, 중종은 말리는 가운데 새해에
들자 박·김 양인에 대한 제2차 석방 청원 운동이 일어났다. 1월 3일
시독관 이청 등의 청원을 시발로 19일까지 대사간 김근사를 비롯한 양
사, 좌의정 정광필을 비롯한 의정부, 전경 기준奇遵을 비롯한 경연관

145 『中宗實錄』 卷23, 中宗10年 12月 11日 癸亥條.
146 『中宗實錄』 卷23, 中宗10年 12月 12日 甲子條.

겸 검토관 윤자임尹自任 등이 양인의 석방 타당성을 논계했다.

특히 16일 사간원이 올린 상차는 이제까지 토로된 언로 시비에 대해 "폐조廢朝(연산군)가 간하는 자를 죽이고, 말하는 자에게 죄를 주어 역대 조종이 배양했던 선비의 기개를 하루아침에 다 꺾어 놓았는데 이제 성조聖朝(중종)도 폐조의 잘못을 본받고 있다. 따라서 선비들의 기개가 퇴락하고 마비되는 것을 장차 진작시킬 도리가 없게 되니 통탄을 금할 수 없다. 대신과 대간, 그리고 온 나라의 사람들이 모두 박·김 등의 석방을 간하고 있는데 전하만이 공론을 배척하고 자기의 의견을 고집하는 것은 도무지 무슨 뜻인지 모르겠다. 상벌이란 임금의 사유물이 아니다. 그렇게 되면 임금이 분에 넘치게 되고, 형벌이 마구 남발되어 어느 누구도 바로잡을 수 없게 된다. 그러므로 전하는 사견만 고집할 것이 아니라 지금이라도 공론을 살펴 양인을 석방하여야만 언로가 열리게 됨을 깨달아야 한다."고 주청했다.[147]

중종은 박·김 양인에 대한 치죄에 대해서 처음부터 언로를 생각하지 않고 죄를 준 것이 아니기 때문에, 지금 그들을 놓아주면 그들이 옳기 때문에 방면한 것으로 잘못 생각할 우려가 있어 석방할 수 없다고 언급했다. 중종의 이렇듯 완강한 고집에 대해 당시 사관은 "이 모두가 홍문관의 양시설에 임금이 현혹되었기 때문"이라고 하여 홍문관의 양시설을 비판했다.[148]

---

147 『中宗實錄』卷23, 中宗11年 1月 16日 戊戌條.

148 『中宗實錄』卷23, 中宗11年 1月 16日 戊戌條, 史論: "사신은 논한다. 당시의 士林이 權敏手·李荇의 무리가 간언을 거절하는 시초를 유도한 것을 분하게 여기고, 또 弘文館이 '양편이 다 옳다'는 說을 내어 상의 뜻이 의혹되게 한 것을 한스럽게 여겼다. 또 그때 朴祥·金淨 등을 놓아 주기를 청하지 않은 자는 宰相으로는 曹繼商·沈貞·李荇이고, 侍從으로는 表憑·蔡忱이고, 臺諫으로는 윤지형(尹止衡)이었으며, 한 가지 일을 가지고 의향이 각각 달라, 李荇은 병을 핑계로 出仕하지 않기까지 하였다[史臣曰: "當時士林, 憤權敏手·李荇之輩, 導拒諫之漸, 又恨弘文館發兩是之說, 致上意之疑惑也. 又曰: '是時不請放祥', 淨者, 宰相則尹貞, 曹繼商, 沈貞, 李荇; 侍從則表憑, 蔡忱; 臺諫則尹止衡. 以一事而意向各殊, 荇至於托病不仕"]."

조선시대의 언론연구

6) 직책 한계론 논쟁

1월 19일 사헌부 장령 공서린이 인사행정을 건의하는 과정에서 오늘의 대간은 남의 공격만 일삼고 있다고 자가비판 후, 인사권은 쥔 전조銓曹(이조吏曹)도 소신껏 일하기가 어려워 그날그날을 보낸다. 인사정책을 맡은 안당으로 하여금 소신껏 일할 수 있도록 해야만 국정이 비로소 원활하게 운영된다고 개탄했다.

나흘 후인 1월 23일 사간원은 바야흐로 사헌부가 안당의 실정을 계하고 있는 시점에서 공서린이 안당을 두둔한 것은 권력자에게 아부한 것이니 대관의 체모를 잃은 것이므로 체직·추문해야 한다고 논했다. 중종은 사간원의 소청에 따라 공서린을 체직시켰다. 이날 전경 기준은 언책을 맡은 대관이 직책상 한 말을 국왕이 우용해야 선언이 많이 들어오도록 말길을 트는 것인데 체직·추문에까지 이른다면 지나친 처사라고 공서린을 두둔했다.

1월 25일 대사간 김근사 등은 공서린을 추문하게 한 것이 잘못이라니 그 직에 있을 수 없다고 체직을 청원하였고, 정언 김응벽은 공서린을 옹호한 자까지도 추문해야 한다고 주장했다. 이날 석강에서 전경 이약빙李若冰은 대간이란 인신공격이나 일삼는 직무가 아님을 역설하며 공서린을 두둔했다.

1월 29일 사헌부의 유관은 이미 물러날 것을 각오하고 공서린을 두둔하는 경연관을 경연관에 대해 추문하라는 사간원도 잘못일 뿐 아니라, 언관의 직무를 수행하는 간관을 잘못이라고 한 홍문관도 잘못이고, 따라서 홍문관을 두둔한 중종까지도 잘못이라고 전원과실을 주장했다. 좌의정 정광필은 공서린을 잘못이라 할 수 없고, 체직·추문을 요구한 간관도 반드시 잘못이라고만 할 수 없으며, 공서린을 구하려고 한 홍문관도 탓할 바 못된다. 삼사가 이처럼 맞물리는 공격을 끝없이 되풀이함은 백해무익한 일이라고 대신으로서의 소회를 밝혔다.

결국 사간원의 간관 전원과 사헌부의 지평이 교체되는 제4차 대간 인사 개편이 있었다. 신임 대사간에는 김안국이 사간 조방언趙邦彦, 헌납 김감, 정언 장옥, 윤자임, 박세희가 취임했고, 사헌부 지평에는 문관이 사간원에서 자리를 옮겼다.

7) 양시양비론자의 반성

3월 8일 아침 경연에서 중종은 언로를 열기 위해 박·김 양인을 하루속히 석방해야 한다는 기준 등 3인의 청원에 응답하던 중 시비를 가리지 않고 양시양비로 일관한 홍문관이 잘못이었다고 지적했다.[149] 이날부터 29일까지 기준 등 홍문관의 젊은 관원들은 양시양비가 있을 수 없음을 자성하고, 자기비판을 통해 강력히 사임을 요청했다. 그러나 중종은 끝내 만류하여 체직 상태에는 이르지 않았다. 하지만 이제까지의 언로시비 논쟁에서 무엇이 정론인가는 분명하게 드러난 셈이었다. 즉 조광조의 '대간직분론'이 정론이며, "언로가 종사 밖의 일이 아니라 바로 종사의 문제"라는 공통의 인식에 도달하게 된 것이다.[150]

---

149 후일 奇大升은 '天心으로서 人心의 구체화된 내용이 공론 또는 시비'라고 말하고 '천하의 일에는 시비가 없을 수 없으며, 시비가 밝혀진 연후에라야 인심이 따른다'며 是非之心에 의한 통치를 강조하기에 이른다(奇大升, 『高峰全書』, 論思錄 上).

150 목정균, 앞의 책(1985), 290쪽.

8) 석방과 언로시비파동 종결

이로써 국론이 통일되자 박·김 양인에 대한 석방 청원이 본격화 됐다. 5월 9일 중종은 마침내 이때가 구언 중이었고, 대신의 청이 있어 양인을 방면한다는 형식을 취함으로써 박·김 양인은 풀려나 이 사건은 마무리된다.[151] 이는 종사와 언로, 어느 것이 우선하는가의 논쟁에서 언로가 곧 종사의 문제라는 이해에 도달, 마침내 국시가 명실상부하게 통일되었음을 의미한다.

이 사건에서 조선조의 제도언론이 어떻게 기능해 왔으며, 그 언론정신은 무엇이었는가를 가늠해 볼 수 있다. 뿐만 아니라 이 사건은 또 우리 선조들의 언론관을 집약적으로 표현하고 있으며, 언로의 두색杜塞을 자초한 대간의 퇴행적 역기능이 정론에 의하여 축출 당하는 과정을 보여줌으로써 제도언론의 전형적인 기능 실제를 살필 수 있다.

여기서는 또 대간의 논박에 의해 한번 결정된 사항을 뒤집기란 얼마나 어려운 일인가를 극적으로 보여준다. '구언'에 따라 개진된 소를 죄로 다스림은 지극히 부당하다는 사실이 조정공론으로 즉시 판명되었으나 박·김 양인이 풀려나기까지는 무려 10개월이 걸렸다는 사실이 이를 극명히 설명해주고 있다. 이것은 대간의 위력이 막강함에서 연유하는 결과이기도 하다. 따라서 누가 언론을 장악하느냐에 따라 정치 판도를 결정짓는 주요 요인이 되기 때문에 집권파의 대간 독점과 정치 도구화 현상이 나타난다. 그러나 아무리 대간이라 할지라도 일단 자체 내에서 논박을 당하면 그 자리에서 물러나지 않을 수 없는 것이 그 불문율이었다.[152]

---

151 『中宗實錄』卷25, 中宗11年 5月 8日 戊子條: "前日所以治金淨, 朴祥之罪者, 恐衆人惑於其言, 而不知其非故也. 今則有災變, 大臣又皆以爲可宥, 且其罪發於求言之後, 其宥之."

이 사건은 또 국론이 분열하고 정치적 이해에 따른 억설과 강변이 정론을 억압할 때 이른바 양시양비론이 얼마나 위험한 사고인지 적나라하게 보여준다. 또한 언로의 개방으로 말미암아 사헌부·사간원·홍문관·대신 간에 논란이 왕성하게 전개되면서 국왕은 자연스럽게 시비의 본질적인 문제로 유도해 올바른 국책 결정을 내릴 수 있도록 기능하는 조선조 제도언론의 긍정적인 면을 볼 수 있다. 특히 언로의 광개를 직분으로 하는 대간이 언론두색을 자초하여 그 직을 잃었다는 조광조의 규탄은 곧 언론의 자유란 스스로 쟁취하는 것이지 남이 가져다주는 것이 아님을 깨우쳐 주는 교훈이기도 하다.

더구나 진실로 대간이 직분을 다하는 것은 순지대간順志臺諫이 되지 않는 데 있다는 언론 정신의 핵을 당시의 대간들이 인식하고 실천한다는 점은 신선한 감동으로 다가온다. 대간이 위上[국왕]의 뜻이나 받들어 모시는[奉命]하는 존재라면 이미 대간이라 할 수 없으며, 언론이 집권자의 뜻에나 영합하는 존재라면 그것은 이미 언론이 아니라는 것이 순지거부의 정신이다. 이러한 저항의 정신은 무려 네 차례에 걸쳐 대간을 체직하여도 언론 상황은 조금도 변화가 없는 것으로 나타나 꼿꼿한 사림의 선비정신을 엿보게 한다.[153]

조선조의 제도언론의 기자들인 대간은 한번 제기한 문제에 대해서 결말을 보지 않는 한 결코 포기하지 않았다. 대간이 제기한 문제는 사

---

152 목정균, 앞의 책(1985), 293쪽.

153 '순지거부의 정신'이란 언론혼을 한마디로 표현한 말로서 오늘날 '비판의 정신', '저항의 정신', '반골의 정신'을 뜻한다 하겠다. 그것은 조선조 사림의 선비 정신과도 일맥상통한다. 정몽주 →길재→김숙자→김종직→조광조로 이어지는 성리학 정통의 맥을 잇는 사림은 수양대군의 왕위 찬탈 과정에서 사육신·생육신을 비롯한 유림과 선비 등 당시의 양심적인 지성인들이 보여준 의연한 자세를 정신적 근원의 원형으로 삼고 있다. 이 같은 언론 정신은 구한말의 민족 언론에서부터 오늘의 한국 언론에 면면히 이어져 오고 있으며 지성인들의 처신과 행동에 있어서 모범적 가치로 자리잡고 있다(김영재, 『현대사회와 민주언론』, 사람, 1997, 347쪽).

간원 단독으로, 혹은 사헌부와 합사하여, 때로는 삼사 합동으로 사직, 동맹파업, 대궐 뜰에 부복한 시위 등 갖가지 수단으로 집요하게 그 해결책을 모색해 냈다. 권력이 대간을 교체한다 하더라도 전임자가 해결을 보지 못한 문제는 반드시 후임자가 재론해 결말을 짓도록 했다. 이 같은 보도 태도는 현대언론의 귀감이라 아니할 수 없다.

또한 조선조 언론인들의 언론 자세로서 '지부극간持斧極諫의 사상'을 엿볼 수 있다. 지부극간은 최고 통치자에게 진언하면서 죽음을 불사한다는 의미로 도끼를 차고 가서 극렬하게 간하는 윤리 규범을 말한다.[154] 『명심보감』에는 '충신이란 도끼를 맞는 형벌을 받는다 하여도 올바르게 간하여야 할 뿐 아니라 설사 가마솥에 들어가는 한이 있더라도 할 말은 다해야 한다'고 강조한다.[155] 『소학』에서는 '임금에게 허물이 있는데도 죽음으로써 간하지 않는다면 백성은 어떤 허물인가'라고 반문하여 충신의 도리를 역설한다.[156]

『효경孝經』의 간쟁장에서는 공자는 '아버지[國王]의 명령을 단순히 좇기만 하면 효도[忠誠]라고 말할 수 있느냐'는 질문에 '아버지가 불의한 일을 했을 때 자식으로서 다투지 않을 수 없고, 임금이 불의한 일을 했을 때 신하로서 다투지 않을 수 없다'고 대답함으로써 불의한 일은 당연히 다투는 것이 사람의 도리라고 했다.[157]

태조 때 개국 공신으로 대사헌이 된 이서李舒는 의기와 지조가 있어 왕의 부름을 받고 궁중에 들어가면 임금과 면대하여 조금도 아첨하지

제3장 조선시대의 제도언론

---

154 김영주, 「조선조 언론사상에 관한 시론」, 『언론사회문화』 창간호(연세대학교 신문방송학과, 1991), 154쪽.
155 『明心寶鑑』, 治政篇: "迎斧鉞而正諫, 據鼎鑊而盡言, 此謂忠臣也."
156 『小學』, 第4, 稽古篇: "君有過而, 不以死爭, 則百姓何辜."
157 『孝經』, 諫諍章: "…昔者天子有爭臣七人, 雖亡道不失天下. 諸侯有爭臣五人, 雖亡道不失其國. 大夫有爭臣三人, 雖亡道不失其家. 士有爭友, 則身不離於令名. 父有爭子, 拓身不陷於不誼, 故當不誼, 則子不可以不爭於父, 臣不可以不爭於君. 故當不誼則爭之, 從父之命, 又安得爲孝乎."

않고 언제든지 직언을 하다가 파직되었다.[158] 선조 때 조헌趙憲은 임진
왜란이 일어나기 몇 년 전 대궐 앞에 거적을 깔고 도끼 한 자루를 든
다음 "왜란이 일어나니 대비하라."고 지부극간 하였다. 또한 인조 때
유백증兪伯曾 역시 우리 역사상 가장 많은 사람을 탄핵한 고집 있는 선
비로서 임금이 앉는 상탑을 붙들고 떼를 쓰며 늘어지므로 임금이 어쩔
수 없이 그의 말을 들어주었다. 한말 굴욕적인 병자수호조약이 일제의
강요에 의해 강제로 체결되자 광화문 앞에서 단식하며 '지부복궐척화
의소持斧伏闕斥和議疏'를 올린 최익현崔益鉉은 극간의 전형적인 상징적 인
물이었다.[159]

임금에게 올리는 말이 귀에 거슬림에도 불구하고 언관들이 충성스러
운 마음으로 간할 수밖에 없는 까닭은 말을 교묘하게 잘하여 듣는 사람
의 귀에 거슬리지 않으면 공론이 되지 못하고 아첨이 되기 쉬워서 오히
려 왕 개인이나 국가를 망치는 결과를 초래하지만, 격렬하고 박절한
말은 임금을 깜짝 놀라게 함으로써 언관의 말에 귀 기울이게 하고 결과
적으로 임금의 잘못을 고치게 할 수 있기 때문이다.[160] 그래서 공자는
'교묘한 말과 영롱한 얼굴빛은 어짊[仁]과 거리가 멀다'고 했다.[161]

중국 삼대에 형성되어 조선 왕조에 들어와 확고해진 언관들의 지부
극간 언론기개는 장형, 좌천, 정직, 파직, 유배, 심지어 사형 등의 형벌
에도 불구하고 언관들의 행위규범으로 내면화되었다.[162]

---

158 『太祖實錄』卷6, 太祖3年 10月 10日丙子條: "罷大司憲李舒爲安平君. 舒慷慨有志節, 必欲直言,
被召入對, 略無諱辭. 方罷職, 鄭道傳力救不得."
159 김영주, 앞의 글(1991), 155쪽.
160 『燕山君日記』卷2, 燕山君元年 1月 22日丙午條: "臺諫書啓:自古言事之臣, 皆以危言讜論進諫者,
欲令人主, 驚動而起聽也. 古人至以桀, 紂比君, 亦以亡在朝夕爲言者. 豈可以儒生狂妄之言, 遽命
囚鞠? 臣等恐自此, 人人以言爲諱也."
161 『論語』, 學而篇: "巧言令色, 鮮矣仁."
162 김영주, 앞의 글(1991), 155~156쪽.

이처럼 조선조의 제도언론은 사림의 선비정신을 바탕으로 언론의 긍지를 실천했다. 그것은 오늘날의 기자정신과도 일맥상통한다. 언론활동의 직접적인 주체는 언론인이다. 하물며 현대사회는 언필칭 '언론공화국', '제4부'라 칭할 만큼 언론의 영향력이 급속히 확대되는 실정이다. 문제는 언론사회가 제 기능을 수행하지 못하고 깊은 병에 들어 있는 것이다.

5. 조보론

조보朝報는 현대의 신문과 가장 유사한 조선시대의 매체다. 조보는 조정에서 일반 백성들을 상대로 국왕을 비롯하여 조정의 소식을 알리기 위해 발행됐다. 조보는 태조 이성계가 즉위한 1392년 예문춘추관을 설치하고, 사관으로 하여금 필사하여 각 관청에 돌리게 한 것을 시원으로 한다. 조보의 발행기관은 그후 승정원承政院으로 이관되었으며, 15세기 초에는 '저보邸報' 또는 '기별奇別' 등의 이름으로 제한된 독자들에게 배포되었다. 조보는 중종조에 이르러서는 보다 조직적이고 체계적으로 정비되어 발행되었으며, 고종 31년(1894) '관보官報'로 바뀔 때까지 발행되었다.[163]

조정에서 조보를 발행한 목적은 조보를 접하는 자들에게 정치, 행정 등과 관련하여 단순히 조정의 소식을 전하는 데 그친 것은 아니었다.

---

163 김민환, 『한국언론사』(나남, 2002), 94쪽.

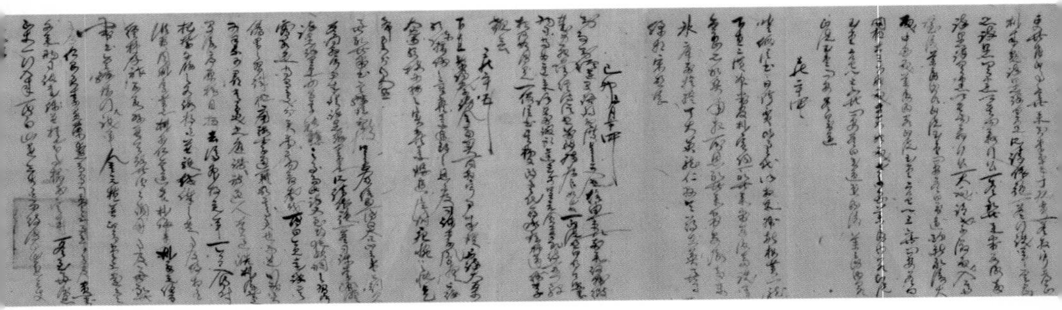

〈그림 6〉 조보
高宗 16년(1879) 3월 21일에서 25일까지의 국정 내용 등을 議政府에서 작성, 慶山懸令에게 보낸

체제를 유지하기 위한 수단으로 이용하려 했던 측면도 있었다. 또한 행정적인 보조수단 외에도 사상적인 측면에서 유교이념의 전파 및 여론형성, 혹은 정치적으로 우세한 집단의 홍보물로 이용되는 등 권력층의 정치적인 의도를 퍼뜨리는 역할도 하였다. 이는 마치 현대의 언론이 지닌 기능과 유사하다.[164]

조보의 언론적 기능과 역할 중 특기할 만한 사항은 사초를 정리할 때 주요한 자료로 이용되었다는 점이다. 조보는 『승정원일기』를 펴내는 승정원에서 작성하는 것이므로, 『승정원일기』나 『실록』이 훼손당한 부분을 복원시킬 때 유용한 참고자료로 기능했다. 이에 실록을 편찬할 때 개인이 보관하는 조보를 수집한 예가 종종 있었다.

조보의 제작과정에서 볼 때 최초의 기사작성 및 편집자는 승정원의 주서와 서리였다. 조보는 편집처와 인쇄처가 분리된 발행시스템을 갖추고 있었다. 왕명을 출입하는 승정원에서 조보에 게재될 '뉴스' 기사

---

164 양진석, 「국민대 소장 조보의 특징」, 『학예연구』 창간호(국민대학교 박물관, 2000), 48쪽.

것이다. 252.0×33.0cm(자료제공 : 국민대학교 박물관)

를 선택하여 필사처로 내려 보내면 주서가 이를 적어 계판公開하고, 각
관청이나 대신들이 보낸 기별서리 등이 조보소寄別廳로 와서 필사해 갔
다. 조보는 승정원에서 편집기능을 수행했다면, 조보소에서는 인쇄를
담당한 셈이다. 기별서리에 의해 필사된 조보는 보급원이라 할 기별군
사寄別軍事에 의해 배포됐다. 당상관이나 각 관청에는 전속된 기별군사
나 기별사령이 배치돼 있었다.

조보는 매일 아침에 발행되던 조간이었다. 제호는 붙어 있지 않았고,
기사의 제목도 달지 않았다. 각 부분의 첫머리에 날짜가 기록되어 있고,
사건처리 순서에 따라 기사가 기록돼 있다. 조보는 붓으로 필사해 갔는
데 한자를 주로 쓰지만, 때로는 이두를 보조적으로 사용하여 초서체로
흘려 썼다. 이로 인해 '조보체' 또는 '기별체'라는 독특한 흘림체가 탄생
하였으며, 쓴 사람 외에는 알아보기가 힘들기도 했다. 보존용이나 국왕,
세자, 세손 등이 보는 것은 정서하여 읽기 쉽도록 했다.

조보에는 대체로 다음과 같은 것이 게재되었다.[165]

1. 국왕의 명령과 지시를 포함하는 전교

2. 국왕의 동정, 건강상태, 경연, 기타 국가행사

3. 국왕의 비답

4. 국왕이 관민에게 내리는 윤음

5. 관리의 임면과 면직, 이동, 승급 등 인사관계 내용

6. 자연재해 및 기이한 사실

7. 당면 정책 및 중요 문제에 대한 유생과 관료들의 건의인 소장, 그리고 중앙
   및 각 지방에서 왕에게 올리는 각종 보고서와 장계 내용

조보의 발행부수는 서울의 경우는 약 40여 부가 소요되었으며, 독자들에게는 전날 오후부터 당일 오전까지 취합한 기사를 필사하여 매일매일 배달했다. 조보는 봉투에 넣어 배달되었는데, 봉투 앞면에는 '某官某坼 承政院公事'라는 발행자와 수신자의 이름을 적었다. 봉투 뒷면에는 '某年某月某日 以某日至(疏箚同封)'라 하여 발행일시와 배달할 곳, 첨부 내용물을 적었다. 여기서 특기할 것은 때에 따라 조정의 인사를 기록한 정사政事나 주요 상소疏箚가 부록형식으로 동봉했다. 지방의 독자들에게는 5일 내지 10일, 때로는 한 달간의 기사가 필사되어 약 400여 곳에

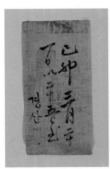

〈그림 7〉 조보 봉투
조보 봉투 앞면에는 발행자와 수신자의 이름이, 봉투 뒷면에는 발행일시와 배달할 곳, 첨부 내용물 등이 게재돼 있다.

165 김경수, 『언론이 조선왕조 500년을 일구었다』(가람기획, 2000), 61쪽.

배포된 것으로 추정된다.[166]

조보는 한때 사적인 통로를 통해 배포되기도 했다. 특히 지방관청의
서울 연락원인 경주인京主人 등을 통하여 비공식적으로 민간에게 유통
되었을 것으로 짐작된다. 이이李珥의 『석담일기石潭日記』에는 "서울의
직업 없는 사람들이 중국에서 '통보通報'를 인쇄하여 유통한다는 말을
듣고, 조보를 발행하여 생활할 것을 의정부에 문서를 올려 청하였다.
의정부와 사헌부에서 이를 허락하였다. 활자를 새기고 조보를 인쇄하
여 각 관청과 지방의 서리에게 파니, 조보를 구독하는 자가 모두 이를
편리하게 여겼다."라고 적고 있다.[167]

조보는 선조 10년(1577) 민간인에 의해 인쇄되어 발행, 판매되었다.
그러나 조보가 유통되기 시작한지 두어 달 만에 선조가 이를 우연히
발견하고는 엄금했다. 선조는 민간인의 조보 발행은 "첫째, 사국史局을
사설私設하는 것이고 둘째, 나라의 잘못을 다른 나라에게 선전하는 것"
이라는 이유를 들어 조보를 원천봉쇄했다.[168]

이로써 민간 조보는 발행된 지 약 석 달 만에 '폐간'되었고, 이후
우리나라는 3세기 동안 민간신문 없는 시대를 살았다. 민간 조보는 다
음과 같은 신문사적 의미를 부여할 수 있다.

첫째, 활자로 인쇄하여 매일 발행하였다는 것은 필사한 조보에 비해
진일보한 것으로 당시의 인쇄문화가 민간신문의 발행을 감당할 수 있
을 정도로 발전해 있음을 뜻한다. 둘째, 민간인들이 판매를 목적으로
정부의 허기를 받아 인행印行했다는 점이다. 민간인들이 조보를 인쇄하

---

166 박정규, 「조선왕조시대의 전근대적 신문에 관한 연구」(서울대학교 대학원 박사논문, 1982),
     101~105쪽.
167 李珥, 『石潭日記』, 宣祖 11年(戊寅) 2月條.
168 『宣祖實錄』卷 , 宣祖 11年 1月 15日 丁卯條.

여 독자에게 판매해 영리를 추구했다는 것은 오늘날의 민간신문 경영 방식의 일단을 엿보게 하는 것으로, 후일 민간신문 발전의 중요한 밑받침이 되었다. 셋째, 민간 조보는 관제 조보에 비해 내용이 다양했을 것으로 추정된다. 민간 조보가 독자들의 환영을 받았다는 것은 수서手書한 조보에 비해 '인쇄'가 정교하여 보기에 편리한 점도 있었겠지만, 그보다는 근본적으로 그 내용이 보다 더 다양하고 볼거리가 많았기 때문이라고 짐작할 수 있다. 실제로 민간 조보는 필사 조보에 비해 뉴스가 훨씬 더 다양하고 광범위한 방향에서 취사선택이 이루어져 독자들의 알권리에 부응하고 있다.[169]

민간 조보는 세계 어느 나라의 일간 인쇄신문의 출현보다 앞서 있었다. 그것은 당시 우리 사회의 구조가 민간신문의 출현이 요구될 만큼 정보의 수요가 폭증하는 시점이었고, 문화적으로 이를 충분히 뒷받침할 글문화가 성숙되어 있었기에 가능한 것이었다. 그러나 고답적인 봉건적 정치체계가 이를 수용치 못해 민간 조보는 좌절되었다.

민간 조보의 좌절로 민중언로가 제거되었으며, 따라서 민중에 의한 공론, 즉 진정한 여론 형성의 기능이 사라졌다는 것을 의미한다. 조선조 사회는 민간 조보 폐간 이후 근 300여 년 동안 백성들의 언로를 제도적으로 담을 민중공론장의 부재를 초래, 망국의 역사를 재촉했다.

민간 조보의 의의는 과소평가될 수 없다. 민간 조보는 오늘날의 신문과는 거리가 있으나, 보도와 선전을 목적으로 하는 기재사항들을 적어 매일 정기적으로 보급하는 등 그 내용과 발간형식 등에서 현대신문의 요건을 어느 정도나마 체현하고 있다.[170] 즉 조보 발행에는 편집인과

---

169 김민남, 「근대언론전사」, 『새로쓰는 한국언론사』(아침, 1993), 46~48쪽.
170 리용필, 『조선신문 100년사』(나남, 1993), 29쪽.

인쇄인이 있었고, 배포원이 있었으며, 특히 민간 조보는 조보를 팔아 생계를 영위했다는 점에서 현대신문의 '맹아'라 해도 과언이 아니다.

조선시대의 신문으로는 조보 외에도 '경고京考' 또는 '시속신문時俗新聞'이라고 불리는 서간신문書簡新聞이 있었다. 이는 낙향했거나 유배당한 정객들에게 정보를 수집하여 사노私奴 등을 통해 전달했던 매체이다. 이밖에 조보의 호외 형태인 '분발分撥', 인사소식 매체로서의 '정사政事', 지방 관아에서 발간한 '영기營奇', 공시매체인 '통문通文', 그밖에 '벽신문壁新聞'이나 '방지榜紙' 등이 있었다.

제4장 조선시대의 재야언론

조선시대의 재야언론

1. 상소와 언론[1]

1) 상소의 개념

조선시대 국왕에게 의견을 내거나 왕을 설득하는 통로는 다양하였다. 왕에게 의견을 개진하는 것을 '언로'라고 하는데, 커뮤니케이션 수단에 따라 구별하면 문서에 의한 것은 상소上疏, 차자, 봉사, 장계, 계문, 주본 등이 있다. 구두로 이루어지는 것으로는 왕과 면대면 상황에서 이루어지는 윤대, 계언, 주언 등이 있다. 백성이 왕에게 호소하는 방식으로는

1   정만조, 「조선시대의 언로와 상소」, 『담수』 제15집(담수회, 1986), 144~153쪽; 설석규, 「조선시대
     유생의 공론형성과 상소경위」, 『조선사연구』 제4집(복현조선사연구회, 1995), 17~27쪽, 42~43쪽; 설석
     규, 「조선시대 유생상소의 유형과 추이」, 『경북사학』 제17 · 18집(경북사학회, 1995), 45~60쪽 참조

신문고가 있고, 시위를 하는 양식으로는 복합, 규혼, 권당 등이 있었다.[2]

윤대輪對는 국왕과의 언로 가운데 말로 하는 것의 대표적인 언론행위이다. 즉 윤대는 임금 앞에 나아가 진술하는 것으로서, 당상관 이상의 중신들은 1월 육대六對라 하여 매월 5·10·15·20·25·30일에 임금과 만날 수 있도록 제도화되어 있었다. 윤대 외에도 특정한 인물을 불러들여 만나는 인견, 대신들의 요구에 의한 청대 등이 수시로 있었다.

말로써 하는 커뮤니케이션은 자신의 뜻을 보다 분명히 전달할 수 있고, 의사소통이 원활하다는 장점이 있으나 논리적 전개가 부족한 만큼 복잡다단한 국정에 자칫 잘못을 범할 가능성이 많았다. 뿐만 아니라 임금을 지척에서 면대하는 기회가 그다지 쉽게 부여되는 것도 아니었다. 그래서 문자로 기록하여 전달하는 방식이 보편화되었다.

글로써 하는 커뮤니케이션 제도로는 소疏, 차箚, 계啓 등이 있다. 계는 정무와 관련된 공식 문서의 일종으로 보고의 성격을 지녔으며 큰일에 관한 것은 계본啓本, 작은 일은 계목啓目이라 했다.[3] 차는 신료가 임금에게 알리려는 것을 적어 올리는 것으로, 소와 크게 다를 바가 없으나 오로지 현직 관료에게만 허용되었다. 소는 누구나 그 자격과 내용에 제약을 받지 않고 자신의 의사를 개진할 수 있는 커뮤니케이션 제도였다.

상소는 글로서 하는 대표적인 커뮤니케이션이다. 상소는 전·현직 관료는 물론 성균관 유생, 재야의 선비 등 지식인이라면 누구나 다 국정과 관련하여 글로서 의견을 개진할 수 있는 조선시대의 대표적인 의사소통제도로 기능했다. 상소는 임금에게 건의하거나 호소하는 성격을 띠므로 일정한 틀을 갖춰야 했다. 상소문의 내용을 기밀에 부쳐야 할

2 최창규, 「소차제도와 조선조의 사림정치」, 『율곡의 사상』(현암사, 1973).
3 『經國大典』, 禮典, 用文字式條: "直啓大事啓本, 小事啓目."

경우에는 책봉하여 올리는데 이를 봉사封事라 한다. 차재箚子는 기본적으로 상소와 같으나 그 형식이 상소보다 간단하고 내용도 일상적인 행정 사항을 건의한 것이다. 계啓는 국왕에게 직접 대면해서 보고를 하는 것을 문서화한 것이기 때문에 상소보다는 직접적이며 친근한 성격을 띤다. 의議는 구체적인 정책 건의안 성격이 짙은 언론을 말한다.

조선시대의 언로는 본질적으로 소수의 몇몇 대간이 장악했으나 실제에 있어서는 대다수의 관료들뿐 아니라 일반 유림의 식자층에까지 열려 있었다고 봐야 한다. 조선왕조는 민의를 폭넓게 수렴한다는 명분으로 건국초부터 관료가 아니더라도 백성들의 여론을 군주에게 상달할 수 있도록 문호를 제도적으로 개방했다. 상소는 열린 언론제도 가운데 유생들이 가장 빈번하게 이용했던 언론매체이자 언론제도였다. 특히 유생들의 상소언론은 인종조에 들어 성균관이 언론삼사와 대등한 공론의 소재지로 인정되면서 그 위상을 더욱 굳건하게 확보했다. 이에 유생들은 개별적인 상소에 머물지 않고 관향貫鄕(성씨의 본관)과 지역간 유대로 상호 결속을 강화하며 정치적 현안에 직접 개입하기도 했다.

16세기 공론정치를 지향하는 사림세력의 정국주도는 유생들의 공론 형성을 확대하는 결과를 초래했다. 또한 그들의 분열은 유생들을 공론에 기반을 두어 지지 세력으로 확보해야 할 불가피한 상황을 가져왔다. 그것은 정치세력과 유생들의 정치적 연대를 의미하는 것으로서 정국에 유생공론이 적지 않는 변수가 될 것임을 의미하며, 급기야 선비의 의론士論을 공론公論으로까지 간주하게 되었다.

유생들의 상소는 언관의 기능을 그대로 답습하거나 혹은 언관언론의 부차적인 것이 아니었다. 정치세력의 명분과 직결되는 종사나 제향祭享·추향追享과 같은 것은 반드시 유생공론이 전제되어야 조정에서 논의가 가능했다. 그것은 대간언론臺諫言論이 조정의 공론을 반영하는 것이라면 유생언론儒生言論은 국론을 포함하는 것이라는 이해와 맥을 같이하는 것이라고 할 수 있다. 정치세력의 역학관계를 조정하는 위치에 있었던 군주가 공론의 비중을 조정에 두어야 할 것인지 초야에 두어야 할 것인지를 고민하게 되는 것도 따지고 보면 유생언론이 대간의 그것과 대등한 위상을 정립하고 있음을 반증하는 것이었다.

유생들의 상소는 대개 외형상 군주의 처분을 바라는 청원소의 형태를 갖추는 것이 일반적이었다. 상소가 구비해야 했던 일정한 양식이나 예식, 유교적 역사관에 입각한 현실 파악이나 대안의 제시 등은 현실적으로 결코 쉬운 일이 아니었다.[4] 특히 상소를 올리는 동기는 시정의 폐단을 지적하고 특권 세력의 비리를 탄핵하는 일이 주가 되는 만큼 대단한 용기와 희생을 각오하지 않고서는 올릴 수 없었다.

상소 가운데 특히 왕의 행위나 정책에 대해 비판하는 간쟁소, 신하의 잘못을 비판하는 탄핵소, 정책이나 사건에 대해 비판적으로 논의하는 논사소, 특정 사건에 대한 변론의 성격을 띠는 변무소 등은 때에 따라서는 매우 위험했다. 그런데도 조선조의 지성인들, 즉 선비들은 목숨을 담보로 한 기개로 상소를 통해 조금도 굴하지 않고 자신들의 신념을 폈다.

왕조시대에 가장 위험한 언론활동은 권력의 최 정점인 국왕을 직접 비판하는 경우다.[5] 이에 조선은 제도적으로 언로의 확대가 왕이나 나라를 위해 필요한 것임을 반복적으로 강조하고, 군주는 상소에 대해 상을 주되 벌을 주지 않겠다는 말을 의례적으로 역설함으로써 상소언론의 정당성을 확보했다. 조선시대 상소의 제도화는 마치 현대사회에서 헌법으로 언론의 자유를 보장하는 것과 같이 설득행위를 제도화한 것이다.

---

4   이상희, 『조선조 사회의 커뮤니케이션 현상연구』(나남, 1993), 75쪽.
5   오인환·이규완, 「상소의 설득구조에 관한 연구」, 『한국언론학보』 제47-3호(한국언론학회, 2003), 8쪽.

<表 11> 조선시대 유소의 내용

유형	종류	내용
諫諍	君主修身	倚重儒臣, 先王訓辭 遵守, 君範策, 淫祀反對
	治亂	奸兇警戒, 陳戒, 親征
	用捨	人事公正, 淸白吏 拔擢, 公論受容
	宮中事	王室儀禮, 遷陵, 宮闕復元, 禪位・代理聽政 撤回
彈劾	討逆	告變, 叛逆・護逆者 處斷, 淫祀者 誅殺
	論罪	朝官處身 攻駁, 不正・非理 暴露, 議藥之失
	追刑	削奪官爵, 官爵追奪, 加刑
	廢黜	廢黜, 告廟
論事	時論	淫祀弊害, 論功行賞 不當, 辨釋 誤謬, 處分事 不當
	義理	君臣義理, 背師, 學統・名分論
	道統	文廟從祀 不當, 黜享
	禮論	服喪
時務	時弊	制度矛盾・科擧 不公正・賦稅不均衡 및 改善策
	務勉	諫諍性 時務策
	國防	方略, 海・關防, 對淸・日 外交
	邑幣	鄕村 民生疾苦 解消策
請願	從祀	文廟從祀
	請額	書院・祠宇 建立 및 賜額
	配享	追・配享, 廟庭配享, 仍任・贈職・贈諡・復爵・追崇
	一般請願	上尊號, 學宮事 解決, 賦稅減免
辨誣	冤情	被禍者 伸雪, 不當處分 呼訴
	伸救	拘束者 辯護, 同被罰
	伸辨	被禍・黜享者 辯護
	自辨	自己立場 辨明

※출처 : 설석규, 『조선시대 유생상소와 공론정치』(선인, 2002), 71~72쪽.

상소는 원래 민중의 의사를 서면을 통하여 제도화시켜 놓은 언론에 투입함으로써, 치자治者와 피치자被治者간의 상호교류적 커뮤니케이션과 이해를 바탕으로 한 합리적인 통치를 하려는 정치적 목적으로 설치된 제도이다. 상소제도는 본질적으로는 관의 의사소통을 위한 언로였다. 상소는 문자를 깨우치지 못한 반상계급이나 대중적 민심이 보편성을 띠고 접근할 수 없었다. 따라서 현실상 민중에겐 사실적으로 닫힌 특수한 언로였다. 그럼에도 비록 제한적으로나마 이 언로가 재야의 양반이나 사림에게 열려 있음으로 해서 극단적 악정이나 폐정은 어느 정도 차단하는 자기제어의 장치를 갖추었다고 할 수 있다.[6]

2) 상소의 종류

조선시대의 상소는 그 내용에 따라 대체로 다음과 같이 구분된다.

(1) 사직소辭職疏(사소辭疏)

관직에 임명된 자가 그 벼슬을 사양하거나 현직에 있는 관리가 어떤 사정으로 물러나고자 할 때 올리는 소로서 사직소 또는 사소라 한다. 여기에는 세 가지 경우가 있다. 첫째는 연로하거나 질병이 있어 진실로 물러가기를 바랄 때 올리는 것이며, 둘째는 주로 대신이나 중신급의 고위직에 임명되면 으레 사양하여 올린다. 이때의 사직소는 한 번에 그치지 않고 많게는 십여 차례나 반복되었으며, 그런 연후에 그 직에 취임하는 것이 관례였다. 물론 3회쯤에 이르면 단순히 사양하는 데만

6   방정배, 『자주적 말길이론』(나남, 1988), 224쪽.

그치지 않고, 당시 사회의 모순과 병폐를 지적하고 임금의 분발을 촉구함으로써 은연중 자신의 포부와 경륜의 일단을 나타내기에 이른다. 셋째는 현직 관료가 남으로부터 배척이나 탄핵을 받았을 때 올린다. 비난받은 내용에 대해 해명하면서, 모두가 자신의 부덕의 소치라 하여 사직을 청하는 말로 맺는다.

사직소는 덕망과 지혜를 지닌 사람을 우선하고 자신은 될 수 있는 한 낮춰야 한다는 겸양이 미덕으로 간주되고, 형식과 체면을 중시한다. 그것은 선비가 무릇 벼슬에 나아가는 것을 부귀영화를 쫓는 행위로 보아 이를 멀리하고, 초야에 묻혀 안분자족하며 도를 강론하는 것을 이상적인 선비상으로 관념했던 사습士習을 여실히 드러내는 것이기도 하다.

(2) 시무소時務疏 · 시폐소時弊疏

상소자가 자신의 학식과 경륜에 비추어 당시 사회의 폐단을 나름대로 진단하고 그 대안을 제시하는 내용으로 되어 있는데, 대개는 몇 가지 조목으로 나눠 개진함이 일반적이었다. 만언소萬言疏라든가 진시폐소陳時弊疏 · 응지소應旨疏 · 시무십조소時務十條疏 등으로 불리는 이런 유의 상소는 대체로 언관직에 있던 신진기예의 유생이 올리거나, 산림으로 추앙되던 재야의 선비가 임금의 부름을 받고 조정에 나오면서 출사의 변으로 올렸다. 이따금은 시골의 무명 선비나 일반 민중이 향촌의 폐단과 관련하여 자신의 주장을 당당히 펴고 그 대책을 제시하는 경우도 있었다.

시무소가 국정 전반에 걸친 문제점을 지적하는 총론적인 소라면, 시폐소는 문제가 되는 특정 부문을 지적하는 각론 성격의 소이다. 이 소는 주로 당상관 이상의 고위 관리가 올리기 때문에 현실성을 강하게 띠고 있어서 그만큼 정책으로 채택될 가능성이 높았다. 이러한 시무소 · 시폐

소가 갖는 의의는 임금을 중심으로 한 집권층의 대민정책이나 통치방침을 결정하는 데 중요한 자료와 방향을 제시한다는 것이다.

시무소·시폐소는 그 시대의 사회적 폐단이나 그 당시의 나쁜 풍습 등에 대한 지적과 시정[時弊], 직무에 더욱 힘쓸 것을 촉구하는 내용[務勉], 국방에 관한 일, 향촌사회의 폐단과 시정[邑弊] 등이 주요 내용을 이룬다. 시무소로서

〈그림 8〉 上疏

上疏는 조선시대의 커뮤니케이션 유통현장에서 가장 널리 사용된 대표적인 매체였다.

시폐에 해당하는 것으로는 과거부정이나 납세의 불균형 등 시정상의 각종 모순과 민폐와 관련한 소를 말한다. 이러한 소는 단순히 그 폐단만을 지적하는 것이 아니라 그 대안도 동시에 제시한다. 무면은 천재지변이나 변란 등으로 민심수습의 필요가 있을 때 군주의 시폐 해결을 위한 적극적인 관심과 대응을 촉구한 것이다. 이것은 군주의 구언에 대한 응지소의 형태가 일반적이며, 모든 적폐를 조목별로 나누어 개진하는 것이 보편적이다. 국방에 관한 것으로는 전란 중에 적을 격퇴할 수 있는 방안과 전략, 계책의 제시라든가, 외침의 침입에 대비한 군비강화책, 대외 외교활동 및 방책 등을 언급하는 소를 일컫는다. 읍폐에 관한 것으로는 향촌사회의 사회·경제적인 적폐와 공납·과세 문제 등 민생과 관련된 백성들의

고통을 토대로 그것의 해소방안을 제시한 것들이다.

(3) 청원소請願疏

청원소는 조정에 대하여 어떤 시혜나 특권의 부여를 요구하여 올린 소로서 유생들이 어떠한 규제도 받지 않고 행할 수 있었던 가장 보편적인 상소였다. 이 소는 그 요구가 다수인의 공통된 염원임을 나타내기 위해 소의 말미에 뜻을 같이하는 사람의 이름을 연명으로 밝혀 연명상소連名上疏라고도 한다.

청원소의 주종을 이루는 것은 문묘종사, 청액, 서원배향, 일반청원 등이다. 문묘종사는 학문 및 도덕적으로 본받을 만한 선현을 성균관과 전국 향교의 문묘에 배향할 것을 청원한 것이다. 청액은 주로 향촌의 유생들이 서원·사우의 이름을 임금에게 직접 하사해 달라는 것을 청원하는 것이며, 서원배향은 특정 인물을 서원·사우 또는 묘정에 추·배향하도록 청원한 것과 함께 내임·증직·증일·복작·추승 등과 관련한 것들이다. 일반 청원에 포함되는 것으로는 청상존호 등 왕실에 관련된 것을 비롯하여 과거의 실시나 향교의 이전, 서원에 딸린 논밭에 대한 환급 등 유생의 고충과 진상 및 부과된 세금에 대한 면제, 굶주림에 대한 구휼 등 민생을 구제하기 위한 청원을 말한다.

(4) 간쟁소諫諍疏

군주의 과실을 지적하여 도리에 합당한 정치를 행할 것을 촉구한 상소이다. 아무리 봉건 왕조의 전제주의 군주국가라 하지만 군주의 자의적인 행위나 독선적인 판단에 의한 난정과 폭정은 용납될 수 없었다. 그것은 종사를 위태롭게 하고 국기를 흔들리게 한다. 이의 예방이나 시정을 위해 설치한 기관이 언론삼사였고, 그곳에서 임금께 올리는 것이 간쟁소였다. 그러나 생사여탈권을 쥔 임금의 잘못을 꾸짖어 바른 길로 인도하는 것이 쉽지만은 않았다. 자칫 임금의 비위를 거스른다든지 감정을 상하게 하여 벼슬이 떨어지거나 귀양을 가기도 했으며 때로는 목숨을 잃기도 했다.

상소자에 대한 처벌이나 논죄는 국왕이 지녀야할 통치자로서의 덕에 누가 되고 언로를 막는 행위로 여겨져 가능한 한 회피했다. 가끔 상소자가 처벌되기도 했지만 화를 입은 상소자는 임금의 마음이 돌아서거나 정치적 상황이 바뀌면 으레 신원됨은 물론, 충신으로 청사에 길이 이름을 전하는 영예를 누리기도 하였다. 그렇기 때문에 당장 죄를 입게 된다 할지라도 진실을 위해서는 목숨을 내놓고 극간하는 상소가 그치지 않았다. 조선시대의 언로는 이런 분위기 속에서 넓어졌고 상소 또한 비교적 활발했다.

간쟁소는 군주의 수신, 치란治亂, 용사用捨, 궁중사 등이 주된 내용을 이룬다. 임금의 수신에 관해서는 왕실의 불사나 음사를 금하고 재야의 산림을 중용하라는 내용과 유도와 선왕의 유지를 받들라는 내용이 대종이다. 이 수신론은 왕의 구언에 의한 응지상소에 의해 전개되기도 하나 자발적으로 행하는 예가 더 많았다. 치란에 관한 것으로는 왕권을 위협했거나 사림의 탄압에 앞장서 공론정치를 부정한 특정 훈신·척신·환신 등을 간사하고 흉악한 무리로 규정하여 경계할 것을 주장한 것과, 병란이 발생했을 때 군주가 친정하여 사태수습에 직접 나설 것을 촉구한 것 등이 포함된다. 용사는 군주의 편파적인 인사행정을 비판하며 공정한 인사를 강조한 것이다. 궁중사에 포함되는 것으로는 왕실의 일반적인 의례를 비롯하여 환릉·궁궐복원과 같은 왕실의 체통과 관련된 것과 국왕에 대한 재신임을 확인하는 의미를 갖는 선위나 대리청정의 결정을 철회할 것을 촉구한 것들이다.

(5) 탄핵소彈劾疏

탄핵소는 특정인의 비위나 부정·불충 등을 논하여 공격하고 배척하는 소이다. 사람을, 그것도 주로 권력과 밀착되어 있거나 권력을 쥐고 있는 관리의 잘잘못을 논하는 일이니만큼 탄핵의 내용은 공론에 입각한 객관적 타당성을 지녀야 하며, 일체의 사적인 감정을 두지 않는 것이 원칙이었다. 따라서 조선시대의 탄핵은 곧 공론의 배척을 받는 것으로 간주되었다.

탄핵은 사간원을 중심으로 한 언관들의 직무에 해당하는 것으로 유생이 대신을 비롯한 조관에 대해 시비를 제기할 경우 처벌의 대상이 되는 것이 원칙이었다. 유생은 국가의 존립이나 사문斯文(유교의 도의)에 관련된 것에는 상소할 수 있다는 것을 빌미로 탄핵활동을 정당화하면서 그 대상의 폭을 넓혔다. 유생들의 탄핵대상은 대신·유신뿐 아니라 언관도 포함되기에 이르렀다. 현직 관료들은 탄핵을 받으면 왕에게 사직을 청하는 것이 관례였기 때문에 유생언론은 실제적으로 언관언론과 대등한 위력을 발휘했다.

탄핵소는 조선조 초에는 권간權奸을 제거하고 왕권을 안정시키며 조정의 기풍을 청명하게 하는데 크게 기여하였다. 선조대 이후 붕당정치가 본격화되면서 공론이 정치의 향방을 좌우하게 되고, 명분론에 기초한 상호비판이 정치운영의 기본 원리로 됨에 따라 탄핵소는 그 영향력을 더욱 증대시켰다.[7] 탄핵소는 공론에 입각한 객관적 기준이 엄격히 요구되었다. 그 기준이 무너지거나 자의적으로 설정되는 경우에 상호비판이란 공존논리는 설 땅을 잃고, 탄핵은 한갓 인신공격에 불과하게

제 4 장 조선시대의 재야언론

---

7 붕당정치의 상호 비판기능이 실제적으로는 각 당의 인물에 대한 평가로 이루어지지 않을 수 없기 때문에 인물에 대한 탄핵은 곧장 그가 속한 당파에 대한 공격이란 의미를 지녀, 탄핵소는 붕당의 도구로 이용되곤 했다.

마련이었다. 당쟁이 격화된 숙종조 이후 탄핵소는 공론의 기능을 잃고 그와 같은 권력투쟁의 도구로 전락했다.

탄핵소의 내용을 역모를 토벌하는 토역討逆 · 논죄論罪 · 추형追刑 · 폐출廢黜 등이 대종이다. 토역소로는 역모를 고변한 것과 역모자 및 동조자에 대한 죄를 청하는 것이 포함된다. 이는 그 대상을 군주 및 국가의 반역자로 규정해 살육을 수반하는 것이기에 정치적으로 악용될 경우 극단적인 공론파탄을 초래할 수 있었다. 논죄에 관한 것은 대신 · 언관들의 부당한 처사나 각종 부정 · 비리 · 비행을 저지른 자에 대한 처벌을 촉구하는 것들이다. 추형은 이미 사망한 인물의 비행을 지적하며 관작추탈이나 가형 등을 촉구한 것으로서, 주로 정국의 변동에 따라 상대세력의 정치적 명분을 공박하는 극단적인 주장의 방식으로 행한 것이었다. 폐출은 광해조 대북계 유생들의 서궁西宮(인목대비) 폐출과 숙종조 남인계 유생들의 송시열宋時烈의 오례誤禮를 종묘에 고할 것을 주장한 것과 같이 특정 사안과 관련한 것이다.

(6) 논사소論事疏

특정한 사건이나 문제에 대해 자신의 입장에서 이를 논하여 견해를 밝히고 잘못된 것은 바로 잡기를 요구하는 소이다. 탄핵소나 논사소는 정치를 좌우하는 인물을 대상으로 하고, 또 정쟁의 초점이 되는 문제에 관해 언급하는 것이기에 그만큼 상소의 내용이 치열하고 한치의 양보나 용서가 없었으며, 그렇기 때문에 그 상소의 결과는 개인 한 사람에게만 그치는 것이 아니라 정권의 변동과 정국의 추이에까지 영향력을 미치기도 했다.

논사소는 시론 · 의리 · 도통 · 예론이 주된 내용이다. 논사소 가운데 시론에 해당하는 것으로는 불교의 사상적 폐해나 논공행상 및 옥사,

처분사의 부당함 등을 지적한 것으로 당론의 성격이 없지 않으나 시사성이 강한 것이 포함된다. 의리론은 학통 및 정치세력이 분열하면서 나타난 것으로 정치적 우위를 확보하려는 목적과 연관된 것이다. 도통론 또한 문묘종사 대상자의 처신과 도통을 문제삼아 종사반대와 출향黜享 주장을 통해 자파의 배타적인 도통을 강화하는 한편 상대세력의 집권명분을 희석하려는 의도가 다분한 것을 그 범주로 한다. 예론은 현종·숙종 연간에 벌어졌던 서인·남인의 복장을 둘러싼 예송논쟁 등과 같은 논사의 소를 말한다.

(7) 변무소辨誣疏

변무소는 특정한 사건으로 논죄당한 인물의 변호나 화를 입은 인물의 억울함을 호소하고 상대세력의 공격에 대해 자파의 입장을 변명한 것이다. 여기에는 원정冤情·신구伸救·신변伸辨·자변自辨 등이 있다. 원정은 정치적으로 화를 입어 이미 사망한 인물이 뒤집어쓴 죄의 억울함을 밝혀 원통함과 부끄러움을 씻어 내는 신설伸雪을 통한 명예회복과 조정·수령의 부당한 조치나 탐학으로부터 백성들이 피해를 입게 된 억울한 사정을 호소한 것 등이다. 신구는 탄핵으로 실각 당했거나 조정의 처벌에 의해 유배 또는 구속된 인물이 무고에 의해 모함되었음을 주장하며 복직·석방·사면의 당위를 제기한 것이다. 자변은 유생들의 상소여부를 둘러싸고 분열되어 물의가 빚어진데 대해 자신들의 입장을 해명한 것이나, 관학생들이 학궁 내부에서 일어난 불미스런 사건에 대해 변명한 것 등이다.

3) 상소의 절차

일반적으로 상소는 아무나 시도 때도 없이 생각나는 대로 써서 제출하는 것이 아니었다. 그 절차는 매우 복잡했다. 이는 그 과정을 통해 신중한 여론을 모으기 위해서였다. 성균관 유생의 상소 경위를 살펴보면, 상소할 일이 발생하면 재생齊生(성균관에 재직중인 유생)들이 모이는 재회齋會(성균관 유생들의 학생총회)나 식당·반촌班村(성균관 유생들이 거주하는 기숙사가 있는 곳) 등에서 발의했다. 여기서 소의疏意(상소의 뜻)가 형성되면 장의掌議(성균관 유생들을 대표하는 재임의 으뜸 자리)에게 보고했다. 장의가 동의하면 집사執事(집강執綱, 상소 업무를 직접 추진할 실무담당자)를 차출하여 사학[8]에 소의를 전달하고, 색장色掌(장의를 보좌하는 사람)을 제당상諸堂上(여러 벼슬아치)에 보내 이 사실을 보고했다. 재생이 명륜당에 모이면 대의사代議事(상소 업무에 대한 종합적인 논의를 하는 총회)가 행해지면서 공론을 취합하는 한편 소사疏事(상소를 올리기 위한 일)를 위한 논의를 했다.

공론의 취합 과정에서 관학 내부의 공론이 분열되면 상소를 포기하는 경우도 있지만 반대자를 관학에서 내쫓거나 유벌儒罰(유생들이 정한 벌칙)을 가하면서까지 소회疏會(상소를 올리기 위해 논의하는 모임)를 강행하기도 했다. 단순히 소초疏草(상소의 초본)의 내용에 불만이 있는 유생들은 독자적으로 소초를 작성하여 상소하였지만, 거기에 반대하는 유생들은 전체 유생의 공론이 반영된 것이 아님을 폭로하거나 별도의 장소에 모여서 반대 상소를 하기도 했다.

---

8   四學은 서울의 勢家子弟를 가르치기 위하여 서울의 중앙 및 동·서·남 네 군데에 나라에서 세운 학교로서 곧 中學·東學·南學 및 西學을 말한다. 조선 태종 11년(1411)에 설립되었고 고종 31년(1894)에 폐하였는데 각 학에 100여 명의 학생을 수용하다가 영조 대에 이르러는 5명으로 격감하기도 하였다.

대의사에서 공론이 형성되면 소두疏頭(소수疏首, 즉 소의 총책임자)·소색疏色(소의 실무 책임자)·제소製疏(소의 기본적 내용과 형식 등을 정하는 사람)·사소寫疏(소를 정서하여 옮겨 쓰는 사람)·별색장別色掌(소에 관련된 기타 업무 담당자) 등의 소임을 선발했다. 소두의 선발은 권점圈點(제비뽑기)에 의하는 경우도 있으나 대개는 재임齊任이 다수의 뜻을 물어 정하였는데, 대체로 재임이 자임하거나 유생들 사이에 언론을 조리, 정연하게 말할 수 있고, 강직하고 정의로운 마음을 지닌 인품과 덕망이 있는 인물이 추천되었다. 소두는 상소에 대한 전적인 책임을 져야 하며 어떠한 처벌도 감수해야 했다. 정치적으로 민감한 문제일수록 자임하는 예가 드물었다. 관학의 소두에게는 선비의 기상士氣을 반영하는 중심인물이라는 명예가 주어지고, 그 경력은 정치적 상황에 따라 관직에 진출하는데 유용한 것이기 때문에 소두가 되기를 거부하는 사태가 잦은 것은 아니었다.[9]

소두를 비롯한 소임疏任(상소의 제작 책임을 맡은 사람)이 정해지면 동협실東夾室에 소청疏廳(상소를 올리기 위해 임시로 마련한 관청)을 설치하여 소본疏本(소의 초본)을 작성했다. 소청은 관유공론의 중심이기 때문에 유생은 누구나 그 앞에서 몸가짐을 바르게 해야 했으며, 아무리 높은 벼슬아치라 할지라도 반드시 말에서 내리거나 그 앞을 피해서 지나가야 했다. 그렇지 않으면 관유들의 강한 저항을 받는 것이 보통이었다. 또한 소청이 설치되어 있는 동안 관유들은 과거에 응시하지 않을 뿐만 아니라 능력 있는 선비를 뽑기 위해 임금이 친히 문제를 출제해 반궁泮宮에서 특별히 실시하는 시험조차 거부하기도 했다.[10]

9　疏頭로 추천된 사람은 상소의 내용뿐만 아니라 경위를 충분히 숙지하고 있어야 했다. 간혹 왕이 직접 그를 불러 일일이 질문하는 경우도 있었기 때문이다. 여기에서 그의 처신은 바로 士氣를 평가하는 기준이 되었다(설석규, 앞의 글, 1995, 19쪽).

10　『太學誌』 卷6, 章甫, 儒疏條.

제소의 주도로 작성한 소본이 일단 채택되면 소임들이 연명한 다음, 성균관成均館의 모든 유생들이 모여 최종 공론으로 확정했다. 유소에 의해 상소 행위가 시작되면, 모든 사환이 아방사령兒房使令의 명을 받아 먼저 나가서 도로를 청소하고, 하인들은 또 길가 주민들을 시켜 먼지가 나지 않도록 물을 뿌리게 하였다. 이어 반노泮奴(성균관 노비)들을 앞세우고 소두가 소함을 따라 길 가운데로 가며, 장의와 소임들이 그 뒤를 따르고, 유생들은 뒤에서 반열대로 줄지어 따라가되 모자와 복장을 모두 갖추었다.

이때 사학의 유생들도 생원·진사의 뒤에 서서 장색을 앞세우고 학예들로 하여금 청금록靑衿錄(역대 유생들의 이름을 기록한 유적)을 지고 가게 하였다. 소행이 있게 되면 주변상가들은 모두 문을 닫게 되었는데, 그것은 재직과 반노들이 상전의 권세를 믿고 무리를 지어 난동을 부릴까를 우려했기 때문

가. 12월 9일 서원 임원 20여 명이 대책회의를 열고 상소 올리기를 결정

나. 12월 11일 한양으로 출발. 하루 110리 길을 걸음

다. 12월 19일 한양 입성. 20일~26일 상소 제출을 위해 관계기관 면담

〈그림 9〉 상소 절차
안동 임하면 천전리에 있는 泗濱書院은 靑溪 金璡과 鶴峰 金誠一 등 그의 아들 5형제의 유덕을 추모하고 후학을 양성하기 위하여 숙종 11년(1685)에 후손들에 의해 건립되었다. 그러나 숙종 43년(1717) 12월 3일 암행어사 이명원이 泗濱書院은 향촌의 공론에 의해 건립된 것이 아니라 특정 가문에서 사사로이

이었다. 이는 마치 오늘날 대학생들이 거리에서 데모를 할 때 무리를 지어 돌팔매와 화염병을 던지는 등 시위문화와 일맥상통한다.

라. 12월 17일 상소를 전달하고 돈화문 앞에서 연좌농성

한편 지방에서 올라오는 상소의 경우는 먼저 군·현의 수령이 상소를 수령하여 감사에게 제출하고, 감사는 이를 취합하여 사안에 따라 형조나 한성부, 사헌부에 접수한다. 상소를 접수한 해당 부서에서는 이를 세밀히 검토 후 그 대안을 마련한 다음 승정원으로 보낸다. 상소는 이와 같은 엄격한 절차에 따라야 했다. 이 과정을 거치지 않는 상소는 '월소越訴'라 하여 받아주지 아니했다.

마. 숙종 44년(1718) 2월 6일 비변사에서 "서원 철폐 명령 취소"를 결정

이윽고 소가 대궐 앞에 도착하면 상소의 요지를 적은 '대개大槪'를 서리를 통해 승정원에 전달하고, 이어 『청금록靑衿錄』이나 명첩名帖(소를 제기한 사람들의 이름을 적은 방명록)이 첨부된 소본을 보낸 뒤 소궤疏櫃(상소를 담았던 궤) 앞에서 연좌하여 왕의 비답批答을 기다렸다.

바. 2월 7일 고향으로 출발. 13일 도착 후 귀향보고. 상소 행위 종결

세운 것이라며 철거를 건의했다. 이에 조정에서 철폐 명령을 내리자 의성김씨 집안에서 대책을 논의하고 상소를 올리기로 했다. 『泗濱志』에는 「丁酉疏行時日記」가 상세히 기록돼 있다.

(※그림자료 제공 : 옛길박물관)

유생들이 대궐문 앞에 앉아 있는 동안 역시 누구도 그 앞을 지나갈 수 없었으며, 이는 왕족이라 할지라도 예외가 아니었다.

소 대개와 소본을 접수한 입직승지는 이를 검토한 후 바로 왕에게 보고했다. 시무소나 논사소와 같이 시정이나 민생 문제와 관련된 상소는 묘당과 해당 관청으로 보내 검토하게 했다. 임금이 살펴본 모든 소는 그 내용을 초록하여 조보에 게재함으로써 일반 신하들도 알 수 있게 하였다. 향유소와는 달리 관유소에 대해서는 어떠한 형태로든 왕은 비답을 반드시 내려야 했다. 비답의 내용은 정치상황과 군주의 판단에 따라 다양하지만 유생의 기개를 높이 평가하여 칭찬하는 경우도 있었다.

관유들은 국왕이 가납하는 비답을 내리면 즉각 철수하여 반촌으로 되돌아가 명륜당이나 서일방西—房에서 경과보고 후 소사疏事를 마무리했다. 왕의 비답이 없으면 소두를 바꾸어 가면서 반복하여 상소를 했다. 그래도 비답이 없거나 질책성의 비답이 내려지면 관유들은 궐 앞에서 철수하여 문묘의 신문神門 앞에서 사배례四拜禮를 행한 뒤 공관에 돌입했다. 공관 사태는 관학생들이 군주의 처사에 대항할 수 있는 가장 강력한 수단이었다. 반면 권당은 학생들이 식당에 들어가기를 거부하는 것으로, 관학생 내부의 갈등에 의한 불만의 표시로 자주 행해졌으며 공관보다는 그 강도가 덜한 것이었으나 뒤에는 군주의 처분에 대한 항의의 표시로 사용되는 경우가 많았다. 공관 사태의 발생 보고를 들으면 임금은 대부분 굴복하여 유생들의 요구를 들어주거나 예관禮官을 보내 공관 사태를 풀고 다시 성균관에 들라는 권유를 했다. 이로써 관유의 상소공론은 마무리된다.

향촌 유생의 향유소는 관유소에 비해 훨씬 간단하다. 유생들의 공론 수렴과 상소 과정은 대체로 발의 → 통문 발송 → 소회 → 소임 선발 → 소청 설치 → 소본 작성 → 배소 → 봉소의 단계로 진행되는 것이 보통

이지만 일정한 것은 아니었다. 향유소의 경우는 장의조차 선발되지 않을 정도로 소임의 임명도 간결한 편이었다. 배소의 과정도 관로를 통하거나 아예 궐문 앞에 소청을 설치하는 것처럼 형식적인 측면으로 흐르기도 했다. 그것은 향유소가 중앙의 정치 세력과 연계되어 있거나 사주를 받은 상소일 경우는 더욱 그러했다. 그러나 향촌에서 독자적인 공론 기반을 구축하여 결속력을 과시했던 영남 유생의 상소는 공론을 수렴하기 위해 복잡한 절차를 거쳤을 뿐 아니라 많은 인력·경비·시간이 소모되었다.

4) 상소문의 특징

상소문은 다 건실하거나 좋은 내용만 담고 있는 것은 아니다. 원래 소문疏文(상소의 문장)은 중후하고 간단하면서도 요점이 명확하게 드러나며, 설득력이 있음을 제일로 여기지만 임금께 올리는 글이다 보니 설명이 길어지고 군더더기가 많은 문장으로 끝나는 수가 많았다.

상소문은 설득력을 높이기 위해 그 형식을 정형화했다. 즉 상소문을 도입부, 전개부, 종결부로 구성했다. 도입부와 종결부에서는 왕의 덕을 칭송하고 상소자의 부족함을 강조한다. 전개부에서는 상소를 올리는 배경, 문제의 원인에 대한 진단과 해결방안 제시, 해결방안의 정당성을 담는다.

상소문은 또한 본격적인 주장에 앞서 전개부에서 천재지변을 예로 들거나, 고사를 인용하고, 후세의 평가를 들어 자신의 주장을 제3자의 말처럼 전환하여 객관성을 담보함으로써 설득력을 높이려 한다. 자신이 하는 행동이나 말을 나타낼 때에는 극도로 조심스럽고 겸손한 표현을 사용한다.[11] 이는 혹시나 발생할지도 모를 필화에 대한 대비책이면서 동시에 질소검박함을 생활화하는 유교적 지식인의 단아한 삶의 태도 때문이었다.

5) 상소언론의 의미

상소는 조선시대 언로의 중요한 제도 중의 하나였다. 여기에는 조선조 선비·양반·유생·민중들의 정치관·도덕관·시무관이 도도히 피력되는가 하면, 임금에 대한 호소와 충절이 절절히 서려 있기도 하다. 때로는 부정을 탄핵하는 서릿발 같은 기개가 표출되고 있어 역사를 숙연케 한다. 상소에는 또 그 시대를 사는 지성인들의 고뇌와 진통이 얼룩져 있다.

상소는 사림의 공론정치를 가능케 하기 위한 커뮤니케이션 제도였다. 조선시대의 지배계층인 사림은 공론을 통해 국가를 통치하고자 하였고, 그 공론의 표현을 담보하기 위해서는 상소제도가 불가피한 것이라고 인식하였다. 따라서 상소에는 민본정신과 위민정신을 명분으로 담았다. 이는 현대사회에서 말하고 있는 언론의 자유와 비판정신을 조선시대 유교사회에서 구현한 것이다. 조선시대 선비들의 상소언론의 정신은 현대 한국언론의 사상적 뿌리라 해도 과언이 아니다.

어느 시대든 공론을 주도하는 그룹은 비록 소수라 할지라도 그 파워가 막강했다. 조선시대의 언론은 대개 선비들의 상소에 의해 이루어졌다. 상소는 왕조 시대에 임금에게 직소하는 언론제도였다. 상소언론을

11   오인환·이규완, 앞의 글(2003), 35쪽.

주도한 선비는 평생 동안 학문을 했으며, 그 학문의 성격은 지식의 축적보다는 인간의 도리를 체득하고 실천하여 인격적 성취를 이루는 데에 있었다. 선비와 임금과의 관계는 의리로 맺어져 있기 때문에 신하로서 무조건 복종하는 것이 아니라 의리에 맞지 않으면 사직 상소를 올린 뒤 떠났고, 그럼으로써 나아가고 물러남의 의리를 분명히 했다.[12] 선비가 벼슬에 나아가기를 어려워하고 물러서기를 쉽게 여김은 부귀의 욕망을 버리고 불의에 저항하는 비판 정신을 지키는 지성인의 역할을 제대로 하겠다는 뜻에서였다.

상소는 조선시대에 정부를 견제하는 언로가 열려 시위가 합법적으로 보장되었다는 것으로서, 동시대적으로 비교해 볼 때 그 어느 선진 민주국가에서도 결코 찾아볼 수 없는 선구적인 사례였다. 조선시대의 역대 국왕들은 대체로 여론을 수렴하기 위해 상소제도를 보장함으로써 매우 역동적인 유생들의 건설적인 비판에 귀 기울이려고 했다. 이는 언로를 차단하고 시위에 대해서는 무조건적으로 진압하려고 하는 권위주의적이고 독재적인 정권에게는 큰 귀감이 아닐 수 없다.[13] 상소는 조선시대 사회와 언론을 이해하기 위해서는 간과할 수 없는 주요 매체이자 제도였다.

---

12 금장태, 『유학사상의 이해』(집문당, 1996), 313쪽.
13 장재천, 「조선시대 성균관 유생문화 일고」, 『한국사상과 문화』 제11집(한국사상문화학회, 2001년 8월), 262~263쪽.

2. 백성커뮤니케이션과 여항공론

1) 백성과 언로

조선조의 커뮤니케이션은 엄격한 제도의 틀 속에서 행해졌다. 사대부와 유림·양반·선비들은 언론삼사를 중심으로 한 상설적 제도언론 외에 구언求言과 순문詢問·상소·직계直啓 등을 통해 정치적인 비판이나 건의의 언론으로서 언로를 확보할 수 있었다. 그러나 그 절차가 까다로웠을 뿐 아니라 주체와 내용에 따라 처벌 등 불이익이 돌아갈 수 있다는 점에서 극히 제한적이었다.

국가에 중대한 상황이 존재하고 거기에 대한 획기적인 시책이 요구될 때 국왕은 구언과 순문을 구한다. 구언·순문에 접하면 백관들은 물론 재야의 사림, 일반 백성들에게까지 그들의 의견을 개진하고 대안을 제시한다. 구언·순문이 국가나 왕의 필요에 따라서 요구된 의견의 개진이다.

백성들의 여론을 여항공론閭巷公論이라 한다. 유교를 국시로 삼은 조선조 사회는 누구에게나 언로를 개방하는 것을 원칙으로 했다. 유교윤리와 강상질서에 위배되지 않고, 신분질서를 무너뜨리지 않는 한 백성들의 의견개진은 제도적으로 보장되었다. 그것은 원칙만 그러할 뿐 현실적으론 매우 엄격하고 조심스럽게 시행되었다.

실제로 백성들의 커뮤니케이션은 그다지 제도적으로 중요하게 취급되지 않았다. 하지만 "민심은 천심"이라는 유교적 이념을 국가의 통치 이데올로기로 정한 조선에서 어떻게 하든 백성들의 여론을 귀담아 듣고자 노력을 했다. 사회적 커뮤니케이션의 커다란 한 축을 이루는 백성들의 여론 또한 끊임없이 다양한 제도와 매체를 통해 여론을 생산해내고 유통시켰다. 그것을 수용자인 국왕이나 관료가 듣던 말건 간에 백성들의 커뮤니케이션은 나름대로 활발했으며, 따라서 백성들의 삶에서 떠난 공론이 사회적 정론으로 인식되었다고는 볼 수 없을 것이다.

조선시대의 일반 백성들은 신문고申聞鼓를 비롯한 복합·규혼·등장等狀·격쟁擊錚 등 자신들에게 허용된 제도적 언로를 통해 여항공론을 여론화시키고자 했다. 제도권의 여항언로 시스템이 좌절되었을 땐 민중들은 두레·품앗이·울력·부역 등의 공동 노동커뮤니케이션 마당과 5일장·계·고자(광호인廣呼人) 등의 사회경제적 커뮤니케이션 마당, 동제·굿·탈춤 및 집단 민속놀이 마당 등의 제의적·놀이적 커뮤니케이션 마당, 우물가나 사랑방 등 사람들이 모이는 소규모 커뮤니케이션 유통마당, 민화나 소리 등 예술적 커뮤니케이션 마당을 통해 '백성들의 소리'를 내려고 했다.[14]

신문고는 관료나 권신들이 권력을 남용할 때 일반 백성들의 억울함을 풀어주기 위해 궁궐 앞에 매달아 둔 큰북을 두드려 왕에게 직소하는 제도였다. 이는 사전에 해당 관청이나 관찰사를 거쳐 사헌부에 고소해도 해결이 안된 경우라든가, 종묘사직에 관계되거나 살인 등에 관한 사항이라야 한다는 등 절차와 내용의 제약이 많아 현실에서는 거의 무용지물이었다. 뿐만 아니라 이 절차에 제대로 따르지 않고 소를 제기할 경우 크게 문초를 받을 수 있어 명분상으로만 민중을 위한 제도적 언로였을 뿐, 실제로는 별다른 효과가 없는 제도적 장치에 불과했다.

---

14 유병윤, 「조선시대 사회제도 속에 나타난 언론에 관한 연구」(청주대학교 대학원 석사논문, 1994), 41쪽.

일종의 시위 형식으로 직소 행동에 의한 언로가 있었으나 거기에도 신분의 위계질서에 따른 제약이 있었다. 대궐의 합문 밖에서 하는 복합은 조정의 당상관 이상의 고급 관리들이 행하는 시위 형식이었으며, 대궐 문 밖에서 하는 복궐은 사대부 이상의 신분 계층이 하던 시위 형식이었다.

일반 백성들이 직접적, 집단적으로 시위하는 경우를 따로 규혼叫閽이라 했다. 규혼은 왕이나 고관들의 행차 길에 뛰어들어 직소하는 제도였는데 이는 신문고나 복합보다는 많이 이용되었다. 규혼은 억압되고 언로가 거의 폐쇄된 일반 민중들에게는 제도 이전에 자연 발생적으로 일어날 수밖에 없었던 현상이었으며, 그것이 자연스럽게 제도화된 것이라 할 수 있다.[15]

등장等狀은 집단적으로 관청에 몰려가 청원하는 제도를 일컫는다. 말하자면 집단적인 청원이나 시위였다. 규혼이 보통 한 사람에 의해서 행해지는 직소언론直疏言論이었다면, 등장은 집단적인 행동이라는 점이 특징이다. 그것도 관청에 몰려가서 청원·항의하는 것이어서 일종의 비상 언론 수단이었던 셈이다.

격쟁은 원통한 일이 있는 사람이 임금에게 하소연할 때 왕이 거동하는 길가에서 꽹과리를 쳐서 억울함을 하소연하는 제도였으나 이 역시 그다지 활성화되지는 못했다.

조선시대 일반 민중들에게는 복합·규혼·등장과 같은 언로가 제도적으로 열려 있기는 했으나 현실적으로는 대체로 그 기능을 제대로 발휘하지 못했다. 이에 일반 백성들은 비제도권의 커뮤니케이션으로 그들만의 언로를 확보하고, 이를 통해 커뮤니케이션을 했다. 민요나 가면

15　이상희, 앞의 책(1993), 79쪽.

극·판소리 등을 통한 민중예술은 제도권 언론에서 소외되었던 조선조 일반 민중들의 사회·정치적 의사를 표현하는 중요한 일상적 언로였다. 그들은 간접적이고 상징적인 예술커뮤니케이션을 통해 우회적·풍자적으로 그들의 언로를 담아냈다.[16]

몰락한 양반들이 동가식서가숙東家食西家宿하면서 전하는 과객언론도 정보를 수집, 유통시키는 중요한 언로 역할을 담당했으며, 벽서나 괘서는 오늘날의 게시판언론·대자보언론이라 할 수 있다. 이는 상소와 같은 합법적인 방법으로는 뜻을 전달하기 어렵지만 많은 사람들에게 알리고 싶을 때 익명으로 도성의 출입문이나 큰길가에 글을 붙이는 언론수단이다. 그 내용은 대개 조정에 대해 고발하거나 청원하는 양상을 벗어나 사회 대중에게 비리를 고발하거나 각성을 촉구하는 양상을 띠고 있었다.

방榜이 주로 관에서 민에게 통고하는 상의 하달형의 언로였다면, 괘서掛書는 같은 벽보라 하더라도 민이 더 많은 민에게 알리는 민중 스스로의 언로였다.[17]

커뮤니케이션이란 말길[言路]을 타고 물 흐르듯 하여야 한다. 마치 계곡의 물이 모여들어 강줄기를 형성하듯이 커뮤니케이션이 막히지 않고 우렁차게 흐르는 가운데 각계각층의 의견이 한 곳에 수렴되어 하나의 공론이라는 강줄기를 형성한다. 말길이 막히면 공론이 형성될 수 없고, 유언이 생기게 마련이다. 유언流言은 언론이 제 기능을 발휘하지 못할 때 발생하는 말로서 부의浮議라고도 한다. 오늘날의 개념으로는 뜬소문 혹은 루머와 비슷하다.[18]

16 조맹기, 「조선시대 언관구조에 관한 연구」, 『커뮤니케이션 이론 토착화』(한국언론학회, 1993), 110쪽.
17 이상희, 앞의 책(1993), 90쪽.

조선시대 백성들의 언로는 무시되기 일쑤였다. 권력을 장악한 집권층이 민심을 외면할 때 사회는 구심점을 잃었으며, 유언이 난무했다. 유언은 사회불안을 예견하는 전조로 모함, 투서, 익명서 등의 형태로 나타난다. 유언이 시중의 공론형태[閻巷公論]로 유포되며, 지역적 동조와 백성들의 본질적 소망과 결합되어 민중공론으로 수렴되거나, 아니면 적극적인 공론의 형태로 표시되기 위해 행동화되어 난과 역모 등 각종 정치적·사회적 격변의 현실로 구체화되기도 했다. 이를 갈등구조에 따라 정리하면 모순의 내면화 → 갈등 요소에 대한 의견의 구체화·이론화 → 갈등적 공론의 집단화·감성화 → 갈등 요소의 개혁을 위한 실천화 단계로 설명할 수 있다.[19]

이이李珥는 "이른바 부의가 어디서부터 시작되었는지는 모르겠으나 작은 것에서 시작하여 점점 커져서 마침내 묘당廟堂(조정)을 동요시키고, 대각臺閣(사헌부와 사간원)을 뒤흔들어 온 조정이 이에 휩쓸려 감히 아무도 막지 못하게 된다. 부의의 힘은 태산보다 더 무겁고 칼날보다 더 날카로워서, 한번 그 날에 닿으면 공경公卿도 존경과 위엄을 잃고, 어진 이도 그 이름을 잃으며 장의·소진 같은 사람도 그 말솜씨가 소용없으며, 맹분·하육 같은 사람도 그 용기를 쓸데없으니, 끝내 그 까닭을 알 수 없다."[20]고 하여 유언이 하나의 항시적 언로로 존재하고 있었

조선시대의 언론연구

---

18 'rumor'가 자연 발생적인 성격의 것이고, 'demagogy'가 의도적인 것이라 할 수 있다면 浮議와 流言은 다같이 rumor에 가까운 것이나, demagogy의 성질도 아울러 가지고 있다고 볼 수 있다 (정대철, 「율곡 이이의 언론관에 관한 연구」, 『언론학보』 제18집, 한양대학교 언론문화연구소, 1998, 52쪽).

19 김광옥, 「조선조 대항커뮤니케이션으로서의 참요 고」, 『조선시대 커뮤니케이션연구』(한국정신문화연구원, 1995), 138~139쪽.

20 張儀과 蘇秦은 춘추전국 때의 辯士로, 縱橫家의 대표적인 인물이다. 장의는 秦나라 惠文王의 신임을 받아 連橫策을 주장했고, 소진은 合縱說을 주장했다. 孟賁과 夏育은 옛날 중국의 勇士들이다. 하육은 衛의 용사로 천근을 들 수 있었고, 맹분은 齊의 용사로 소뿔을 뽑을 수 있었다고 한다(李珥, 『栗谷全書』 卷7, 疏箚5, 陳時弊疏: "所謂浮議者, 不知其所自來. 始微漸盛, 終至於動搖廟堂, 波溫臺閣, 則擧朝靡然, 莫敢相抗, 浮議之權, 重於太山, 銛於鋒刀, 一觸其鋒,. 則公卿失其

으며, 특히 문맹자인 기층 민중사회에서는 중요한 언로 구실을 하고 있다고 강조했다.

유언은 그 특성으로 다음과 같은 때 나타난다. 첫째, 유언의 주체는 가치판단이 낮고 지식수준이 미약한 백성과 상민층에서 나타나기 쉽다. 그러나 지식수준이 높은 선비라 하더라도 자기의 주장을 펴지 못하거나, 당파 싸움의 와중에서 공리公利를 버리고 당리黨利를 좇을 때에는 유언의 주체가 되기 쉽다. 둘째, 유언은 개인 단위에서 여항으로 전파되면서 사회적인 커뮤니케이션이 된다. 이때 조정에서 공론으로 흡수하지 못하면 여항에는 부의가 들끓게 된다. 만일 소집단들의 당파싸움이라면 여항의 부의가 선비사회의 중론으로 둔갑되기도 한다. 셋째, 유언을 방지하기 위해서는 언제나 언로를 개방하여 커뮤니케이션 제도를 활성화시켜야 한다. 국왕은 신하들로 하여금 자유로운 토의를 갖게 하며, 시중의 유언이나 소문, 즉 민심을 겸허하게 수렴할 수 있어야 한다. 공론이 여항에 머물지 않고 조정에 있기 위해서는 공론에 의한 민생정치, 위민정치를 하여야 한다.[21]

조선시대 민중커뮤니케이션이 지닌 속성을 정리하면 다음과 같다.

奪, 賢後失其名, 儀秦. 無所用其辯, 賁育, 無所施其勇, 終莫知其所以然也").

21 김광옥, 앞의 글(1995), 134~135쪽.

〈표 12〉 민중커뮤니케이션의 속성

과정	상황	유언	참요	판소리(담론)
자료원	발생원 커뮤니케이터 전달주체 문화적 특성	자연적 사회인 〃 사회적	자연적 / 의도적 어린이 의도자 정치적	전설, 신화 전문인 민중 사회적
메시지	형식 표현 주제	고발 직설법 사회비리고발 개인이해(흥미) 정치적 선전	비판 풍자 정치적 비리 정치적 비판 사회비판	중론 상징(사회적 일반) 사회적 이슈 사회비판, 공론화
채널	형식 전달 전달형식 공시성 대상	말 사회인 → 사회 선형 폐쇄적 1인 - 소수	말, 신체박자 어린이 → 사회 분산형 공개적 소수	말, 장단, 가락 전문가 → 사회집단 분산집중형 공개적 집단
수용자	유포범위	개인	사회(대외) 국가(왕권)	사회(대내)
효과	사회적 문화적	정책시정	정책대안(잠재적) 예언적(잠재적)	공론형성 하위문화→대항문화→지배 적 문화
시기		삼국시대 → 조선조		조선후기

※출처 : 김광옥, 「조선조 대항커뮤니케이션으로서의 참요 고」, 『조선시대 커뮤니케이션연구』(한국정신문화연구원, 1995), 134쪽.

2) 신문고申聞鼓

태종 1년(1401) 7월 윤호와 박정 등의 상소로 '등문고登聞鼓'라는 이름으로 처음 설치된 신문고 제도는 모든 백성으로 하여금 자신들의 생각을 펴게 하고 억울한 일을 바로잡음으로써 백성들의 민심을 정치에 직접 반영하겠다는 명분으로 설치된 대표적인 여항공론 수렴 제도였다. 억울한 일이나 청원하거나 고발할 일이 있으면 누구나 거주하는 곳에 관청에 그 일을 고하되, 관청에서 수리치 않을 경우 신문고를 두드려 임금에게 직접 호소할 수 있도록 했다.

접수된 민원이 정당하면 사헌부에서 억울한 일의 진상을 규명해주고, 무고나 사사로운 원한으로 북을 쳤다면 당사자에게 벌을 내렸다. 신문고에서 허용되는 범위는 양형이 과다하다고 여길 경우와 부자 형제간, 적처·적첩 간에 빚어지는 윤리적인 충돌, 양인·천인 간에 빚어지는 사회적 질서의 파괴에서 발생하는 문제 등이었다.

신문고 제도는 통치자들이 백성들의 의견을 존중하고 발언권을 보장하려는 의도에서 비롯된 하정상달식의 제도라는 의미에도 불구하고 그다지 실효성이 있는 여항언론 제도는 아니었다. 그것은 먼저 신문고가 설치된 자리가 평민들의 접근이 어려운 대궐(창덕궁 인정전의 서남문, 경희궁 숭정전의 동남문인 건명문)에 위치해 있어 누구나 칠 수 있는 근본취지에서 벗어나 있었다.

북 치는 절차와 내용 또한 까다로웠다. 유교적 질서 수호와 확립을 위해 윗사람(상전)에 대한 일은 철저히 통제되었으며, 개인적인 하소연이나 시비판정도 금지되었다. 북을 칠 수 있는 사유가 개인적인 이해, 노비, 형벌, 재산문제에 대해 국한되어 있었고, 역모 고발 등 종묘사직에 관한 일과 불법 살인 등에 관한 일만 수용되었다. 그 나마 다 받아들여지는 것 또한 아니었다. 따라서 신문고 제도는 언로의 개방이라는 의미에도 불구하고 백성들이 일반적으로 활용한 언론제도라고는 할 수 없다.

3) 격쟁擊錚

백성들의 의견을 직접 수렴하는 제도로서 신문고가 제 구실을 다하지 못하자 격쟁제도가 도입되었다. 억울한 일을 당한 사람이 임금에게 하소연하기 위해 임금이 지나가는 길에서 징이나 꽹과리를 쳐 국왕에게 직접 민원을 호소하는 것이다. 이 또한 아무 것이나 제소할 수 있는 것이 아니었다. △자손이 조상을 위해 △처가 남편을 위해 △동생이 형을 위해 △종이 주인을 위한 경우에만 허용됐다.

격쟁제도는 18세기 영·정조 시대에는 상언과 더불어 활성화되었으나, 서울 거주 백성들만 이용할 수 있는 지리적 한계성을 지니고 있었다. 지방의 백성들은 사소한 일이라도 관찰사나 수령에게 먼저 고하는 것이 원칙이었으며, 이를 무시하고 격쟁을 할 경우는 '월소율'이 적용되어 처벌되었다. 따라서 격쟁 또한 백성을 위한 여론을 담는 언론제도로 구실하기에는 역부족이었다.

4) 민중예술과 커뮤니케이션

인간의 커뮤니케이션 양식은 비단 언어에만 국한되지 않는다. 음악이나 미술, 연극 등 예술매체를 통해서도 커뮤니케이션을 한다. 특히 조선시대처럼 공식적인 커뮤니케이션 제도에서 소외된 민중들은 민담이나 민요·민화·가면극·판소리·유언·동요·소문·민심·풍문·허문·허견·허지·부의·봉서·방·괘서 등을 통해 커뮤니케이션 기능을 수행함으로써 피지배계급의 언로전달통로를 확보했다.

조선시대의 백성커뮤니케이션은 일반적으로 사회체제에 반하는 의견을 표출하거나 자신의 억울한 일을 호소할 대 많이 나타난다. 그것은 인간의 삶에 있어서 자연스러운 현상이었다. 전자는 유언이나 민요 등 사회적 커뮤니케이션 매체로 형상화되었으며, 후자는 개인적 형태로 대두되었다. 조선시대 민중커뮤니케이션은 민중예술을 미디어 매체로 하여 제도화되었다.

조선은 유교를 바탕으로 한 신분사회다. 유교는 사회적 질서를 강조한다. 사회적 질서는 다름 아닌 인간이 갖춰야할 예禮이었다. 조선시대 사회계층 사이의 커뮤니케이션 행위는 사회적 계급구성에 따라야 했으므로 지극히 불공평할 수밖에 없었다. 양반과 중인, 양민, 상민 등 각 계급 사이에는 위에서부터 아래로 흐르는 일방적인 커뮤니케이션이 지배적이었다.

백성들의 지배계층에 대한 커뮤니케이션 통로는 거의 막혀 있었다. 백성들은 통치의 대상으로만 존재하고, 역사 과정에서나 커뮤니케이션에서 주체로 존재하지 못했다. 특히 제도적 언로는 현실적으로 그들과 무관한 것이었으며, 행정적·정치적 차원에서의 언로에서도 항상 소외되었다. 백성들은 통치세력이나 지배계층에 대해서 하고 싶은 말이 있어도 할 수 없었으며, 불평과 불만을 개인적인 것으로 한정할 수밖에 없었다. 백성들의 언로에 대한 폐쇄의 결과로 유언이나 풍자, 괘서와 방으로 나타나기도 했으며, 때에 따라서는 일상속의 민요라든가 민담, 가면극이나 민화 등 예술적 형태로 나타나기도 했다. 뿐만 아니라 때로는 살주계, 검계 등과 같은 지하운동으로, 아니면 미륵신앙이나『정감록鄭鑑錄』같은 민중종교로, 대규모의 의적단으로, 또는 민란이나 농민항쟁 등으로 표면화되기도 했다.[22]

민중예술은 꾸밈이나 가식이 별로 없다. 생활공동체 속에서 자연발생적으로 생성된 것이어서 매우 토착적이며 뿌리 깊은 생명력을 가지고 있다. 그것은 시대의 흐름에 따라서, 지역이 바뀜에 따라서 자유로

22　이상희, 앞의 책(1993), 82~83쪽.

운 가변성을 지니며 무한한 신축성을 가지고, 그때그때의 민중심리를 표현한다. 까다로운 예술적 양식이나 형식적 제약에 구애됨이 없이 무구한 서민감정을 가식 없이 드러낸다. 그렇기 때문에 오히려 예술적 생명이나 사람의 가슴을 울리는 예술적 박진감을 지닌다.[23]

민중예술은 조선조 사회에서 민중들의 중요한 일상적 언로였다. 제도적 언로에서 실질적으로 소외되어 있던 백성들은 그들의 생활감정을 민중예술 속에 용해시켜서 표출했다. 예술이라는 커뮤니케이션 형식을 빌어 정치적·사회적 의사를 표현했다. 예술이라는 커뮤니케이션 형식은 보편적 언어와는 달리 은유적이며 함축적이다. 일반 언어가 직설적이며 현재적顯在的인 데 비해서 예술커뮤니케이션은 간접적이며 상징적이다. 예술커뮤니케이션은 하고자 하는 말을 직설적으로 하는 것이 아니라 우회적으로 하는 특징을 지녔다. 억압적 분위기에 휩싸여 있던 조선시대의 커뮤니케이션 환경에서 예술커뮤니케이션이 갖는 민중들의 커뮤니케이션 통로서의 비중은 매우 의미가 깊다 할 것이다.[24]

민중예술과 백성들의 커뮤니케이션을 고찰함에 있어서 가장 주목할 사회적 커뮤니케이션 매체로는 참요讖謠다. 참요란 세상의 인심을 노래하고, 사회를 비판하는 내용을 담은 노래다. 참요는 민중이 만들고, 민중이 수용·전파하지만 지배층 간의 알력시에는 때론 의도적으로 만들어져 사전에 유포되기도 한다.

참요는 많은 경우 풍자기법을 쓰고 있으나, 난역亂逆과 같은 사회 위기 시에는 직설법을 쓰기도 한다. 참요의 내용은 의견의 신념화 과정과 포괄적인 태도의 표현이라는 관점에서 △민심반영·상황인식 기능과

조선시대의 언론연구

---

23 이상희, 위의 책, 27쪽.
24 이상희, 위의 책, 83~84쪽.

△비판기능과 감정적 예언 △선전·선동과 참여고취 기능 등을 통해 민중이 집합의식을 행동화로 유도하는 것이 대부분이었다. 민중들은 유언이나 참요 등을 통해 사회비판이라는 대사회적 메시지 기능으로 사용했다.[25]

조선시대 참요의 시대적 비판대상을 보면 초기에는 양반과 상민의 왕권에 대한 비판에서, 중기에는 상민과 천인계층의 왕과 대외문제에 대한 인식과 비판으로, 후기에는 천인·상민계층의 왕정과 대외적 상황에 대한 경계와 비판이 주된 내용으로 되어있다. 이는 조선시대의 사회적인 커뮤니케이션이 지배계층과 피지배계층으로 계층간 그 내용이 분화된 것을 말해주고 있는 증표다.[26]

민중예술의 이와 같은 성격이나 기능은 그 당시의 사회과정이나 정치과정에서 놀라운 민의 표현의 수단이 되었으며, 민중들의 공동체 결속이나 지배세력에 대한 요구사항을 실현시켜 나가는 역할도 수행했다. 조선시대의 민중예술이 커뮤니케이션 매체로서의 지니는 의미가 여기에 있다.

---

25 김광옥, 앞의 글(1995), 158쪽.
26 김광옥, 위의 글, 159쪽.

제5장 조선시대 언론철학

| 언론사상 | 언론정신 |

조선시대 언론철학

1. 언론사상

1) 정도전의 언로사상

조선시대의 언론사상은 14세기 말 조선을 설계한 정도전의 언론철학
에서부터 싹텄다고 할 수 있다. 그는 "언로가 열리고 닫히는 데 국가의
흥망이 달려 있으며, 나라의 모든 사람에게서 나오는 공론이 국가의
원기이다."라는 언론관을 지니고 있었다. 따라서 조선조의 언론사상과
언론정신을 이해하기 위해서는 조선을 설계한 정도전의 인생관과 세계
관에 대한 논구부터 전제되어야 한다. 그러기 위해선 그의 정치철학을
먼저 살펴보는 것이 필요하다.

정도전의 정치사상은 권력론 측면에서는 민본사상과 혁명사상을, 통

<그림 10> 삼봉 정도전 전상
1994년 국가표준영정 제54호로 제작된 文憲
工 三峯 鄭道傳 전상

조선시대의 언론연구

치윤리론 측면에서는 인정仁政과 덕치德治를, 통치체제론 측면에서는 중앙집권과 재상중심체제를 주장했다.[1] 그는 왕과 백성과의 관계, 백성과 관리와의 관계를 설명하면서 오로지 "백성은 나라의 근본"이라는 민본·애민·위민을 역설했다. 여기에서 나아가 심지어 왕조차 악정을 베풀어 민심을 얻지 못할 때는 군주를 버려야 한다고까지 하여 맹자의 민본주의 철학을 계승했다.[2]

정도전鄭道傳은 "무릇 백성은 나라의 근본이요, 군수, 현령은 백성의 바탕이다. 옛적에 천자가 천하를 다스릴 때 관작과 봉록을 나눈 것은 신하를 위한 것이 아니라 모든 백성을 위해서였다. 성인의 동작 하나, 그리고 시설, 명령, 법제 하나 하나가 반드시 백성을 기반으로 하였다."고 말하고 "정치·경제·사회의 제반 문제를 백성이 나라의 근본이므로 백성의 입장에서 풀어나가야 하는[民本] 한편, 백성을 위하고[爲民], 백성을 사랑하고[愛民], 백성을 중하게 여기고[重民], 백성을 보호하고[保民], 백성을 기르고[牧民·養民], 백성을 편안하게 하는[安民·便民]데 바탕을 두어야 한다."고 설파했다.[3] 즉 국가[政府]는 군주보다 우위에

---

1   김영주, 「삼봉 정도전의 언로사상과 태조조의 언론현실고」, 『법정논집』 제3집(경남대학교 법정대학, 1985), 26쪽.

2   鄭道傳, 『三峯集』, 「朝鮮經國典」, 上, 正寶位.

서야 하며, 백성은 국가보다 우위에서야 한다는 것이다. 왜냐하면 백성이 소중하게 되어야 군수, 현령이 소중하게 되고 그들이 소중하게 되어야 나라[政府]가 소중하게 되기 때문이었다.[4]

정도전은 첫째, 무릇 치자治者의 가장 중요한 덕목을 언로의 개방이라고 했다. 나라는 공론에 의해 다스려져야 하고, 공론이란 치자가 간언을 구할 때 비로소 백성들이 할 말을 다하고, 숨김이 없게 되는 것이므로 유교의 정치사상인 민본·위민정치를 효과적으로 수행하기 위해서는 언로개방을 제도적으로 보장해주어야 한다고 강조했다.

둘째, 언로의 폭을 누구나 하고 싶은 말은 다할 수 있도록 대폭 확대할 것을 역설했다. 정도전은 언관에 정원을 두어 간관이 아닌 자는 말할 수 없게 했기 때문에 언로의 폭이 좁아졌다고 진단하고, 언로가 간관의 독점기구가 되어서는 안된다고 주장하면서 언로를 일반 백성에까지 확대해야 한다고 강조했다. 곧 언론의 자유를 천명한 것이다.

셋째, 언관의 기능 강화를 역설했다. 간관諫官은 위계상 재상보다 아래지만 언권은 재상과 동등하고 군주의 좌우에서 수시로 간쟁하여야 하며, 군주는 간관의 탄핵을 순순히 따라야 천하의 바른 도가 실현된다고 하였다. 특히 군주가 직간하는 간관을 파직시키는 것은 현인의 출현을 어렵게 만든다고 경고했다. 간관은 재상이나 군주의 생각과는 다를지언정 할 말은 굽히지 않고 반드시 다하는 기개를 지녀야 한다고 주문했다.

넷째, 간관의 자질에 대해서도 말하기를 "무릇 간관은 천하제일의 인재 중에서 임용하되 성품이 굳세고 바른 사람이어야 한다."고 전제하

3   鄭道傳, 『三峯集』, 「朝鮮經國典」上, 賦典: 「經濟文鑑」下, 縣令條.
4   김영주, 「조선조 언론사상에 관한 시론」, 『언론사회문화』 창간호(연세대학교 신문방송학과, 1991), 163쪽 재인용.

고 시시비비를 논할 수 있는 용기와 식견을 가짐과 동시에 간쟁 때 인신의 과오보다는 심술의 과오를 비판할 수 있는 자질을 지녀야 한다고 언급했다.[5] 이는 언론인이 갖춰야할 자질에 대해서 얘기하는 대목이다.

다섯째, 언관의 권한에 대해서도 제도적으로 보장할 것을 역설했다. 또한 직접투입 언로구조로서 경연제도와 구언제도를 설치해 언로를 널리 넓히는 것을 보장해야 한다고 말했다. 그는 경연을 설치하여야 하는 이유로 학문도야와 수신에 따른 공론정치를 구현하기 위해서라고 그 목적을 뚜렷이 했다. 구언제도에 대해서는 윗사람이 아랫사람에게 말을 구하고, 아랫사람은 윗사람에게 글을 올리는 제도는 막힌 것을 트고 가려진 것을 없앰으로써 위아래의 사정을 통하게 하는 전형적인 수직적 의사소통의 방법이라고 하였다.[6]

정도전은 또 간접투입 언로구조인 우역제도郵驛制度에 대해서도 커뮤니케이션의 유통체계라는 점에서 주목했다. 그는 중앙집권에 필요한 명령의 신속한 전달은 역마를 통해 이루어진다고 전제하고 "도로의 긴급·완만과 인마의 많고 적음을 헤아려 논밭을 차등있게 분배하고, 사적인 운수는 막고 사행하는 공비는 금하며, 사명을 간략하게 하여 우편과 역마에 종사하는 자의 노역을 덜게 하여야 한다."고 했다.[7]

세습 군주가 용인되던 봉건왕조 시절에 "군주의 전제를 배격하면서 민의를 정치에 반영시키고 군주의 독선·독재·부정을 막기 위해 언로를 개방해야 하는 동시에 언관의 기능을 강화해야 한다."는 정도전의 언로사상은 유교의 기본적 언론사상을 다시 한 번 재확인하는 것이었

조선시대의 언론연구

---

5   鄭道傳,『三峯集』卷10, 經濟文鑑 下, 臺官條(當用天下第一流); 諫官條(諫身過不若諫心過).
6   김영주, 앞의 글(1985), 32쪽.
7   鄭道傳,『三峯集』卷14,「朝鮮經國典」下, 憲典條: "道路緊緩人馬衆寡給田有差過. 私獻之運輸禁. 私行之供費. 又簡使命以息其勞."

다. 그가 죽은 후 사간원의 독립, 신문고의 설치, 윤대제도의 도입, 성균관 유생의 시위 등 언론활동 및 시위행위가 부분적으로 허용되었던 점을 보면 정도전의 언로사상이 조선 왕조의 언론상황, 특히 언론제도적인 차원에서 상당한 영향을 미쳤음을 짐작할 수 있다.[8]

정도전의 언로사상은 16세기 초 중종조의 조광조에서 줄기를 뻗었고, 16세기 중반 선조조의 이이에 이르러 꽃을 피웠으며, 19세기 말 고종조의 서재필에게서 열매를 맺었다. 이 사상은 구체적으로 상소제도를 비롯하여 대간·구언·경연·조보·신문고 등 다양한 언론제도를 확립하였으며 나아가 조선조 여론정치 문화의 이론적이고 실천적인 지주가 되었다.[9]

2) 언론사상의 개요와 특질

조선시대의 언론사상은 첫째 대간들이 자신은 관료의 일원이라기보다는 사대부 공론의 대변자이자 유교이념의 수호자라고 자부한 언론정신이 단연 돋보인다. 군주는 물론 그들이 신봉하는 신념 사이에 갈등이 생길 때는 서슴없이 그 신념에 따르는 것이 도리라고 생각했다. 국가에 대한 진정한 충성은 군주에게 버림을 받아 죽는 한이 있더라도 군주를 올바른 도리로 이끌도록 간언하는 것이라고 믿었다. 이러한 신념으로 왕의 절대권과 관료들의 권도를 견제했으며 권력의 균형을 이루게 했다.

8   한영우, 「정도전의 사회·정치사상」, 『한국사론』(국사편찬위원회, 1973), 39~46쪽 참조.
9   김영주, 앞의 글(1985), 23쪽.

맹자는 "모름지기 선비가 말할 만하지 않은데 말하면 이는 말로써 이익을 꾀하려는 것이오, 가히 말을 해야 하는데 말하지 않으면 이는 말하지 않는 것으로 이익을 취하려는 것이니 이는 모두 도적질하는 것과 다를 바 없다."[10]고 함으로써 언론의 정도와 언론인의 바른 자세를 강조했다. 이러한 가르침을 종합하면 결국 조선의 언론정신은 먼저 순지거부順志拒否에서 찾을 수 있다. 언론이 시시비비를 따져 보기도 전에 임금의 뜻이라 해서 무조건 받든다면 언론이라 할 수 없다. 그것은 권력의 나팔수에 불과하다.

'순지거부의 정신'이란 언론혼을 한마디로 표현한 말로서 오늘날 '비판정신批判精神', '저항정신', '반골정신'을 뜻하며, 그것은 사림의 선비정신과도 일맥상통한다. 조선조 사림의 선비정신은 양심적인 지성인들이 보여준 의연한 자세를 정신적 근원의 원형으로 삼고 있으며, 그와 같은 언론정신은 구한말의 민족언론에 면면히 이어져 오고 있어 지성인들의 처신과 행동에 모범적 가치로 자리잡고 있다.

대체로 조선시대 언론의 주체였던 언관들은 스스로가 그러한 사실을 인식하고 투철한 비판정신을 잃지 않으려고 노력했다. 그것은 먼저 철저한 자기비판을 요구하는 일이었다. 언관이 걸핏하면 사직을 고집했던 것도 자기비판의 소산이었다. 조선의 장구한 역사가 돋보이는 것은 정치권력의 도덕성에서 기인하며, 그것은 비판적인 언론전통과 결코 무관하지 않다.[11]

둘째, 삼간불청즉거三諫不聽即去이다. 맹자는 임금이 잘못을 범하거든 서슴없이 간하고, 만약 거듭 간해도 듣지 않거든 벼슬을 버리고 물러나

---

10 『孟子』, 盡心章句 下: "士未可以言而言, 是以言餂之也. 可以言而不言, 是以不言餂之也, 是皆穿踰之類也."
11 조문호, 「언론과 언관」, 『계간 전통과현대』(전통과현대사, 1997년 가을호), 110쪽.

라고 했다.[12] 그것이 선비가 취할 바른 태도라는 것이었다. 바른 소리를 세 번이나 아뢰었음에도 이를 받아들이지 않으면 자리에 연연하지 않고 물러난다는 것이다. 임금의 눈과 귀인 대간이 벼슬에 연연해 바른 소리를 간하지 못했을 때 생기는 부작용의 폐해는 오로지 백성들의 몫으로 돌아간다. 조선시대 언론인들은 지부극간持斧極諫을 서슴지 않고 실천했다.[13] 목숨을 다하여 바른 소리를 간하고, 그러다가 임금이 쫓아내면 그 후임자는 당파를 초월하여 전임자가 아뢰던 바를 다시 아뢰었다. 더욱 놀랄 일은 그것으로 목숨이 달아날 것을 뻔히 알면서도 선비들은 대간의 길을, 언론인의 길을 주저 없이 갔다. 그래서 결국 정론은 기어코 실천하고 관철했다.

순지거부順志拒否·삼간불청즉거는 언관이 최고 통치자의 뜻에 영합하기를 거부하고 시시비비를 엄격하게 분간하여 올바르게 간하려는 언관의 직업 윤리관이다.[14] 맹자는 "어렵게 임금을 책하는 것을 공손이라 하고, 착한 것을 펴서 삿됨을 막는 것을 공경이라 하며, 임금을 능하게 하지 못하는 것을 도적이라 한다."고 설파했다.[15] 이런 맥락에서 맹자는 벼슬하는 자가 그 직책을 다하지 못하면 직책을 떠나고, 말을 맡은 신하가 할 말을 다하지 못하면 맡은 바 직책을 떠나는 것이 예의라고 했다.[16]

셋째, 양시양비론의 배격을 들 수 있다. 조선시대 언론에는 양시양비가 있을 수 없었다. 양시양비는 상업성에 젖은 현대언론이 휘두르는

---

12 『孟子』, 萬章章句 下: "君有過則諫, 反覆之而不聽, 則去."

13 持斧極諫은 임금께 간할 때 도끼를 지니고 간하면서 만일 잘못이 있거나 간하는 내용을 들어주지 않으려면 그 도끼로 자신을 죽여도 좋다는 뜻의 극한적인 언론 전개 행위를 일컬음.

14 김영주, 앞의 글(1991), 156쪽.

15 『孟子』, 離婁章句 上: "責難於君謂之恭, 陳善閉邪謂之敬, 吾君不能謂之賊."

16 『孟子』, 公孫丑章句 下: "吾聞之也, 有官守者, 不得其職則去. 有言責者, 不得其言則去. 我無官守, 我無言責也, 則吾進退, 豈不綽綽然有餘有哉."

언론의 횡포이자 언론폭력이다. 양시양비의 폐해는 고스란히 언론의 주인인 민중에게로 돌아온다. 기대승은 위민·민본사상에 투철한 언론철학을 강조했다. 그는 인심人心의 구체화된 내용이 공론 또는 시비是非라고 하여 공론에 바탕한 정치, 인심으로서의 시비지심에 의한 통치를 주장했다. 그러므로 공론에 있어서 양시양비론이란 있을 수 없었다.[17]

일찍이 공자孔子는 "임금은 임금다워야 하고, 신하는 신하다워야 하며, 어버이는 어버이다워야 하고, 자식은 자식다워야 한다."고 했다.[18] 맡은 바 자기직분에 충실하라는 공자의 정명사상을 표현하는 이 말은 언론이란 무릇 명분이 있어야 한다는 것으로 해석할 수 있다. 그렇다면 언론이 언론이기 위해서는 언론이 언론다워야 하는 것이다. 언론이 언론답다는 말은 무엇인가. 언론의 본질적 사명이 정론직필正論直筆이라는 점을 감안하면 언론이 언론답기 위해서는 양시양비론이란 있을 수 없는 법이다. 왜냐하면 양시양비론은 정론·공론이 아니라 기회주의적 상업언론이 여론을 왜곡·조작하는 사론私論(邪論·死論·似論·詐論)이기 때문이다.

넷째는 끊임없이 언론의 자유 확보를 위한 언로광개言路廣開를 위해 투쟁했다. 제도권 커뮤니케이션이라는 굴레 속에서도 조선시대의 언론은 백성을 대신하여 왕권과 권도를 견제함으로써 5백 년 종사를 면면히 이어온 동인으로 작용했다. 역사의 격동마다 언로를 확보하고 지키려는 투쟁이 활화산처럼 타올랐고, 바른말, 바른 글을 폈던 수많은 참 선비들의 피를 먹으며 언론의 자유는 무럭무럭 자랄 수 있었던 것이다. 그 위민·애민·민본의 나무가 국가를 유지하고 이끌어 갔던 정신적

---

17 孟子는 '是非之心 智之端也'라 하여 옳고 그름을 명백히 하는 것이 곧 지혜의 단초라고 하였다(김기중, 「한국의 언론사상」, 『논문집』 제4집, 광주개방대학, 1987, 217쪽).

18 『論語』, 顏淵篇: "君君臣臣, 父父子子."

기둥임에는 두말할 나위 없다.

선비들의 간언은 직간을 통해 이루어진다. 의를 수호해야 하는 선비의 도리를 다하기 위해서 선비들은 "하늘이 두 쪽 나고 목에 칼이 들어와도 서슴지 않고[抗雷霆蹈釜鉞而不辭]" 바른말과 행동으로 직언했다. 이때문에 선비의 직간은 시대의 어둠을 밝히는 빛이자 소금으로 작용해왔으며, 그 같은 언론정신은 오늘의 현대언론이 실천해야 할 과제로 대두되기도 한다.

물론 선비의 간언을 가납하든가, 물리든가 하는 것은 국왕의 권한이었다. 그러나 그 과정에서 정론이 찬반으로 크게 양분되어 논란이 일어나는 것은 당연한 귀결이었다. 이런 경우 대체로 정론을 의결하는 의정부와 이를 집행하는 육조의 주장과 이를 견제하려는 언론삼사의 주장이 팽팽하게 맞서게 되며, 재야의 논의도 분분했다. 그런 가운데서 대도大道의 흐름이 결정되며, 이를 공론 또는 사론士論이라 한다. 이러한 공론이 정해지기까지는 선비들의 직·간접적인 언론행사가 크게 작용하기 마련이었다.[19]

선비의 직간은 곧 굳건한 자기정체성의 확인행위이기 때문에 그들의 신념 같은 덕목이 되었다. 선비들은 옳다고 생각되는 일이라면 주저없이 간했다. 충간忠諫이 비록 지나쳐서 때로는 왕의 분노를 자아낼 수도 있으나 아부나 하는 소인배들의 간언보다는 낫다고 생각했다. 정치가 잘 다스려지는 시대에는 간하다가 지나쳐서 죄를 범하는 일이 있더라도 이를 벌하지 않았으며, 그렇지 못한 시대에는 폭군 등의 언론탄압

---

19 박지원은 『燕巖集』에서 천하의 공변된 말을 선비의 의론士論]이라 하고, 당세의 일류를 선비의 부류士流]라 하며, 천하에 울리는 의로운 소리를 선비의 기개士氣]라 하고, 군자가 죄 없이 죽임을 당하는 것을 선비의 화士禍]라 하며, 배움을 강하며 도를 논하는 것을 선비의 집단士林]이라고 했다.

으로 정치가 혼미를 거듭하였다. 그러기에 때로는 선비들의 정치적인 발언이 국왕의 노여움을 사 목숨이 달아난다 할지라도 이에 아랑곳없이 옳다고 생각되는 일이라면 똑같은 말을 되풀이하는 것이었다. 이러한 기개야말로 선비정신의 꽃이라 할 수 있다.

선비들이 지녔던 이와 같은 언론정신은 무엇보다 현대언론이 되살려 본받아야 할 귀감이다. 일제의 식민사관에 젖은 현대인들은 흔히 과거의 역사를 낡고 고루하며 부패하다는 등 퇴행적이라 하여 비판하거나 폄하한다. 특히 민족의 주체성을 지키고 가꾸어야 할 언론이 더욱 그러하다. 그것은 언론 자신이 역사의 거울에 비추어 깨끗하고 단정하지 못한 탓이다.

오늘날 현대언론의 도덕적 타락과 가치관의 변절은 국민정신을 좀먹는 심각한 해악이라 아니할 수 없다. 현대사회의 모순과 위기는 언론정신의 상업적 타락에서 기인한다고 해도 과언이 아니다. 따라서 명분과 도덕적 기준이 뚜렷했던 선비들의 언론을 현대언론이 비판한다는 것은 정당성을 갖기 어렵다. 요컨대 오늘날 한국언론의 사상적 전통과 정신적 바탕은 두말할 나위 없이 선비들의 언론정신에서 찾아야 한다.

3) 말길사상의 사회문화적 의미

언론이란 무엇인가. 『설문해자』에 의하면 언言을 '직언直言'이라 풀이하고, 론論은 '의議'와 '사思'의 뜻이 내포된 말이라고 밝히면서 "무릇 언어가 이치에 따르고, 그 마땅함을 얻는 것을 언론이라 한다[凡言語 循其理 得其宜 爲之論]."라고 풀이하였다. 즉 언론은 "의론議論과 논사論思를 이치에 따라 직언하여 마땅함을 얻는 것"이라 할 수 있다.[20]

언론이란 다름 아닌 '언어의논야言語議論也'의 준말이다. 여기서 '언言'은 바른말[直言]을, '어語'는 결점을 들어 비난·공격하는 말[論難]을, '의론議論'은 어떤 논제를 둘러싸고 각자의 의견을 열거하는 것을 의미한다. 결국 언론이라는 말을 종합하면 어떤 논제에 관해 바른말 또는 결점을 들어 비난·공격하는 말을 통해 각자의 의견을 나타내는 것으로 그 개념을 정의할 수 있다.

언론은 조선왕조를 지탱해온 지주였다. 조선은 중앙집권적인 전제군주국가였다. 그런데도 세계 왕조 사상 유례가 드물게 5백여 년의 종사를 면면히 이어왔다. 그것은 그 사회체계를 구성하는 제반 요인들을 강력히 통합시키고, 체계 내적 모순과 외적 도전에 효과적으로 대응할 수 있는 그 체계 특유의 커뮤니케이션 양식이 존재했기 때문에 가능했다. 조선 왕조의 봉건적인 사회체계는 건강한 언로를 통해 체제 내의 부정과 모순을 막아내고 활발한 비판기능으로 권력의 노폐물을 제거해왔다.[21]

언론이 언론으로서의 역할과 기능을 수행하기 위해서는 제도적인 언론자유의 보장이 전제되어야 한다. 조선시대의 언론은 언론채널로서 언로광개사상을 보장했다. 언론광개사상은 '박순채납博詢採納·광문수의廣聞收議'를 핵심적 내용으로 한다. 이는 '결정에는 언제나 널리 물어서 토의하고, 토의에서는 언제나 널리 의견을 들어서 거두어들인다'는 뜻으로 공론 형성의 근본 요건이 되는 동시에 듣는 위치에 있는 최종 정책결정권자인 군주의 윤리규범을 나타내는 것이기도 하다. 백성을 위한 정치가 효과적으로 수행되기 위해서는 정책 결정과정에서 폭넓고

20 許愼, 『說文解字』(목정균, 『조선전기 제도언론 연구』, 고려대학교 민족문화연구소, 1985, 5~6쪽 재인용).
21 목정균, 『조선전기 제도언론 연구』(고려대학교 민족문화연구소, 1985), 1쪽.

자유로운 여론의 투입이나 언론기관[言論三司] 및 사림들에 의해 자유로운 정책 비판이 보장되어야 한다. 이런 생각은 많은 사람들의 현명한 지혜가 모아질 때 비로소 현인 정치가 이루어지고 백성의 지지도 폭넓게 얻을 수 있다는 그 당시 유학자들의 지배적인 언론사상이었다.[22]

조선시대의 언론이 활성화되기 위해선 국왕커뮤니케이션이 닫혀 있으면 근본적으로 불가능하다. 따라서 국왕은 대간의 직언에 대해 죄를 물어선 안된다는 불문율이 있었다. 이른바 대간불가죄[臺諫不可罪]이다. 대간의 언론행위란 본디 미묘한 것이어서 대개는 긍정적이라기보다는 부정적·비판적이기 마련이다. 대간이 한 말을 두고 처벌을 운운한다면 대간언론은 원천적으로 봉쇄될 수밖에 없었다.[23]

뿐만 아니라 불문언근[不問言根]이라 하여 대간에게 말의 뿌리[言根], 즉 간쟁의 정보원을 물어서도 안된다. 오늘날의 기준으론 취재원 보호 조항이다. 국왕이 취재원에 대해 꼬치꼬치 캐물으면 대간에게 정보를 제공할 사람이 없게 되고, 이는 곧 언론의 위축으로 나타난다. 조선시대의 언론은 대체로 이와 같은 언론환경이 제도적으로 잘 보전되었다. 대간과 선비들은 이러한 언론문화를 배경으로 건강한 말길을 지켜 나라를 보전할 수 있었다.[24]

언론의 정치적인 역할은 일차적으로 여론을 일깨워 권력을 감시함으로써 권력의 비리와 타락을 고발하거나 예방하는 데 있다. 비판정신은 언론활동의 본질이다. 언론이 지닌 비판정신을 무디게 할 속셈으로 언론활동에는 언제나 권력의 은밀한 유혹이 있기 마련이다. 언론이 권력

조선시대의 언론연구

22   김영주, 앞의 글(1991), 151쪽.
23   이규완 「조선왕조의 언론윤리 체계에 관한 시론」, 『한국언론학보』 통권53권1호(한국언론학회, 2009), 402쪽.
24   김영재, 『시민언론 창간론; 언론의 미래와 전략』(이담북스, 2009), 349쪽.

의 유혹에 넘어가게 되면 언로가 막힌다. 언로가 막히면 시대와 사회의 문제가 은폐되거나 왜곡된다.[25] 다음의 상소문을 보자.[26]

"언로란 임금이 좋은 정치를 할 수 있는 첩경입니다. 언로가 넓으면 천하의 착한 이들이 모두 들어오고, 이들이 들어오면 나라의 소유가 됩니다. 천하의 입이란 모두 임금의 과실을 말할 수 있으므로 선은 사람들에게 막히지 아니하고, 악은 자신에게 머물지 않습니다. 이렇게 된다면 나라가 다스려지지 않을 수 없습니다.

언로가 막히면 상하가 막히고 끊어져 임금은 귀머거리처럼 들리는 것이 없고 소경처럼 보이는 것이 없으므로, 선이 사람에게 있어도 그것을 취할 줄 모르고 악이 자신에게 있어도 이를 버릴 줄 모르게 됩니다. 이렇게 된다면 아무리 나라를 다스리려고 하여도 다스릴 수가 없습니다. 옛날에는 천한 공장工匠들도 언제든지 간할 수가 있어서 언로가 넓었다고 하겠는데 이것도 부족하게 여겨 간고를 달고, 방목謗木을 실시하고도 오히려 자신의 과실을 말해주지 않으면 어쩌나 하고 두려워했습니다.[27] 늙은이와 행인에게도 묻고, 나무하는 초부들에게도 물은 이유는 혹 선한 사람이나 선한 일들이 하나라도 빠진 것이 없나 살피기 위해서입니다.

순舜·우禹·탕湯 임금은 참으로 뛰어난 큰 성인[大聖]이셨습니다. 평범한 사람에게는 취할 길이 없을 듯한 데도 누구에게든지 착한 말을 들으면 절을 했고, 간하는 말을 물 흐르듯 따랐으므로 태평의 시대를 이루었습니다. 정치의 도가 어찌 다른 데에 있겠습니까? 후세에 간언을 좋아하는 임금으로서 당나라 태종만한 사람이 없지마는 훌륭한 정치가 점차 처음보다 못해져서 마침내 위징魏徵의 상소가 나오게 된 원인이 되었으니 마음가짐이 덧없이 두려울 뿐입니다. 우리나라 역대 임금들의

25 김영재, 『현대사회와 민주언론』(사람, 1997), 342쪽.
26 박홍식, 「유교의 언론관」, 『현대인의 유교읽기』(아세아문화사, 1999), 89~90쪽 재인용.
27 諫鼓란 중국에서 시행한 일종의 열린 언론제도로서 할 말이 있는 사람은 언제든지 중문에 달아놓은 북을 쳐 자신이 하고 싶은 말을 하는 것을 말함.

훌륭한 정치는 옛날의 성군들에게 양보할 것이 없지만 특히 성종成宗께서 간언을 받아들인 미덕은 근고近古에 없었던 일이요, 자손만대의 귀감입니다.

전하께서 대업을 이어받았으니 만약 조상으로부터 쌓아온 업적을 무너뜨리지 않겠다는 생각으로 "어떻게 하면 되겠느냐."고 물으신다면, 그것은 언로를 열어 널리 중선衆善을 받아 들여 나의 것으로 하는 데 있을 뿐입니다. 대저 언로가 넓지 못하면 그 폐단이 셋이 있습니다. 첫째는 스스로 옳다는 것과 둘째는 권력을 가졌다는 마음과 셋째는 남과 모든 일에 회의를 가지게 됩니다.

임금이 고명한 자질을 믿고 스스로 옳다 여기고 남들은 자기만 못하다고 생각하기 때문에 아첨하는 자만 날로 늘어나고 충직한 말은 들리지 않게 됩니다. 또 임금의 그 엄한 권력을 내세워 아무도 나를 이길 수 없다 하고 마음대로 하기 때문에 아랫사람은 오직 그 명령에만 순종할 뿐 다시는 오가는 게 없을 것입니다. 뿐만 아니라 언로가 막히면 보고 듣는 게 없어 항상 사람을 의심하고 믿지 않게 되기 때문에 사람들은 모두 두 마음을 갖게 되므로 정성을 다해 극언하는 일이 없어집니다. 이렇게 되면 언로가 더욱 막히고 상하의 실정이 통하지 않게 됨은 자명한 이치입니다.

바라건대, 전하께서는 순 임금이나 우 임금이 선을 좋아한 것과 탕 임금이 간언을 따른 것을 스승으로 삼고, 다음으로는 당나라 태종을 거울로 삼으소서. 가까이는 성종을 계승하시어 위의 세 가지 폐단을 제거하소서. 중선을 취하되, 그 말이 옳으면 바로 시행하시고 설사 합당치 않다 하더라도 특별히 관용을 베풀어 곧은 선비의 기개를 북돋아 주소서. 또 신하가 전하께 올리는 글이 있어 정치에 관계되고 거울삼을 만한 것이 된다면 그냥 보아 넘기지 말고 늘 간직해 두고 살피소서. 또한 외조外朝의 신하들도 자주 면대하여 각자의 생각을 전달하도록 하신다면 사람들은 품은 생각을 다 아뢸 것이고 따라서 아래의 실정이 모두 상달될 수 있으니 정치에 매우 다행일 것입니다."

언로를 중시하는 조선시대 유학자들의 언론관을 드러낸 어느 무명 선비의 상소문이다. 유교를 지배 이념으로 받아들인 조선시대 언관들은 대체로 이와 같은 '언로광개사상'을 수정 없이 그대로 내면화했다. 『경국대전』에서는 '언로는 사람의 몸에 있어서 혈기와 같다'고 비유했다. 혈기가 한번 정지하여 움직이지 아니하면 몸 전체가 병이 들어 편안할 수 없듯이 언로가 하루라도 통하지 않는다면 나라에 병이 드는 것과 같다는 것이다. 그래서 비록 귀에 거슬려 차마 듣기 어려운 말일지라도 나라에 필요한 말이면 면밀히 따져서 들어야 한다면서 언로의 개방을 강조했다.

언로의 통함과 막힘은 선비의 기풍과 밀접한 관계를 맺고 있다. 사기士氣의 성쇠가 잘 다스려진 세상과 어지러운 세상이 언로와 직접 관계된 것이고 보면 언로의 기능이 얼마나 큰 것인가를 알 수 있다. 선비들은 조정과 민간을 막론하고 틈만 있으면 언로의 개방을 주장했다.[28]

옛말에 모름지기 성문은 닫고 언로는 열어야 한다고 했다. 또 이르기를 천하에 일이 있으면 필부의 말이라도 중하기가 태산과 같다고 했다. 하물며 나라의 눈과 귀인 대간의 말은 오죽하겠는가. 임금의 도는 모름지기 간언을 좇을 것이 있으면 좇고, 고칠 것이 있으면 권면하기를 더하며, 간혹 거슬리는 말이 있더라도 용납하고 받아들여서 언로를 여는 데 있다. 만약 엄한 말로 꾸짖으면서 들은 바를 상세히 따진다면 누가 감히 권력에 맞서 진언하겠는가. 언로가 통하지 않으면 마침내 혼조를 초래하고, 그 폐단으로 끝내는 모든 법도가 무너지며, 백성들이 살아갈 수 없게 된다.

태조 때 간관인 이정견李廷堅은 임금에게 『시경』에 나오는 "나무꾼과

28 이장희, 『조선시대 선비연구』(박영사, 1989), 134쪽.

꼴꾼에게도 물어 보라."는 말을 인용하면서 "대체로 임금은 언로를 넓게 열어야 민정이 막히지 않게 되는 동시에 상하의 정이 통하게 됨으로써 정사에 잘못이 없게 될 것"[29]이라고 진언하였다. 태종 때 남양군 홍길민洪吉旼 역시 "나라의 이해와 민생에 관계되는 일이면 일의 대소를 막론하고 의견이 있는 자는 반드시 말을 다하게 해야 하며, 넓은 언로의 보장을 위해 임금이 고압적인 권위를 없애고, 위엄을 부리지 말 것"[30]을 당부하였다.

영조조의 영의정 홍봉한洪鳳漢은 '직언을 구한다'는 비지批旨에 응하여 상소하는 가운데서 "국가가 흥하고 쇠하는 것은 전적으로 언로가 열렸는지 막혔는지에 달려 있는데, 아랫사람이 바른말을 하는 것은 윗사람이 좋아하는 바가 있어서 그러한 것이며, 아랫사람이 침묵을 지키는 것은 윗사람이 싫어하기 때문에 그러하다. 어찌 이것이 사람의 천성이 때로는 곧다가 때로는 아첨을 잘하여 그러한 것이겠는가. 오직 위에 있는 사람이 인도하기에 달려 있다."[31]고 하여 국왕은 꼿꼿한 선비가 풍절風節을 가다듬어 곧고 바른 의논을 날마다 개진할 수 있도록 환경을 조성해야 한다고 역설했다.

성종 때 홍문관 부제학 유윤겸柳允謙은 시무를 밝히는 상소에서 "『열전』에서는 '간하는 것은 복이요, 아첨하는 것은 적'이라 했다."고 말하고 "진실로 간하는 것은 임금에게 있어서 명약과 같다. 사람의 몸에는

---

29 『太祖實錄』卷8, 太祖4年 11月 28日 戊子條.: "詩曰, '詢于芻蕘.' 蓋人主高拱深宮, 不能周知庶事之微, 必延訪咨問, 知其得失, 然後民情不壅, 而政事無失."

30 『太宗實錄』卷1, 太宗元年 1月 14日 甲戌條: "大小臣僚, 雖有志於言事, 天威嚴重, 非在言責者, 不敢進言. 願自今奉使出入之臣, 以至奉香復命者, 親自引見, 邦國之利害, 民生之休戚, 祀覺之潔否, 事無鉅細, 溫言親問, 其言有中, 卽以施行, 雖或不中, 亦不罪之, 則凡有志者, 必得盡言."

31 『英宗實錄』卷104, 英祖40年 8月 1日庚辰條: "國家之興替, 專由言路之開閉, 而下之讜直, 上有所好而然也, 下之含默, 亦上有所惡而然也. 此豈人之天性, 有時而直諒, 有時而脂韋哉? 惟在上者之所導之也."

병이 없을 수 없기 때문에 반드시 약을 가려서 치료하고, 정치에는 문제점이 없을 수 없기 때문에 반드시 간하여 돕는 것이다. 만약 종치宗致를 하면서 간하는 것을 듣기 싫어한다면, 이는 병을 숨기고 의원을 꺼리는 것이니 편창이 있다 한들 어찌 구할 수 있겠는가."[32]라고 하여 언로를 열고 잘 받아 들여야 한다고 강조했다.

사육신 가운데 한 사람이었던 집현전 부수찬 하위지河緯地도 세종에게 올린 상소에서 "가산이 말하기를 '벼락이 치는 곳에 꺾이지 않는 것이 없고, 만근이 누르는 곳에 가루가 되지 않는 것이 없다. 임금의 위엄은 벼락뿐만이 아니고, 권력의 무거움은 만근뿐만이 아니니 간하기를 인도하여 구해도 오히려 두려워 감히 말을 다하지 못하는데, 벼락으로써 겁나게 하고 눌러서 무겁게 하면, 비록 요순과 같은 지혜와 맹분과 같은 용맹이라도 어찌 꺾이지 않을 자가 있겠는가. 이와 같으면 임금은 자신의 허물을 알 수 없게 되어서 사직이 위태롭게 된다'고 했다."[33]며 이는 임금이 두고두고 명심해야 할 잠언이라고 상기했다.

중종조의 사간원 대사간 유세침柳世琛도 치도를 밝히는 일곱 가지 조목의 상소에서 "처세와 난세의 시초에는 반드시 사물의 시초가 되는 상징이 있다. 직언하는 길을 열고 보는 것을 넓히는 것은 치세의 맹아이고, 아첨하고 알랑거리는 것을 달갑게 여기다가 근습에 가리게 됨은 난세의 상징이다. 예로부터 임금의 즉위 초에는 반드시 바른말을 아뢰

---

32 扁倉은 중국 춘추전국 시대의 명의 篇鵲과 倉公을 일컬음(『成宗實錄』 卷143, 成宗13年 7月 15日壬午條: "開廣言路, 果於聽納. 臣等聞, 書曰 '惟木從繩則正, 惟后從諫則聖.' 是故古之聖王, 或舍己從人, 或從諫弗咈, 誠以諫者, 人君之藥石也. 人不能無病, 故必待藥餌以療之; 政不能無疵, 故必有諫諍以輔之. 如爲政, 而惡聞諫諍, 則是猶諱疾而忌醫, 雖有扁倉, 烏得而救之乎?").

33 賈山은 중국 한나라 때의 청렴했던 선비를 말하며, 孟賁은 중국 춘추전국 시대에 산을 들어 옮겼다는 제나라의 유명한 力士을 지칭한다(『世宗實錄』 卷90, 世宗22年 9月 17日丙辰條: "臣聞賈山有言曰 雷霆之所擊, 無不摧折者; 萬鈞之所壓, 無不糜滅者. 人主之威非特雷霆也, 勢重非特萬鈞也. 開導而求諫, 士猶恐懼而不敢自盡, 震之以威, 壓之以重, 雖有堯, 舜之智, 孟賁之勇, 豈有不摧折者哉! 如此則人主不得聞其過, 社稷危矣.").

는 선비가 있기 마련이다. 임금이 진실로 허심탄회하게 이를 청하여 받아들인다면 선비들이 모두 그 도를 행하기를 즐기어 다투어 충직하게 되고, 상하의 뜻이 통하여 다스리지 아니하고자 해도 절로 다스려진다. 반대로 직간을 거절하여 받아들이지 아니하면 선비들이 모두 그 뜻에 영합하여 그 지위만을 도둑질하게 되고, 눈앞의 일도 속이게 되어 어지러워지지 아니하고자 해도 어지러워질 수밖에 없다."[34]며 간쟁을 즐겨 받아들이는 길이 치도의 첩경임을 역설했다.

선조 때 사헌부 대사헌 김우옹과 집의 신흠, 장령 심원하沈源河·기자헌奇自獻, 지평 이경함李景涵·박승종朴承宗 등은 차자를 올리면서 "언로를 널리 열어서 미천한 것이라 해서 그것을 가벼이 하지 말며, 진부하다 하여 그것을 소홀히 하지 말며, 비위에 저촉된다 하여 그것을 죄주지 말며, 거리가 먼 것이라 하여 그것을 거절하지 말아야 한다. 이 네 눈이 꼭 밝아야 하고, 이 네 총명이 반드시 막힘이 없이 훤히 통하여야만 국가의 맥박이 튼튼하게 뿌리박을 수 있게 된다."[35]고 하여 언로의 중요성을 피력했다.

이언적李彦迪은 "절개의 기풍은 사람이 가야 할 바른 도리를 행하게 하는데 있으며, 이를 펼 수 없게 되면 기강이 확립될 수 없고, 조정도 바를 수 없다고 하였다. 또한 기강과 풍절이 확립되면 임금의 마음도 매어 놓을 수 있어 정승은 도를 논할 수 있고, 육판서六判書(육조의 판서)는 직무를 각기 분장할 수 있으며, 시종대간侍從臺諫은 그 사이에서 논사·

---

34 『中宗實錄』卷7, 中宗4年 1月 8日辛丑條: "臣等聞理亂之始, 必有萌象, 開直言廣視聽, 理之萌也, 甘諂諛蔽近習, 亂之象也. 自古人君卽位之初, 必有敢言之士. 人主苟能虛懷納諫, 則士皆樂乎其道, 競爲忠讜, 而上下之志通, 幽遠之情達, 欲無理, 得乎? 苟拒而不納, 則士皆阿意迎合, 以竊其位, 而十步之事, 皆可欺也, 欲無亂, 得乎?"

35 『宣祖實錄』卷53, 宣祖27年 7月 9日乙酉條: "別降求言之敎, 洞開言路, 勿以微賤而輕之, 勿以陳腐而忽之, 勿以觸諱而罪之, 勿以迂遠而拒之, 俾四目必明, 四聰必達, 以爲扶植國脈之根基焉."

규찰을 할 수 있어서 임금은 아주 공평하고 정당하며, 사정이나 치우침이 없이 올바른 마음으로 위에서 모든 것을 두루 꿰뚫어 그 시비를 가려서 결정할 수 있다."고 했다.[36]

이익李瀷은 나아가 "사람의 언론은 옳은 것은 옳다고, 그른 것은 그르다고 말하는 것이다. 옳은 것을 옳다고 하면 듣는 자가 기뻐하고 말하는 자도 기분이 좋으므로 사람들이 모두 즐겨 말한다. 그러나 그른 것을 그르다고 하면 흔히 듣는 자가 기뻐하지 않게 되고 말하는 자에게도 해가 따르기 일쑤이다. 옳은 것은 옳다고 하는 논설은 반드시 아첨하는 데로 돌아가므로 이는 그른 것을 그르다고 하여 바로 잡기를 바라는 것만 못하다. 옳은 것을 옳다고 하여 기쁘게 하는 것도 두려운데 그른 것을 옳다고 칭찬할 수야 있겠는가. 옳은 것을 옳다고 말하는 자가 그른 것을 그르다고 말하는 자보다 많은 것은 장차 나라가 어지러울 징조이다. 하물며 옳은 것을 옳다고 말하는 자만 있고, 그른 것을 그르다고 말하는 자가 없으면 이는 그 멸망이 박두한 것이다."[37]라고 하여 직언극간을 역설했다.

이와 같이 선비들이 언로광개를 주장한 것은 곧 백성의 뜻을 잘 파악하기 위해서이다. 즉 백성의 소리가 위로 원활히 전달될 때 다스리는 사람은 시무를 정확하게 알아서 올바른 정책을 펴나갈 수 있다. 말의 의미에 있어서 '아래의 뜻이 위로 잘 전달됨[下意上達]'이란 통치자에게 정권의 안정성을 보장하고, 백성으로서는 정책의 힘을 입어서 행복을 보장받게 되는 원동력이 아닐 수 없다. 현명한 임금은 백성의 귀를 자

---

36 李彦迪,『晦齋集』卷7, 十綱十目疏.
37 李瀷,『星湖僿說』卷16, 人事門 直言極諫: "人之言議有是是非非, 是是則聽者悅而言者見德人皆祭趨言. 非非則聽多不悅而害己隨之. 故是是之論必歸於邪紹亂道而不若, 非非之惑冀反正也. 是而悅之猶懼誤人況非而譽之耶. 私室猶然況公朝耶. 察夫人國是是多非於者, 將亂之幾也. 況有是是而無, 非非其凶無日矣."

신의 귀로 삼고 백성의 눈을 자신의 눈으로 삼아 잘 듣고 잘 보아야 하는 법이다.[38]

이이李珥는 "언로를 열어 여러 가지 계책을 수립하는 것은, 작은 몸을 가지고 만백성 위에 처신하는 임금으로서는 청각만으로는 모든 것을 다 듣기에 부족하고 시각만으로는 모든 것을 다 보기에 부족하기 때문이다. 옛날의 성왕은 온 나라 사람들의 눈과 귀를 자신의 눈과 귀로 삼아서 못 보고 못 듣는 것이 없었으며, 온 나라 사람들의 마음을 자신의 마음으로 삼아서 지각은 알지 못하는 것이 없었으니, 하늘과 땅도 크다고 여길 만한 것이 못 되었고 해와 달도 밝다고 여길 만한 것이 못 되었다. 마음이 흐리고 사리에 어두운 임금은 이와 반대로 자신의 청각과 시각만을 믿고 충성스러운 말은 받아들이지 않는다. 이것이 남을 모함하고 면전에서 아첨하는 데 미혹되어 마침내 나라를 잃게 되는 까닭이라고 말해 언로를 열어서 좋은 의견을 솔직하게 받아들이고, 그에 따른 민의를 국정에 반영해야 비로소 좋은 정치를 할 수 있다."고 강조했다.[39]

중국 고대부터 태동하기 시작한 '광개언로의 말길사상'은 조선왕조 5백 년 동안 여러 가지 어려움 속에도 불구하고 언관들과 유학자들에 의해 확립되어 한말까지 면면히 이어져 왔다. 1898년 독립협회 소장파 회원들이 고종에게 올리는 상소문에서 '임금의 눈과 귀를 옹폐하려는 무능한 중신들을 새롭고 유능한 인재로 바꿀 것'을 요청하고 '여러 사람의 입에 재갈을 물려 혀를 묶어두려는 자들의 그릇된 진언을 물리치

---

38 황준연, 『율곡철학의 이해』(서광사, 1995), 230~231쪽.
39 李珥, 『栗谷全書』卷3, 疏箚, 玉堂陳時弊疏: "所謂廣言路以集羣策者, 人君, 以眇然之身, 處億兆之上, 聽不足以盡聽, 明不足以盡視,. 故古之聖王, 必以國人之耳, 爲我之耳, 聽無不聽, 以國人之目, 爲我之目, 明無不視以國人之心. 爲我之心, 知無不盡, 天地不足以爲大, 日月不足以爲明矣. 昏君反此, 自恃聰明, 不受忠君, 此所以惑於讒諂面諫, 而終至喪邦者也."

고 비록 평범한 남녀에게라도 물어 말을 다하게 하라'고 강력히 제의했으며 이에 고종은 기꺼이 승낙하였다.[40]

여기에서 '언로言路'는 일반적인 커뮤니케이션의 통로를 뜻하는 것이 아니라 어디까지나 '공론'의 통로, 곧 정치적인 언론political communication의 통로요, 그것도 '하의상달'의 통로였다. 따라서 이러한 언로를 연다는 것은 통치자, 특히 군주의 독선과 독재를 막고, 민의와 민정을 상달시켜 공론의 투입 기능을 원활히 한다는 데에 그 본래적인 목적이 있었던 것이다.[41] 그러나 '언로' 역시 '공론'과 마찬가지로 원칙적으로는 모든 사람들에게 개방하는 것을 명분으로 내세우고는 있었으나 현실적으로는 신분의 위계질서에 따른 여러 가지 제약이 있었다.

4) 공론과 사림정치의 본질

동서고금을 막론하고 쿠데타를 성공시키기 위한 제1의 법칙은 커뮤니케이션의 조직과 제도를 장악하는 것이다. 아무리 봉건 왕조나 전제주의 독재국가라 할지라도 권력의 본질적인 힘은 민중으로부터 나온다. 따라서 쿠데타 세력은 권력의 도덕성과 쿠데타 이데올로기의 정당화를 위해 즉각 언론을 자파의 영향력 아래 편입시킨다. 현대의 쿠데타는 신문·방송 등 매스미디어 기관을 얼마나 신속 정확하게 접수하느냐에 따라 그 성패가 가름난다. 봉건 왕조시대의 쿠데타는 수십 년에서 수백 년을 두고 진행된다.

---

40 皇城新聞, 1898年 10月 26日字 別報 및 每日新聞 1898年 10月 26日字 別報(김영주, 앞의 글, 1991, 153쪽 재인용).
41 최정호, 「언론사와 언론사상사」, 『언론사회문화』 창간호(연세대학교 신문방송학과, 1991), 11쪽.

이성계의 쿠데타도 그러했다. 조선의 건국은 단순히 역성혁명으로 왕조가 교체되었다는 것을 의미하는 것만은 아니다. 불교 사회에서 국가의 통치 이데올로기가 성리학으로 교체되면서 권력구조 또한 지방 호족중심의 지방자치 · 분권적 국가에서 중앙집권 귀족사회 체제로 바뀌었다. 이는 당시의 패러다임이 정반대로 변혁되는 것을 의미한다.

정도전 등 쿠데타 세력은 왕권 체제를 귀족사회 권력의 상징성만 지닌 체제로 여기고, 권력 분점에 의한 신권국가를 만들고자 했다. 그들은 개국 초 불교의례와 의식을 『주자가례』로 대체함으로써 쿠데타의 명분과 정당성을 확보했다. 아울러 과거제를 통해 관료를 선발하여 지방에 파견함으로써 권력의 실질적인 교체, 즉 쿠데타를 실현시켜 나갔다.

이에 대해 왕권 세력은 집현전 등 이데올로기 기구로 권력의 확장을 기도했다. 한글 창제 이후 성리학을 국교로 하는 나라에서 최초로 한 일은 유교의 경전을 출판하는 것이 아니라 『석보상절』·『월인천강지곡』 등 불서를 잇달아 간행하는 것이었다. 그것은 당시 민중들 사이에서 불교를 믿었던 고려의 잔존 세력이 광범하게 뿌리내리고 있었기 때문에 이를 빌어 신권의 확대를 저지하고자 했던 것이다.

조선 건국의 창업자들은 보수화 · 훈구화된 고려의 부패를 개혁과 혁명을 통해 쓸어내고, 새로운 국가건설을 도모하고자 했다. 이 같은 혁명정신도 점차 조선 사회의 안정과 함께 권속화를 치달아 마침내 기득권화 · 훈구세력화되어 갔다. 이에 성리학을 가치체계로 삼는 재야의 유림과 사족들이 언론삼사를 중심으로 정치세력화하여 현실 정치를 비판하고 나섰다. 이들 사림파는 점필재佔畢齋 김종직金宗直을 사종師宗으로 성종 대에 성립되었고, 그 지역적 근거지는 선산, 밀양, 안동, 현풍, 함양, 고성 등 영남이었다.[42]

사림정치의 특징은 첫째, 사림이 정치과정에 대한 참여 주체로서의 기능[士林政治] 둘째, 사림이 민중의 요구를 정치과정에 투입시키는 대변 주체로서의 기능[民本政治] 셋째, 사림이 국왕과 민중, 그리고 관료와 민중 사이를 조화시키는 중간 조절 주체로서의 기능[爲民政治]에 있었다.[43] 특히 언론에 의한 공론정치는 조선시대 정치의 근간을 이루는 정치제도로서의 특징을 지닌다. 조선시대의 선비나 사림, 양반 사대부 등 관료들은 단순히 결정된 명령[敎旨·傳旨]이나 정책의 시행을 하는 것만이 아니었다. 그들은 그 정치과정에 참여하는 주체로서 기능했다.

그 통로는 언론제도였다. 묘당회의·상참·진강·차대·윤대·소견·소대 등 직접적으로 정치과정에 참여하는 직접적인 방법과 상소·차자·봉사·장계 등 간접적으로 정치행위에 참여하여 영향을 미치는 방법, 그밖에 정치적 결정에는 참여하지 못하나 직접적으로 호소하는 직소제로서의 신문고 등이 있었다. 그들의 이러한 정치적 언론행위는 반드시 승정원에서 접수하여야 한다는 의무[呈納]와, 접수된 의견이나 요구에는 반드시 채납, 환급 등 가부 회신이 따라야 한다는 회답의 윤리[批答]가 따르고 있었다.

왕권의 일방적 독주에 의해서가 아니라 조정의 공론을 바탕으로 정치과정에 직접 참여하는 사림이라는 주체와 모든 사람들의 여론을 투입할 수 있도록 열린 언로를 이상으로 한 것이 조선시대 사림정치의 특색이었다. 사림은 언로를 열기 위한 투쟁적인 주체이자, 그 열려진 요구를 투입하고 부당함과 비합리성을 제거하기 위한 저항적인 주체였다. 또한 그러한 투쟁과 저항을 통하여 언제나 백성을 대변하고, 그들

---

42   이 당시 형성되기 시작한 사림의 수는 105인이었는데 그 근거지는 영남이 50명이었으며 서울·경기 37명, 전라도 8명, 충청도 3명, 황해도 2명, 함경도 1명, 기타 4명이었다.

43   최창규, 「조선조 유학과 한민족의 주체성」, 『사문논총 – 전통사상과 주체의식』(사문학회, 1973), 32쪽.

을 위한 친민의 의무를 다해야 한다는 위민적 윤리를 지녔었다.[44] 조선시대의 정치적 커뮤니케이션에는 언로의 확대를 통한 지배계급의 신권 국가화라는 정치적 사상을 배경으로 한다.

시종간관의 문장논열은 한나라의 공론이었다.[45] 공론이란 천하를 통하게 하는 법칙이며 사리에 합당한 중론을 말한다. 공론은 원시공동체와 같은 이상사회에서는 모든 구성원의 이해가 고르게 반영되어 형성된 여론이다. 신분제가 기능하는 사회에서는 공론에 이해를 반영시킬 수 있는 계층에는 분명 제약이 있을 수밖에 없다.[46] 그러므로 공론사상은 국사에 관계되는 일이라면 조그마한 일일지라도 공중의 의론에 붙여 결정해야 되며, 한두 사람의 사적 의견을 통해 결정되어서는 안된다는 여론정치의 원리를 내포한다. 이 원리는 조선 왕조를 통해 확고히 형성되었으며 정착된 유교적 언론문화의 핵심 이념이 되었다.

여기서 말하는 공론이란 첫째, 공중public의 의견, 또는 논의opinion를 뜻하기는 하지만 무규정적이고 구조화되지 않은 막연한 일반 공중의 의견을 말하는 것은 아니다. 조선시대 공론이라 함은 일차적으로 조정공론, 즉 정치 엘리트들의 의견을 의미한다. 둘째는 조정에서 벼슬을 하지 않고 향촌사회에 은거하는 재야선비들의 산림공론·유림공론儒林公論을 일컫는다. 유교의 원리를 통치의 이념으로 삼았던 조선조에 있어서 권력을 장악한 정치 엘리트들도 이 재야공론은 무시할 수 없었다. 어떤 의미에서는 오히려 조정공론보다 산림공론을 더 존중하고 두렵게

조선시대의 언론연구

---

44 최창규, 위의 글, 44쪽.
45 文章論列은 사리의 옳고 그름을 조목조목 꼼꼼히 들추어내서 말끔하게 기술해 놓은 준엄한 언론을 뜻하는 것으로서, 곧 사림의 공론을 대표한다는 의미를 지니고 있음을 의미한다. 侍從諫官이라 함은 일반적으로 홍문관의 玉堂, 예문관의 檢閱, 사헌부 및 사간원의 臺諫을 통틀어 이르는 말이다(『中宗實錄』 卷102, 中宗39年 4月 13日辛巳條: "侍從, 諫官交章論列, 是一國之公論也").
46 남지대, 「조선 중종대의 대간언론」, 『한국사론』 권12(서울대학교 국사학과, 1985), 108쪽.

생각했다. 셋째는 여항공론으로서 이는 일반 민중들의 공론을 가리키는 말이었으나, 실제로는 서울의 '중인', '서리' 등을 중심으로 한 일종의 테크노크라트 계급의 중인공론中人公論을 의미한다. 농·공·상에 종사하는 서민은 피지배 계급으로서 정치의 객체일 뿐 주체가 될 수 없었다.[47]

조선 건국 당시 문하부의 간관들은 상소를 통해 '공론이란 천하 국가의 원기이다. 간쟁은 공론의 뿌리가 되고, 아첨은 공론의 독소가 된다. 따라서 국가를 다스리는 통치자는 항상 그 근저[諫諍]를 배양하고, 그 해독을 제거한다면 바른 의론이 날로 앞으로 나오게 되고, 남의 비위나 맞추기 위해 듣기 좋게 하는 달콤한 말이 귀에 들리지 않게 된다'고 말해 공론은 국가에서 하루라도 없어서는 안될 필수 불가결한 것으로 인식했다.[48] 치자治者가 간언을 구하고 진실로 믿어주어야 숨김없이 백성의 이해를 모두 진술하여 국가의 원기가 막힘없이 유통하게 될 것이라며 공론과 간쟁, 공론과 납간의 중요성과 언로 개방의 필요성을 역설했다.

"공론이 공론다운 공론이 되기 위해서는 단순히 사대부가 모여서 자기 일신을 위해 의론을 일으키는 것이 아니라 민본이나 위민에 기반을 두고 의론을 일으켜야 한다."고 주장한 조광조는 공론의 목표가 민본·위민임을 천명하였다. 이이 또한 공론과 국민[百姓]과 국시에 대해 "공론은 온 백성에게서 나오므로 그것을 막을 수가 없으니 무릇 최고 통치자가 만백성의 뜻, 즉 민심에 따를 때 국가의 방침[國是]이 정해진

---

47   최정호, 앞의 글(1991), 11쪽.
48   『太祖實錄』卷2, 太祖元年 11月 9日丙戌條: "臣等竊謂公論者, 天下國家之元氣也. 諫諍爲公論之根柢, 佞諛爲公論之蟊賊. 有國家者, 常培其根柢, 而去其蟊賊, 則讜論正議, 日進於前, 而甘言卑辭, 不聞於耳矣."

다."라고 말하고 "세상의 모든 사람이 마음속으로 옳다고 공감하는 말이 공론이며, 공론의 소재를 국시라고 하는데 국시란 한 나라의 사람이 의논하지 아니하고도 함께 옳다 하는 것이니 이익으로 유혹하는 것도 아니고, 위엄으로 무섭게 하는 것도 아니며, 삼척동자도 옳은 것을 아는 것이 곧 국시"[49]라고 정의했다.

공론이 나라의 원기라고 인식한 이이는 "나라에 공론이 없으면 망할 수밖에 없다."고 지적하고 "따라서 공론이 조정에서 받아들여지면 그 나라는 다스려지겠지만 그것이 시정 거리에만 있다면 그 나라는 어지러울 것이며, 위아래 어디에도 없다면 그 나라는 망할 것"[50]이라고 경고했다. 그러므로 공론을 말한다면 나무하는 사람의 말과 김매는 사람의 말도 가볍게 여길 수 없으며, 사심에 치우친 말을 한다면 비록 제왕의 말이라 할지라도 반드시 고쳐야 한다는 것이다.

공론[輿論]이란 인심이 동의하는 바[所同然者]이므로 이는 곧 국가의 기운으로 막거나 배척해서는 안된다. 그것은 국가나 정치권력이 공론을 떠나서는 그 정통성을 내세울 수 없기 때문이다. 공론을 소통시키는 언로는 항시 개방되어 있어야 하며, 언로를 넓혀서 참다운 공론이 사회에서나 조정에서 이룩될 수 있을 때, 다시 말해 언론의 자유, 표현의 자유가 사회나 조정에 존재할 때 민본주의가 이룩된다. 이이가 말하는 언로는 곧 커뮤니케이션 채널Communication Channel의 성격을 지녔다. 이이는 이를 통해 광범한 인심과 공론을 수용하여 여론정치를 구현할 수 있다고 역설했다.[51]

49 李珥, 『栗谷全書』 卷4, 「疏箚」, 玉堂論乙巳僞勳箚: "公論之發, 出於國人. 不可沮遏, 則順輿情, 定國是. 正在今日, 而自."

50 李珥, 『栗谷全書』 卷7, 疏箚 五, 辭大司諫兼陳洗滌東西疏.

51 김기중, 「한국의 언론사상」, 『논문집』 제4집(광주개방대학, 1987), 218쪽.

이이는 공론을 받아들임으로써 민본·위민사상이 실현될 수 있다고 보았다. 그는 「만언봉사」에서 "백성이 흩어지고 인륜이 흐려진 까닭은 백성을 위하고 사랑하는 진실한 공론을 받아들이지 않았기 때문"[52]이라고 말했다. 이이는 백성을 편안하고 안온安穩하게 하는 방법은 다른데 있는 것이 아니라 "단지 백성들이 하고자 하는 바를 거두어 주는 반면 백성들이 싫어하는 바를 하지 않으면 된다."[53]고 했다. 여기에서 백성들이 싫어하는 것을 멈추고 좋아하는 것을 시행하는 합리적인 방법은 공경에서 여항의 시정잡배까지 일단 언로를 크게 확대함으로써 국가의 공론을 형성한 후 그 공론에 따라서 정책을 시행하면 된다는 것이다.

공론에 따르면 천하가 태평하고, 공론을 폐하면 국가가 위태롭고 난정에 빠지므로 공론을 제도에 반영하는 길은 곧 언로였다. 공론과 언론의 관계는 공론이 폐하면 언로는 막힌대公論廢則言路塞]는 것으로 요약할 수 있다. 대간은 공론을 지키고 수호해야 할 의무가 있었다. 대간은 마땅히 공론에 의해 처신해야 했으며 널리 공의를 거두어 왕에게 이르게 해야 했다. 그리하여 대간이 있는 곳은 곧 공론이 있는 곳이 되며, 공의를 유지하는 것이 되기도 하였다. 이러한 '대간=공론 소재'는 '대간=공론'으로, 나아가 대간이 곧 국가의 원기로 파악되었다.

따라서 공론은 어느 누구의 개인의 것이 아니라 곧 전국민의 것이었다.[54] 그렇기 때문에 공론은 어느 누구 한 사람의 힘으로 견제할 수 없고, 편파적으로 보거나 바꿀 수도 없었다. 하지만 공론이 일어나기만

---

52 李珥, 『栗谷全書』 卷5, 疏箚 3, 萬言封事 甲戌條.

53 李珥, 『栗谷全書』 卷25, 聖學輯要 7, 第4, 爲政 下, 第8 安民.

54 이동인, 「조광조와 이이의 사회개혁사상 비교연구」, 『사회과학논총』 제7권(충남대학교 사회과학연구소, 1996), 11쪽.

하고 실천에 옮겨지지 않는다면 아무런 소용이 없다. 공론을 일으켜 왕으로 하여금 수용하도록 앞장서서 환기시키는 것이 언관인 대간의 의무이자 책임이었다. 공론은 여론이기 때문에 이것이 위장된 여론이 아닌 이상 정책에 반영되는 것은 당연하다. 그러나 이러한 것들은 때때로 신하들 사이에서도 이해가 상반되는 것이 많아 실천에 옮기기란 용이한 것이 아니었다. 국왕과의 이해관계가 상충할 때에는 더욱 그러했다. 여기에 경륜과 용기와 지혜가 필요했다. 강직한 선비가 대간의 직분을 담당하는 것도 이 때문이었다. 대간이 부여된 임무를 수행하지 못했을 때 나라는 어지럽고 민심은 이반한다.[55]

공론에 의한 정치원리는 한말까지 계승되었다. 고종은 1898년 독립협회 소장과 회원들이 올린 상소문에 대한 비답에서 "하나의 상과 벌을 주는 데 있어서도 넘침이 없게 하고 모두 공의에 붙여 결정하라."고 하여 공론을 통한 통치를 천명했다.[56] 결국 조선 왕조는 공론을 한 국가를 활성화시키는 에너지로 인식하여 공론이 조정에까지 전달되어 아랫사람들의 사정이 위로 잘 전달되면 정치는 잘되고, 공론이 정책 결정에 미치지 못하면 국가는 사회적으로나 정치적으로 혼란에 빠져 나라는 망하게 된다고 보았던 것이다.[57]

14세기 후반, 조선왕조시대에 형성된 이러한 공론사상은 18세기 후반 프랑스에서 겨우 형성된 서양의 여론사상에 비해 근 4백여 년 이상 앞서는 획기적인 언론사상이었다. 물론 조선시대의 공론과 서양의 여론 사이에는 개념적 차이는 약간 존재한다. 하지만 조선시대 선비들이 서양사회보다 근 4백여 년이나 앞서 공론의 중요성을 논하고, 이에 따

55   이장희, 『조선시대 선비연구』(박영사, 1989), 137쪽.
56   每日新聞, 1898年 6月 28日字 官報.
57   김영주, 앞의 글(1991), 151쪽.

른 정치를 추구했다는 점은 현대사회의 민주주의나 언론제도에서 시사하는 바가 매우 크다.[58]

5) 언론자유와 국왕의 언론윤리

조선시대의 언론이 활성화되기 위해선 국왕커뮤니케이션이 닫혀있으면 근본적으로 불가능했다. 따라서 조선은 국왕에게 대간이나 선비의 직언에 대해 죄를 물어서는 안된다는 불문율을 부여했다. 이른바 대간불가죄臺諫不可罪이다. 대간의 언론행위란 본디 미묘한 것이어서 대개는 긍정적이라기보다는 부정적 · 비판적이기 마련이다. 대간이 한 말을 두고 처벌을 운운한다면, 대간언론은 원천적으로 봉쇄될 수밖에 없다.[59]

조선은 또 언론탄압을 막기 위해 제도적으로 불문언근不問言根이라 하여 대간에게 말의 뿌리言根, 즉 간쟁의 정보원을 물어서도 안된다는 윤리적 장치도 마련했다. 명종 때 기대승은 임금에게 경연하면서 말[言路]의 뿌리를 캐묻지 말아야 언로가 넓혀진다고 강론했다. 말의 근원[言根]을 꼬치꼬치 캐물어 따지려 든다면 감히 어느 누구도 말을 할 수 없게 되어 마침내 온 나라에서 말이 사라지게 된다고 하였다. 오늘날의 기준으로는 취재원 보호 조항이다. 권력자가 취재원에 대해 꼬치꼬치 캐물으면 대간에게 정보를 제공할 사람이 없게 되고, 그것은 곧 언

58 서정우, 「문화보도의 문제점과 과제」, 『21세기 문화비전 ─ 현대한국의 문화와 언론 ─』(삼성언론재단, 1998), http://www.ssmedianet.org/brief 참조.
59 이규완, 「조선왕조의 언론윤리 체계에 관한 시론」, 『한국언론학보』 통권53권1호(한국언론학회, 2009), 402쪽.

론의 위축으로 나타난다. 조선시대의 언론은 대체로 이와 같은 언론환경이 제도적으로 잘 보전되었다. 대간과 선비들은 이러한 언론문화를 배경으로 건강한 말길을 지켜 나라를 보전할 수 있었다.

군주는 언관들의 과격한 말이 비록 귀에 거슬리더라도 군주의 나쁜 행실을 고치는 데 좋으며, 군주의 귀와 눈을 확장시켜 주는 역할을 하고 있기 때문에, 마땅히 군주는 언관에게 죄를 주어서는 안될 뿐만 아니라 항상 관용을 가지고 마치 물 흐르듯 간하는 말을 따라야 성스럽게 된다[從諫如流]고 했다. 목마를 때 물을 구하듯 말[言]을 구하고, 반상에서 구슬 굴리듯 간하는 말을 좇아야 한다는 이 언론사상은 커뮤니케이션 행위에 있어 수용자[君主]의 윤리규범이다.[60] 『서경』에는 '나무는 먹줄을 좇아야 바르게 되고 임금은 간하는 말을 따라야 성스럽게 된다. 임금은 능히 성군이 되어야만 신하에게 명령하지 않아도 왕을 진실한 마음으로 받들게 될 것이다'라고 하였다.[61]

조선시대 유학자들은 대간의 말이 다소 사실과 부합되지 않더라도, 군주가 그 말을 쓰지 않으면 되지 죄를 주어서는 안된다고 했다. 더구나 대간들은 한 시대 공의의 주인으로서 그들의 말은 모두 공론에서 나오는 것이므로 군주는 그 말을 따르지 않을 수 없다는 것은 그들의 언론철학이었다. 이러한 관점에서 언관이 할 말을 다하면 그 대가로 상을 주고, 할 말을 다하지 못하면 벌을 주어야 마땅하며, 아무리 군주라도 신하로부터 착한 말을 들으면 그에게 고맙다고 절을 하는 것이 예의라고 생각했다.[62]

"임금의 도리는 간하는 말을 잘 듣는 것보다 더 큰 것은 없기 때문"

---

60   김영주, 앞의 글(1991), 158쪽.
61   『書經』,「尚書」, 說命 上: "惟木從繩則正 后從諫則聖 后克聖 臣不命其承 疇敢不祇若王之休命."
62   鄭道傳, 『三峯集』 卷10, 經濟文鑑 下, 諫官條.

조선시대의 언론연구

에 간하는 말을 물 흐르듯 잘 따라야 한다는 이 종간여류사상은 유교에
서는 치자의 덕목으로 누누이 강조된다. 공자는 많이 듣고[多聞], 많이
보고[多見], 많이 묻는 것[多詢]이 유교의 이상적인 인간상인 성인이 되는
길이며, 인자와 군자가 되는 길이라고 했다.[63] 증자曾子 또한 '비록 자신
이 유능하더라도 무능한 사람에게 묻고, 견문이 넓더라도 그렇지 못한
사람에게 물어라'고까지 하였다.[64]

중종조의 홍문관 부제학 이자견李自堅은 시무상소에서 "간함을 받아
들이는 데는 넷이 있다. 마음과 행동에 과실이 없고 다스리는 도리에
결함이 없는데도 오히려 경계하는 말을 듣고자 하여 충성을 바치도록
인도하고 말을 다하도록 권장하는 것을 낙간樂諫이라 하는 데, 낙간하는
자는 흥한다. 마음과 행동에 과실이 없지 않고 다스리는 도리에 결함이
없지 않으나 말하면 곧 깨닫고 들으면 곧 고치는 것을 납간納諫이라
하는 데, 납간하는 자도 창성한다. 마음과 행동에 과실이 있는데도 바
루면 기뻐하지 아니하고, 다스리는 도리에 결함이 있는데도 간하여 다
투어도 고치기 싫어하는 것을 염간厭諫이라 하는 데, 염간하는 자는 쇠
한다. 하물며 악이 날로 드러나는데도 말하는 사람을 미워하고 국사가
날로 글러가는 데도 강경하게 다투는 사람을 미워하며 간하는 말을 행
하지 않고 반드시 죄를 물어 벌하는 것을 노간怒諫이라 하는 데, 노간하
는 자는 반드시 망한다."[65]고 상소해 언로의 개방을 촉구했다.

63 『論語』, 爲政篇: "多聞闕疑, 愼言其餘則寡尤. 多見闕殆, 愼言其餘則寡悔. 言寡无行寡悔, 祿在其
    中矣."

64 『論語』, 泰伯篇: "以能問於不能, 以多問於寡."

65 『中宗實錄』卷10, 中宗5年 1月 19日丙子條: "臣等聞聽諫之道有四. 心行無失, 治道無虧, 而猶欲
    聞箴警, 開道以獻忠, 誘獎以盡說, 是謂樂諫, 樂諫者興. 心行不能無失, 治道不能無虧, 言之而卽
    悟, 聽之而卽改, 是謂納諫, 納諫者昌. 心行有過, 正之而不喜, 治道有虧, 爭之而吝改, 是謂厭諫,
    厭諫者衰. 過惡日彰, 而惡人有言, 國事日非, 而疾人强爭, 聽諫不行, 而誅罰必加, 是謂怒諫,
    怒諫者亡."

"말이 그르면 공경의 말이라도 듣지 말아야 하고 말이 옳으면 나무꾼과 꼴꾼의 말이라 할지라도 반드시 채택해야 한다."는 '종간여류의 언론사상'은 '광개언로의 언론사상'과 표리 관계에 있다. 이는 군주의 납간 스타일에 따라 군주는 물론 국가적 차원에서도 그 흥망이 결정될 수밖에 없다는 것이 그 핵심적 메시지이다. 이 언론사상은 전횡과 독단이 얼마든지 가능했던 조선 왕조의 군주로 하여금 언관언론[朝廷公論]에 따르는 정치를 수행하게 함으로써 군주의 개인적 과오와 행정적 실책을 줄여 나갈 수 있었으며, 심지어 백성의 분출되는 욕구 불만을 정화시키는 기재로 작용하여 결과적으로 왕조의 체제유지에도 많은 기여를 하였다.

조정공론이 언관들에 의해 형성되어 국왕에게 전달되면 임금은 그 처리 결과를 해당 개인이나 관청에 내려 보내야 했다.[66] 국왕의 명령을 출납하는 승정원은 국가의 근본적이고 핵심적인 체계나 가치를 파괴하지 않는 한 비록 공론의 내용이 과격하더라도 왕이 볼 수 있도록 꼭 기록해야 하며[登徹義務], 이 공론에 대한 윤허 여부와 윤허하지 못하는 이유를 반드시 답변하도록[批答義務] 도덕적·윤리적 장치를 마련한 것이었다. 이 등철과 비답의 윤리에 대해 『맹자』에서는 '군자가 가르치는 것이 다섯 가지가 있는데 그 중 하나가 물음에 답하는 윤리를 가져야 한다'고 말하고 있다.[67]

조선시대에는 비답의 윤리가 대체로 철저하게 잘 지켜졌는데, 정종 원년에 지켜지지 않은 사례가 발생했다. 대간의 상소에 대해 정종이 상소대로 따르지 않을 뿐 아니라 비답도 내리지 않자, 간관은 "언로가

---

66 최창규, 『한국의 사상』(서문당, 1973), 31~32쪽.
67 『孟子』, 盡心章句 上: "君子之所以教者五. 有如時雨化之者, 有成德者, 有達財者, 有答問者, 有私淑艾者. 此五者, 君子之所以教也."

막히고 공론이 통달하지 못하게 되니 천하 국가를 다스리는 임금의 도리가 아니다. 대간이 언론활동을 하는 것은 부정하지 않는 한 곧 비답을 내려서 언로를 넓히고 아랫사람들의 의견을 고하여 알리게 하라."고 촉구하여 '등철과 비답의 윤리'는 상하를 통하게 하는 기본 요건임을 주장하였다.[68]

6) 사론의 춘추필법과 언론

사관은 사론을 통해 언론행위를 한다. 사관이 기록하는 역사정신을 춘추필법春秋筆法이라 한다. 춘추필법이란 대의명분을 밝혀 세우는 사필의 논법으로서 사관이 역사를 기록할 때의 마음가짐을 뜻하며, 오늘날은 언론정신·기자정신을 상징하기도 한다. 춘추필법은 『춘추』에서 비롯되었다. 춘추란 본래 각국의 역사서를 가리키는 보통명사였다. 『맹자』에서는 "(각 나라에는 춘추라고 불리는 역사서가 있는데) 공자가 이를 지었다. 진의 승, 초의 도올, 노에서는 춘추라고 불렀다. 기록한 내용은 제의 환공이나 진의 문공에 대한 것이고, 문체는 역사서를 기록하는 필법에 따랐다."고 소개했다.[69]

사서史書를 춘추라 부른 까닭은 1년에는 춘하추동의 사계절이 있으

---

68 『定宗實錄』卷2, 定宗元年 8月 19日丙辰條: "求言納諫, 人主之要道, 君不納諫, 則無以知其過. 是故以大舜之智, 好察邇言; 以成湯之聖, 從諫弗咈. 由是觀之, 歷代帝王之治, 莫不從諫而致然. 日者臺諫上疏, 或不賜允, 留中不下, 以致言路塞而下情不達, 恐非先王治天下國家之道也. 願自今, 臺諫所啓之事, 卽賜兪允, 以廣言路, 以達下情."

69 『孟子』, 離婁章句, 下: "晉之乘, 楚之檮杌, 魯之春秋, 一也. 其事則齊桓, 晉文, 其文則史(진의 춘추를 승이라 불렀던 것은 거기에는 선한 일이든 악한 일이든 간에 무엇이나 다 실어서 기록해 두었다는 뜻에서 붙여진 이름이다. 초의 춘추를 도올이라 불렀던 것은, 도올은 원래 못된 짐승의 이름이었는데, 악한 일을 기록해 둠으로써 악을 경계하고 선을 지키려는 의도에서 붙여진 명칭이다)."

며, 이 사계절 안에는 만물의 생육번성 등 일어나지 않는 일이 없는 것처럼, 한 나라의 역사에 있어서도 모든 일들이 다 일어난다. 역사와 사계절의 유사성을 표현하기 위해 춘(하)추(동), 즉 춘추라 불렀다.

오늘날 『춘추春秋』는 단순한 역사서가 아니라 유교경전화 되었다. 그것은 『춘추』가 역사적 사실을 나열하는 것에서 그치는 것이 아니라, 유교의 대의명분 철학과 민본정신을 되살리기 때문이다. 역사의 의미가 과거를 거울로 삼아 미래를 반성하는 계기를 마련한다는 측면에서 『춘추』의 의미와 중요성이 있다.[70]

『춘추』는 경문이 1,800여 조에 1만6,500자로 이루어진 최초의 편년체 역사서로서, 춘추시대 노나라 은공으로부터 애공에 이르기까지 12공 242년간의 역사기록을 담은 책이다. 『춘추』는 원래 노나라의 사관이 기록한 궁중연대기였는데, 여기에 공자가 독자적인 역사의식과 가치관으로 필삭을 가함으로써 역사서 이상의 의미를 지니게 되었다.

『맹자』는 공자가 『춘추』를 지은 배경에 대해 "세상살이의 질서와 원칙이 쇠미해지면서, 거짓된 말과 몹쓸 행동이 생겨났다. 신하가 임금을, 자식이 아비를 시해하는 경우도 있었다. 공자가 걱정이 되어 『춘추』를 지었는데, 『춘추』가 완성되자 난신·적자들이 벌벌 떨었다."라고 설명했다.[71] 공자는 춘추시대 말기 노나라 사람이다. 그가 살던 시대는 하극상과 약육강식이 만연했던 시대였다. 실제로 『춘추』를 들여다보면 전쟁이 없던 해가 거의 없다. 공자는 그 시대의 혼란상을 보면서 저마

---

70 『春秋』는 『左氏傳』, 『公羊傳』, 『穀梁傳』 등 3권의 해설서로 구성되어 있다. 朱子는 『춘추』에 대해 "좌씨는 史學이고, 공양·곡량은 經學이다."라고 하였다. 이후 『춘추』는 단순한 역사적 사실만 담고 있는 책이 아니라, 곧 사건에 의탁하여 '대의 명분'이라는 유교철학을 풀어내고 있는 유학경전화 되었다.

71 『孟子』, 滕文公章句 下: "世衰道微, 邪說暴行有作, 臣弑其君者有之, 子弑其父者有之, 孔子懼, 作春秋…孔子成春秋而亂臣賊子懼."

다 자기 직분을 지켜 도리를 다해야 함을 강조했다. 과거를 거울삼아 기강이 무너진 천하를 바로 세워야겠다는 취지로 『춘추』를 집필했던 것이다.

춘추필법春秋筆法은 곧, 대의명분을 밝혀 세우는 사필史筆의 준엄한 논법을 비유한다. 이 말은 『춘추』의 문장에는 공자의 역사정신이 나타나 있다고 하는 데서 비롯된 것으로, 비판적인 태도를 본받아, 객관적인 사실에만 입각하여 기록하는 것을 의미한다. 이를 다른 말로 '춘추직필春秋直筆'이라고도 한다.

공자孔子는 오직 정사正史를 기록한다는 신념으로 사건을 기록하는 기사記事, 직분을 바로잡는 정명正名, 칭찬과 비난을 엄격히 하는 포폄褒貶의 원칙을 세워, 여기에 어긋나는 것은 철저히 배격했으며, 객관적인 사실에 입각하여 자신의 판단에 따라 집필하였다. 특히 선왕先王의 업적을 평가할 때에도 이 원칙은 예외 없이 지켜졌다. 공자의 이러한 역사서술의 정신과 방법은 후대의 역사학과 저널리즘에 크게 영향을 주었으며, 오늘날까지도 면면히 살아 이어져 온다.[72]

사관의 언론 활동적 기능은 대표적으로 사론史論을 통해 표출된다. 사관들은 대개 일반적인 사실들을 먼저 적고 그 말미에다가 사실에 대한 시비 득실이나 인물에 대한 포폄 등의 사론을 기록했다. "재상은 사람을 수십 년 치켜 올리거나 아래로 떨어뜨리지만, 사관은 사람을 천백 년 뒤에까지 내세울 수도 있고 영원히 침몰시킬 수도 있다."는 말에서처럼 사론의 영향력은 매우 컸다.[73] 사관은 사론을 논함에 있어 자신의 의견을 피력하되 반드시 공의를 채택하여야 하며, 한마디 말에

---

72 htpp://kin.naver.com/browse/db-detail.php?dir-id=110108&docid=473620
73 李晬光, 『芝峯類說』, 官職部 史官條: "古文曰, 宰相升沒人於數十年間, 士官出沒人於數百世."

도 경솔함이 있어서는 안되었다.

사론이란 사서 편찬자들이 특정 인물이나 사건에 대해 논평한 것을 말한다. 즉 사서의 편찬자나 당대의 역사적 사실을 정리하는 사관, 실록의 편찬관으로 편성된 인사들이 특정한 사실이나 인물, 제도나 정책 등에 대해서 당시의 사조와 도덕적이고 객관적인 가치 기준을 근거로 칭송하거나[褒論] 비판한 것[貶論]이다. 따라서 본문 기사의 내용과는 구별된다. 작성자들의 역사의식과 역사적 안목이나 비판의 방향 등을 보여주고 있으며, 역사해석의 기본 관점까지 들어있다. 이렇게 볼 때 사론은 작성자들의 역사인식이라든가 당시의 사조 및 편사관까지 밝힐 수 있는 근거를 제공해준다.[74]

사론의 성격은 '역사학적'인 것과 '포폄적인' 것으로 구분된다. 전자는 역사서술의 원칙을 제시하거나, 사실의 진위 여부·인과 관계 등을 밝히기 위해 작성된 것으로서, 역사학적인 관심이 큰 것이다. 이에 비해 후자는 도덕적이고 객관적인 비판을 통하여 감계를 주기 위한 성격이 강한 것을 말한다. 실록과 같이 군주의 언행과 조정의 시정사를 중심으로 편찬된 관찬사서의 경우는 역사학적인 것보다는 도덕적 교훈을 바탕으로 한 포폄론적인 사론이 주로 작성되었다.[75]

사론의 형식은 기준과 원칙에 따른 것이 아니고 매우 다양하다. 일반적으로는 인물 1명과 사실·제도·관청·재이 등 하나의 사안에 대해서 1편의 사론을 포폄하였다. 일부의 경우 1명이 아니고 3명·4명·5명을 논평한 것이 있는가 하면, 역대 이조판서 역임자 4명의 직무수행 능력을 논평한 것도 있다. 특정 사실의 말미에 논평하지 않고, 문장

---

74 김경수, 『조선시대 사관연구』(국학자료원, 1998), 363쪽.
75 김경수, 위의 책, 365쪽.

중간에 삽입한 것과 인사기간 중 특정인의 관직제수를 논평한 것도 있다. 한 명의 인물을 3편의 사론으로 평가한 것이 있는가 하면, 어떤 것은 본문의 기사와 전혀 다른 내용을 논평한 것도 있고, 세주 형식인 것도 있다. 이와 같이 사론의 작성형태는 어떤 원칙이나 규정, 작성자가 정해진 것은 아니었다.

사론의 작성시기는 사건 당시 작성된 '당대 사론'과 실록 편찬시 작성된 '후대 사론'으로 구분된다. 전자는 전임 및 겸임사관 등이 직접 견문한 바를 근거로 기사작성 당시에 논평한 것을 말하며, 후자는 실록 편찬시 편찬관으로 편성되었던 중견관료 이상의 편찬관이 현재적 의식에 따라 과거 사실을 논평한 것이다. 실록에 수록된 사론들은 대체로 당대 사론이 주류를 이루고 있으나 후대 사론도 간혹 눈에 띤다.[76]

사관이 사론을 작성할 때 그 기준을 최우선적으로 두는 것은 유교적 가치기준의 실현이다. 유교적 명분의 준수는 조선조 사회에서 반드시 지켜야 하는 하나의 원칙이었다. 유교국가의 건설과 유교이념의 구현을 정치적 목표로 인식했던 조선시대 사회에서 이의 실천을 위한 노력은 모든 관료들의 의무였다. 따라서 사관은 논평의 기준을 유교적 관점에 둠으로써 유교사관의 체계화를 견인했다.[77]

중종대의 사론을 분석한 자료에 따르면 사론은 대부분 왕과 신하 등 조정 내의 인사들을 중심으로 전개되는 것으로 나타난다. 물론 때에 따라서는 일부 민생과 관련된 사론이 있기는 하나 지배층 중심의 사관이 압도적 우위를 보인다. 이는 사관들이 특정 인물, 특히 당대의 역사 전개에 큰 영향력을 미치는 인물에 대해 포폄을 가함으로써 사론을 통

76   김경수, 위의 책, 366쪽.
77   김경수, 위의 책, 383쪽.

한 도덕적 감계를 주지시켜 정치를 바르게 이끌고자 한 의도가 반영된 것이라 할 수 있다.[78]

〈표 13〉 중종조의 사론 분석표

| 구분 | 인물 | | 기강 | 의례 | 풍속 | 관청 | 정책 | 공론 | 災異 | 외교 | 대신 | 기타 | 계 |
	왕	신하											
사론	115	979	40	10	9	44	36	10	8	2	17	35	1,305건
비율	8.81	75.01	3.06	0.76	0.68	3.37	2.75	0.76	0.61	0.15	1.30	2.68	100.0%

※김경수, 『조선시대 사관연구』(국학자료원, 1998), 378쪽.

"사관이 말하기를[史官曰]······"로 시작되는 사관의 역사정신은 강력한 국왕이나 권신이 대두하였을 때에도 대간처럼 그 기능이 마비되지 않고 최후의 견제 세력으로 남아 있을 수 있었다. 또한 대간에서 감히 탄핵하지 못하는 당시의 국왕이나 권신들도 그들의 견제 기능이 간접적이라는 점을 이용하여 사론에서 과감하게 비판함으로써 견제의 범위가 대간의 언론보다 훨씬 넓었다.[79] 따라서 국왕이나 권신들에게는 언관보다도 사관이 오히려 더 두려운 존재였다.

정종은 "국왕이 두려워하는 것은 오직 하늘과 역사뿐이다."[80]라고 말했고, 왕자의 난을 통해 권력을 잡았던 강력한 왕권주의자 태종도 사간원 좌정언 전가식田可植과 이지직李之植이 왕의 과실을 지적하는 상소를

---

78 김경수, 위의 책, 378쪽.

79 차장섭, 앞의 글(1985), 6쪽.

80 『定宗實錄』卷1, 定宗元年 1月 7日戊寅條: "知經筵事趙璞進曰 '人君所可畏者, 天也, 史筆也. 天非蒼蒼高高之謂也, 理而已. 史官記人君之善惡, 以貽萬世, 可不畏乎?' 上然之."

올리자 그들을 불러 들여 "나의 과실을 비밀히 아뢰어도 내 어찌 안든 겠는가? 이제 글을 이루어 사책에 쓰게 되니 내 마음이 매우 아프다."[81] 고 하였다. 또 태종 4년 2월에는 왕이 사냥을 나가 활을 쏘다가 말에서 떨어졌는데 좌우를 둘러보며 말한 첫마디가 "사관이 알지 못하게 하라."[82]는 것이었다. 연산군도 역시 대간들을 억압하여 그 기능을 완전히 마비시켜 버리고 폭정을 자행하면서도 "내가 두려워하는 것은 오직 사서뿐"[83]이라고 할 만큼 사관에 대한 두려움을 가지고 있었다. 그러기에 국왕은 정무에 앞서 항상 역사에 대해 어떻게 그려질지 생각하여 이를 교훈으로 삼았던 것이다.

사관의 춘추필법은 사론을 통해 구체화된다. 역사를 흔히 '춘추'라 하기도 하며, '춘추필법'은 언론정신을 뜻하기도 한다. 따라서 춘추란 말은 '기록'의 의미를 담고 있기도 하다. 춘추필법은 중국 노나라의 사관이 기록한 일기체의 궁정 연대기인 『춘추』에 공자가 그 명분을 바로잡음[正名分]과 상벌에 의거함[寓褒貶]이라는 역사의식 및 그 가치관을 필삭[筆削]한 것에서 비롯되었다. 춘추필법은 그 후 선비들의 역사관과 현실 해석에 막중한 영향력을 미쳤고, 역사를 기록하는 사관뿐만 아니라 직필과 직언을 생명으로 삼는 언관들의 좌표로도 작용했다. 현대에도 한동안 기자들은 스스로를 춘추자라 부르기도 하였다.[84]

선비들은 역사와 언론을 춘추라는 하나의 굴레로 보았다. 언론이 당대의 커뮤니케이션이었다면 역사는 먼 미래를 위한 커뮤니케이션이었

81 『太宗實錄』卷23, 太宗2年 4月 1日癸丑條: "上召之直, 可植, 使知申事朴錫命傳旨曰 予之過失, 密啓以言, 予何不聽! 今乃成狀, 使書史册, 予甚痛焉."
82 『太宗實錄』卷7, 太宗4年 2月 8日乙卯條: "親御弓矢, 馳馬射獐, 因馬仆而墜, 不傷. 顧左右曰 勿令史官知之."
83 『燕山君日記』卷63, 燕山君12年 8月 5日壬子條: "傳曰 君上之事, 固當隱惡, 而盡記之, 在下之事, 諱而不書, 甚不可. 前者經筵時所啓不肖之言, 史官必記憶, 令書啓."
84 박홍식, 앞의 글(1999), 82쪽.

다. 과거를 통해 미래를 조명하는 제도적 장치는 사관제도는 국왕이나 관료들의 통치 행위를 기록하여 역사적 평가를 내리는 심판의 무대로서 명예를 영속화하는 제도였다.[85] 이를 위해 국가는 춘추관을 설치하여 영의정과 좌·우의정이 영사와 감사를 맡도록 하고 중요한 부서들, 즉 승정원·의정부·홍문관·예문관·사헌부·사간원·승문원·종부시·육조 등에 사관을 임명하여 정사를 기록하게 하였다.[86] 사관들은 역사의 정의를 상징하는 '춘추대의'와 역사의 엄정성을 상징하는 '춘추필법'의 정신에 입각하여 '이실직서以實直敍'의 원칙에 따라 사실을 기록했고, 그것에 따라 시비 사정의 포폄을 가했다.

2. 언론정신

1) 김종직의 언론과 역사의식

유교정치의 핵심은 한마디로 "자기 자신을 바르게 한 다음에 다른 사람을 바르게 한다正己而正人."라고 표현할 수 있다. 유교사상에서는 자기 자신을 먼저 사랑하라고 가르친다. 그런 다음에 자기 가족을 사랑하고, 나아가 자기의 이웃과 나라를 사랑하라는 것이다. 이와 같은 가족윤리는 유교철학의 기본 골격을 이루는 핵심사상이다. 유교사상에서

---

85 최봉영, 『조선시대 유교문화』(사계절출판사, 1997), 197쪽.
86 『經國大典』, 吏典 春秋館條: "掌記時政."

는 가족을 사회구성의 기초 단계로 보고 가족이 커져서 공동체가 되며, 공동체가 커져서 국가가 되고, 국가를 둘러싸고 있는 천하, 곧 삼라만상의 우주와 자연을 이룬다고 여긴다. 유교에서 가장 큰 덕목으로 여기는 수신제가치국평천하修身齊家治國平天下라는 논리는 여기에서 비롯된다. 이에 가족의 수장인 아버지와 나라의 우두머리인 군주의 권위를 절대적인 것으로 인식하며, 집안에서 효도하는 사람이 곧 나라에서도 충신이 될 것이라고 믿었다.

유교국가 조선을 설계한 역성혁명가 정도전은 새 왕조의 정치이념을 자연법적 윤리규범에 입각하여 법치와 덕치의 조화를 이룬 인정·덕화·애민·민본·위민사상으로 요약되는 맹자의 왕도정치를 실현하는 데 두었다. 아울러 "백성은 나라의 근본이요 군주의 하늘[……民者國之本而君主天]"이기 때문에 민심民心은 곧 천명天命(천심天心)이며, 군주는 천명의 대행자일 뿐 절대 신성 불가침적 무한권력자가 아니며 천명이 소재하는 바에 따라 군주의 교체도 가능하다는 천명사상을 도입했다.[87]

따라서 천명으로 위탁된 왕권의 효과적 집행을 위하여 중앙집권적인 관료체제를 확립했고, 수직적 전달체계를 갖는 피라미드형 관료 계층의 정점에 재상이 위치하여 모든 실권을 수탁, 집행하는 내각책임제적 행정구조를 갖게 했다. 또한 정치의 이상을 실현하기 위해서는 언론과 감찰[臺諫]의 감시, 비판, 견제의 기능을 강화하고, 군주와 재상의 실덕失德과 신료들의 비위非違를 바로잡기 위해서는 위로는 공경으로부터 아래로는 시정 천민에 이르기까지 언로를 전면 개방해야 한다고 생각했다. 신료의 특권화·세습화·분권화 배제, 인사관리의 엄정, 지방관의

---

87 정도전은 권력론의 측면에서는 민본사상과 혁명사상을, 통치윤리론의 측면에서는 인정과 덕치를, 통치체제론의 측면에서는 중앙집권과 재상중심체제를 주장했다(鄭道傳, 『三峯集』 卷13, 朝鮮徑國典 上, 賦典).

자질향상, 신분계급의 엄격한 유지, 문치의 강화 등을 강조했다.

건국 초기 조선은 이 같은 유교적 이념이 절묘한 조화를 이루어 각종 개혁을 통해 부패를 쓸어내고 이상국가 건설에 매진할 수 있었다. 그러나 태종의 친위 쿠데타에 이어 세조의 왕위 찬탈, 연산군의 폭정이 이어지면서 군주·관료·백성의 권력 균형은 흐트러지기 시작했다. 즉 권력이라는 유교이념은 가정에서 부권의 강화로 나타났고, 그것은 곧 왕권의 확대로 이어졌으며, 엄격한 사대주의 사상과 문화를 뿌리내리게 했다. 여기에 어느덧 훈구세력화된 신료들이 가세해 왕권의 강화에 따른 기득권 지키기에 나섰다. 이에 양심 있는 선비들이 사림파를 형성, 심각하게 훼손되고 있는 유교정치의 본질을 되찾고자 했다.

조선시대 사림의 조종으로 추앙되는 김종직佔畢齋 金宗直이 남긴 글을 통해서는 그의 치열한 역사정신과 자주의식, 자기성찰의 선비정신, 도도한 언론철학을 엿볼 수 있다. 이는 현대언론이 망각하고 있는 언론의 역사성이라는 덕목을 복원할 필요가 있다는 것을 의미한다. 다음의 글을 보자. 이 글은 우리나라의 역사에서나 사상사, 언론사적으로도 매우 중요하고 큰 의미를 지닌 논설이다.

정축년(세조 3년, 1457) 10월, 나는 밀양에서 성주로 가면서 중도에 답계역에서 잤다. 그날 밤 꿈에 칠장복을 입은 한 신인神人이 나타나 "나는 초나라 회왕懷王(의 제義帝)의 손자인데 우리 조부께서 항우項羽에게 죽임을 당하여 침강郴江에 잠겨 있다"라고 말하고는 갑자기 사라져 보이지 않았다. 깜짝 놀라 깨어 생각하니, 회왕은 중국 남방의 초나라 사람이고 나는 조선 사람이 아닌가. 땅이 만리나 떨어져 있고 시대가 또한 천여 년이나 차이 나는 데, 그가 내 꿈에 나타난 것은 무슨 징조일까. 또 역사를 면밀히 검토해 보아도 강물에 던졌다는 말은 없다. 이는 아마도 항우가 심복을 시켜 비밀리에 쳐죽이고 그 시체를 물에 던졌는지 알 수 없는 일이다.

무릇 하늘이 사물과 법칙을 마련하여 사람에게 주었으니, 누가 그 사대와 오상을 높일 줄 모르겠는가.[88] 중국 사람에게만 넉넉하게 주고 조선 사람에게는 부족하게 준 것이 아니며, 어찌 옛적에만 있고 오늘날은 없다 하겠는가. 나는 조선 사람이고 천여 년이나 지난 뒤에 태어났지만 삼가 초楚의 회왕을 슬퍼하노라.

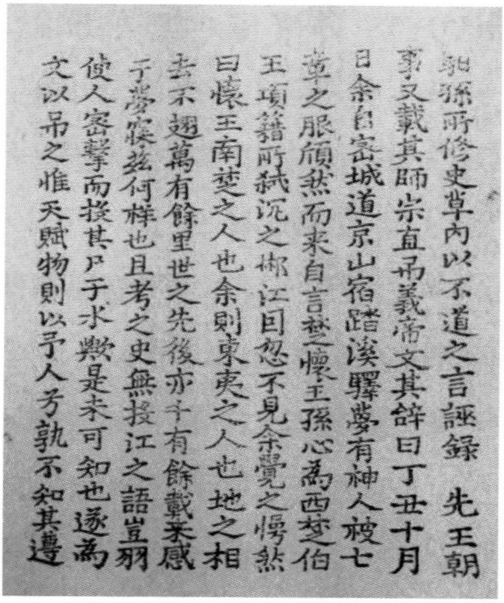
馹孫所修史草內以不道之言誣錄 先王朝
事又載其師宗直弔義帝文其辭曰丁丑十月
日余自密城道京山宿踏溪驛夢有神人被七
章之服頎然而來自言楚懷王孫心爲西楚伯
王項籍所弑沉之郴江因忽不見余覺之愕然
曰懷王南楚之人也余則東夷之人也地之相
去不翅萬有餘里世之先後亦千有餘載來感
于夢寐玆何祥也且考之史無投江之語豈羽
使人密擊而投其尸于水歟是未可知也遂爲
文以弔之惟天賦物則以予人兮孰不知其遵

〈그림 11〉『弔義帝文』
한국언론사상 최초의 필화사건을 불러일으킨 이 글은 선비의 언론정신을 극명히 보여준다. 『점필제집』 부록에 게재되어 있는 조의제문 원문

옛날에 조룡祖龍(진시황秦始皇)이 포학을 자행하니 온 천하가 피바다를 이뤘다. 비록 전어 · 상어 · 미꾸라지 · 고래인들 어찌 무사하겠는가. 그 죽음의 그림자에서 빠져 나오기 위해 안간힘을 다했다. 이때 6국의 후손들은 뿔뿔이 흩어져 초야로 피난하여 평민으로 위장하고서야 겨우 목숨을 보존할 수 있었다.[89]

항량項梁은 초의 한 장수 집안 자손으로[90] 어호에 뒤이어 난을 일으켜[91] 백성들

88 四大는 세상의 만물을 이루는 근본이 되는 地 · 水 · 火 · 風의 네 가지를 말하면, 五常은 인간이 지켜야 할 다섯 가지의 도리, 즉 仁 · 義 · 禮 · 智 · 信을 가리킨다.

89 六國은 전국시대의 漢 · 魏 · 趙 · 齊 · 楚 · 燕의 여섯 나라를 말하는데 모두 秦에게 멸망당했다.

90 項梁은 楚나라의 명장인 項燕의 아들이며, 項羽의 숙부이다. 그는 秦나라 2세 초기 陳勝 다음으로 항우와 함께 난을 일으키면서 楚나라 懷王의 손자 心을 楚懷王으로 삼았다. 초회왕은 후일 항우에 의해 義帝로 추대되었다가 끝내는 항우에 의해 시해되었다.

91 魚狐는 '魚帛狐篝'의 준말이다. 진나라 2세 초기 가장 먼저 난을 일으킨 陳勝(자는 涉)을 가리킨다. 진승은 거사하기 직전에 백성들을 유혹시키기 위해 비단에다 붉은 글씨로 '陳勝王'이라고 써서 몰래 남의 그물에 든 고기의 뱃속에 넣어 뒀다. 그 고기를 사다먹은 백성들과 군졸들이 크게 기이하게 여겼다. 진승은 이에 그치지 않고 叢祠 안에 밤중에 모닥불을 피워놓고 여우의 울음소리로 울면서 외치기를 "대초가 일어나고 진승이 왕이 되리라[大楚興 陳勝王]."이라고 하여 대중들의 여론을 조작, 자기편으로 끌어들이려 했다. 魚帛狐篝는 여기서 나온 말이다.

의 뜻을 좇아 회왕을 옹립하고 멸망했던 초나라를 다시 세웠다. 회왕이 건부乾符(왕위를 말함)를 쥐고 천자가 되었으니, 세상에서 미씨芈氏(초의 성)보다 높은 이가 없었다. 장자長者(유방劉邦)를 함곡관函谷關에 들어가게 하여 진秦을 치게 하니 그 어진 인의의 마음을 볼 수 있도다.[92]

그러나 양처럼 성내고 이리처럼 탐욕하여 관군冠軍(송의宋義)을 함부로 죽였는데도 어찌 그 항우를 잡아죽이지 않았는가.[93] 아, 형세가 이미 기울어 회왕의 신변이 위태롭도다. 마침내 길러 놓은 자에게 도리어 죽임을 당했으니 과연 천운이 어긋났구나.

침석산郴石山이 험하여 하늘에 닿으니 햇빛이 어둑어둑 저물려 한다. 침수郴水의 물은 밤낮으로 흐르니 물결은 넘쳐서 돌아오지 않는다. 영원한 천지간에 그 한을 어찌 다하리오. 혼령이 지금까지도 정처 없이 헤매고 있구나. 나의 마음이 쇠와 돌을 뚫을 만큼 굳으니 회왕이 갑자기 꿈에 나타난 것이로구나. 주자의 필법에 따라 삼가 공경하는 마음으로 가슴을 조이며 술잔을 들어 땅에 부으면서 조문한다. '혼령이시여 부디 오셔서 흠향하시기를 바라나이다.'

김종직의 「조의제문弔義帝文」이다. 이에 대해 유자광柳子光은 다음과 같이 해석했다.

"「조의제문」에서 조롱은 진시황인데 김종직이 진시황을 세조에 비유하였다. '왕을 찾아내어 백성이 바라는 바에 따랐다'고 한 왕은 초 회왕 손심孫心인데, 처음에

---

92 長者는 寬厚長者의 준말로, 漢高祖 劉邦을 가리킨다. 그는 초회왕으로부터 먼저 함곡관(關中)에 들어간 사람을 관중의 왕으로 삼겠다는 말을 듣고, 항우와 함께 진나라를 공격했다. 결국 유방은 항우보다 먼저 관중을 점령, 秦王 子嬰으로부터 항복을 받고, 관중을 평정하였던 일을 이른 말이다.

93 冠軍은 초회왕의 상장군인 卿子冠軍 宋義를 가리킴. 그는 항우에게 기습당해 그 자신과 가족은 물론 가문까지도 멸족당했다.

는 항량이 진을 치고 손심을 찾아서 의제義帝를 삼았으니, 종직은 의제를 노산군魯山君(단종端宗)에 비유한 것이다. '양처럼 성내고 이리처럼 탐욕하여 관군을 함부로 무찔렀다'고 한 것은 양과 이리는 세조世祖를 가리키고, 관군을 함부로 무찌른 것은 세조가 김종서를 죽인 것에 비유한 것이다. '어찌 항우를 잡다가 처형하지 아니했느냐'고 한 것은 노산이 왜 세조를 잡아버리지 못했는가 하는 것이다. '길러놓은 자에게 도리어 해침을 당했으니'라는 것은 노산이 세조를 잡아버리지 못하고 도리어 세조에게 죽었느냐 하는 것이다. '주자의 필법을 따르자니 불안하고 조심된다'고 한 것은 김종직이 주자를 자처하며, 이 부賦를 지어『강목綱目』의 필법에 견준 것이다. 그런데 일손이 이 글에 찬贊을 붙여 칭찬하기를 '충분한 마음을 나타낸 것이다'라고 했으니, 이는 대역부도의 마음을 품은 것이 분명하다."

「조의제문」은 '의제를 조상하는 글'이라는 뜻인데, 의제는 항우에게 죽임을 당한 초나라의 회왕을 일컫는다. 중국 진나라 때 항우가 초의 의제를 폐한 것을 세조가 단종을 폐위, 사사한 사건으로 비유하여 세조의 왕위 찬탈을 비난했다. 이 논설은 우리나라 최초의 언론필화사건을 불러와 수많은 선비가 떼죽음을 당한 단초가 됐다. 모름지기 언론과 역사를 담당하는 사람이라면 어떤 자세로 진실을 기록해야 할지를 적나라하게 보여준다. 김종직은 이 글 때문에 부도덕한 권력에 의해 부관참시당하는 박해를 받았지만, 그럼으로써 오히려 역사에 의해 조선 사림의 꿋꿋한 표상으로 현양되었다.

김종직은 정몽주鄭夢周와 길재吉再, 김숙자金叔滋의 성리학性理學 도통을 이어 받았다. 그는 문장과 사학에도 두루 능하였을 뿐 아니라 절의를 중요시하여 조선시대 도학의 정맥을 이어가는 중추적 구실을 하였다.[94] 퇴계는 "타고난 성품이 뛰어나고, 우리나라 학문의 연원이 깊도록 했으며, 문장이 고고高古하여 후세를 일깨우는 태산북두가 되어 유도儒

道가 끊이지 않게 하였다."고[95] 말하고,

佔畢文起衰	점필재는 글이 소함을 일으켰고
求道盈其庭	도를 찾는 이 뜰에 가득차게 했구려
有能靑出藍	쪽에서 나온 푸름이 더 푸르니
金鄭相繼鳴	김한훤·정일두가 이어 소리 울렸네

라는 시를 지어 김종직을 추모했다.[96]

김종직의 학문적 경향은 절의사상을 바탕으로 효제충신을 주안으로 하는 실제적 방면에 치중한 것이었으나, 무오사화 때 많은 저술이 소실되어 진정한 학문적 모습을 이해하는 데는 한계가 있다. 그러나 「조의제문」에서도 나타나듯이 그가 추구하는 바가 화려한 시문이나 부·송 등의 문장보다는 궁극적으로 정의를 숭상하고 시비를 분명히 밝히려는 의리적 성격을 지녔다. 이 글 역시 깊은 역사적 식견과 절의를 중요시하는 도학자로서의 그의 참모습을 적나라하게 드러낸다. 김종직은 세조와 성종 대에 벼슬하면서 항상 정의와 의리를 숭상하고 실천하였는데 이러한 정신이 제자들에게 전해졌고, 실제로 그를 따르는 신진 사림들은 절의를 높이며 의리를 중히 여기는 데 힘썼다. 이런 까닭으로 그는 사림의 정신적 영수가 되었다.

무오사화戊午史禍의 단초가 된 「조의제문」은 그가 27살 때인 세조 3년에 쓰였지만 정작 문제가 된 것은 41년이 지난 연산군 4년(1498) 무오년

94 奇大升은 우리나라 성리학의 도통을 鄭夢周 → 吉再 → 金淑滋 → 金宗直 → 金宏弼 → 趙光祖로 이어졌다고 확인하고 있다(김충렬, 「조선조 성리학의 형성과 그 정맥」, 『대동문화연구』 제13집, 대동문화연구원, 1979).

95 金宗直, 『佔畢齋先生文集』, 常享祝文, 附錄.

96 金寒暄은 金宏弼을, 鄭一蠹는 鄭汝昌을 말함(李滉, 『退溪先生文集』, 詩, 和陶集飮酒).

이었다. 무오사화는 연산군 4년 7월 춘추관에서 『성종실록』을 편찬하기 위해 사국史局을 열면서부터였다.[97] 실록청의 책임자급은 대개 훈구파였으며 실무자급은 사림파 사관들이었다. 사림파는 주로 언론삼사의 언론직과 사관직을 중심으로 정치세력을 형성하면서 기회 있을 때마다 왕권의 전제화와 훈구 대신들의 권력 비행, 치부를 폭로하고 규탄하며 비판해 왔다.

이러한 때 김종직의 「조의제문」을 춘추관 기사관記事官(실록의 기사를 쓰는 관리)이었던 김일손金馹孫이 사초로 게재하자 유자광·이극돈李克墩 등 훈구세력은 이를 계기로 사화를 일으켰다. 일찍이 김종직은 무고로 옥사를 일으켜 남이南怡를 죽인 유자광을 멀리 했으며, 함양군수로 부임해서는 그가 쓴 시의 현판을 떼 낸 적이 있다. 김일손은 이극돈이 전라도 관찰사로 재임시 국상 중임에도 관기와 술자리를 벌였다며 문제를 삼았다. 이목李穆 또한 성균관 유생 시절 당대의 권력자였던 영의정 윤필상尹弼商을 불교를 숭상하는 '간귀奸鬼'로 지목하여 탄핵한 바 있다. 훈구파에 대한 사림파 언관·사관들의 이러한 공세는 정치개혁을 열망하는 젊은 사대부는 물론 일반 백성들로부터도 열렬한 지지를 받았다.

유자광·노사신盧思愼·한치형韓致亨·윤필상·신수근 등 훈구파들은 당대의 실제적 권력자들인 자신들을 비판하던 사림파를 이번 기회에 쓸어 내려고 기도했다. 이들은 역시 사림파들로부터 탄핵을 받고 있던 외척과 함께 김종직과 김일손이 대역부도를 꾀했다고 고했다. 연산군은 그 해 7월 12일부터 보름간 김일손·이목·허반許盤 등을 스스로 신문하고 이들을 대역죄인으로 규정했다.

이에 이미 사망했던 김종직은 대역의 우두머리로 지목되어 무덤을

---

97 戊午士禍는 사초가 발단되어 사관들이 화를 입었다고 해서 戊午史禍라고도 한다.

파헤치고 관을 쪼개어 시신의 목을 베는 형을 받았고 생전의 많은 저술들이 불살라졌다. 김일손·권오복權五福·권경유權景裕·이목·허반 등은 세조를 욕보였다 하여 참수형에 처해졌다. 표연말表沿沫·홍한洪瀚·정여창鄭汝昌·강경서姜景敍·이수공李守恭·정희량鄭希良·정승조鄭承祖 등은 「조의제문」에 동조했거나 난을 고하지 않았다는 죄로 삼천리 밖으로 유배되었다. 이종준李宗準·최부崔溥·이원李黿·이주李胄·김굉필金宏弼·박한주朴漢柱·임희재任熙載·강백진姜伯珍·이계맹李繼孟·강혼姜渾 등은 모두 김종직의 문도로서 붕당을 이루어 국정을 비방하고 「조의제문」의 삽입을 방조한 죄목으로 곤장을 맞고 귀양형에 처해졌다.

김종직의 관작만 빼앗자고 주청한 대간들도 모두 논죄되었으며, 어세겸魚世謙·이극돈·유순柳洵·윤효손尹孝孫·김전金銓 등은 수사관修史官으로서 문제의 사초를 보고도 보고하지 않았다는 죄로 파면되었다. 반면 무오사화를 주도한 윤필상·노사신·한치형·유자광 등 훈신들은 음모와 모함의 대가로 논밭과 노비 등을 포상으로 받았다.

이 사화로 많은 수의 선비들이 처형되거나 유배되었다. 이들은 신분상 현실과 적당히 타협했다면 얼마든지 지배층으로서의 신분을 보장받으며 정승·판서에까지 올라 호의호식하며 영화롭게 살 수 있었다. 그러나 '의義'를 실현하다가 비참하게 죽임을 당했다. 불의와 타협하지 않고 정의에 목숨을 건 이들의 사상은 진정한 선비정신의 정화로, 가치관의 혼돈 시대에 사는 현대인들이 사표로 받아들여야 할 귀감이다.[98]

성리학은 피를 먹고 자라는 나무로서, 살기 위해 하는 공부[爲人之學]가 아니라 의롭게 죽기 위해 공부하는 학문이다.[99] 이 학문의 정신에는

---

98 이덕일, 「'왕과 비' 걷어 치워라」, 『신동아』(동아일보사, 1999년 2월호), 562쪽.
99 부남철, 『조선시대 7인의 정치사상』(사계절출판사, 1996), 98쪽.

일편단심으로 고려에 충절을 보낸 정몽주와 길재, 수레에 다리를 묶어 찢어 죽이는 '거열'이라는 형벌에도 굽히지 않았던 성삼문成三問, 박팽 년朴彭年, 이개李塏 등 사육신과 생육신의 의리지학, 「조의제문」으로 세 조의 왕위 찬탈을 매섭게 비판한 김종직의 선비정신이 마디마디 배여 있다.

이 학문을 진실로 숭상하는 선비들은 자신의 모습을 비춰보는 거울 을 마음속 깊이 간직하고 있었다. 따라서 불의를 보고 그냥 지나치거나 불의와 비겁하게 타협했을 땐 그 추한 모습이 마음속의 거울에 비춰져 자책감 때문에 괴롭고 수치스러워 단 한 순간도 견디지 못했다. 그들이 하는 공부는 마음속에 있는 그런 거울을 깨끗하게 닦아서 언제나 자신 의 모습을 '있는 그대로' 선명하게 비춰 볼 수 있게 하는 것을 목적으로 삼는다. 여기서 '있는 그대로'라는 것은 자기 판단과 행동을 기만적으 로 위안하거나 변명하지 않고 외부 상황을 자기 편의에 맞게 꾸며대는 일이 없는, 그야말로 성실함과 경건함으로 무장된 마음을 말한다. 이들 이 하는 공부 또한 수치심과 부끄러움을 생생하게 느낄 수 있는 마음을 힘차게 기르는 것이다. 이들 선비들은 그런 마음으로 자애로우면서도 한편으로는 하늘을 우러러 한 점 부끄러움이 없는 삶을 기약하는 사람 들이었다.[100]

2) 조광조의 말길론과 언론자유

사람이 세상을 살아가는 데 있어서 가장 중요한 것은 자신의 인생관

100 부남철, 위의 책, 98~99쪽.

이다. 인생관은 그 사람의 모든 사고와 행동의 기본적 동인이 된다. 인생관이 너그럽고 풍요로운 자는 그 마음 또한 허허롭고 자유롭다. 서른 넷 늦깎이로 출사해 서른여덟의 짧은 생애를 불꽃처럼 살다간 조선조 개혁정치의 대명사 조광조靜庵 趙光祖의 정치와 언론사상을 통해 그가 이루고자 했던 세상[政治觀], 또 언론을 대하는 그의 마음가짐[言論觀], 세상을 살아가는 지혜[人生觀] 등을 생각해 보고 현대를 살아가는 정치인과 언론인의 한 전형으로 삼았으면 한다.

사림은 학문의 목적을 제세안민에 두고, 먼저 자기 심성의 수양에 힘쓰는 실천적이고 체계적인 학풍을 존중하였다. 그들은 정치가 널리 백성들에게 미치지 못하는 까닭은 효제충신의 가르침을 밝히지 못하는 데 있다고 보고, 가깝고 실행에 옮기기 쉬운 오륜의 질서부터 바로 잡아야 모든 백성이 자기의 업業에 만족하고 잘 살게 되리라고 믿었다.

사림의 이러한 뜻을 좇아 일생을 살다간 조광조는 성종 13년(1482) 서울 종로구 돈의동에서 태어났다. 소년 시절 그는 무오사화에 연루되어 유배중이던 김굉필金宏弼의 문하에 들어가 성리학을 배웠다. 25세 때 중종반정이 일어나 연산의 폭정을 종식시키자 그는 출사할 것을 결심했다. 29세 때 진사 회시에 장원 급제했으나 벼슬할 기회가 주어지지 않았다. 34세 때 비로소 조지서造紙署의 사지司紙(종6품)라는 첫 벼슬을 받았다. 그 해 가을, 알성시에 급제함으로써 성균관 전적을 역임했고, 11월에는 사간원 정언에 임명됨으로써 비로소 역사의 무대에 오른다. 이후 언론·감찰기관을 중심으로 파격적인 승차를 거듭, 37세 되던 해에 대사헌이라는 국가 권력의 최고 핵심 지위에 올라 개혁과 이상을 펼치려다 좌절하게 된다.

조광조는 학문적 내용의 깊이보다는 성리학의 가르침을 행동으로 실천한 선비로 추앙 받는다. 그는 하늘과 사람이 이理로써 일관되고, 임금과 백성은 도道로써 일관되어야 한다고 주장했다. 이를 살피고 도를 따름으로써 하늘과 사람[天·人], 임금과 백성[君·民]이 조화되고 일치되는 도학의 이상을 제시했다.[101] 조광조의 이 같은 지치주의는 이상정치理想政治를 의미하는 것으로 유학에서 말하는 공자·맹자에 의해 제시된 인정·왕도정치로서의 예치·덕치를 뜻한다.

그는 임금이 바름[正]과 선善을 실천함으로써 도학정치道學政治를 실현할 수 있다고 보았다. 조광조는 임금이 실행하여야 할 바름과 선은 바꿔 말해서 의義와 공公으로 나타나기도 한다고 했다. 그런 까닭에 올바른 정치를 하기 위해서는 임금은 항상 의와 이, 공과 사를 분명히 구분할 줄 알아야 한다고 역설했다. 말하자면 사私와 이利에서 벗어나 의義와 공公을 위하려는 태도, 또는 그 입장에 서려는 것이 정치에 있어서의 기본적인 태도라는 것이다.[102]

조광조는 학문의 동기가 입신출세에 있어서는 안되며, 도를 닦는 것이라고 보았다. 도에는 하늘의 도와 사람의 도에 대해 구별이 없고, 인사가 자연의 이치와 원칙에 조화하면 인간사회의 기강과 법도는 절로 질서정연하게 정비되는 것이라고 했다. 하늘에는 춘하추동의 사시四時가 있는 것에 반해 인간사회에는 인의예지가 있으며, 인의예지가 사시와 같이 뚜렷이 서게 되면 나라는 저절로 다스려지게 마련이라는 것이다.[103]

학문의 본령을 도학정치와 소학정신에 두었던 조광조는 정치와 도덕은 분리될 수 없다는 이상주의적 입장에 따라 정치철학을 왕도정치의 구현에 힘썼다. 그는 통치자의 도가 정립되면 자연히 정치기강이 확립

---

101 趙光祖, 『靜庵集』 卷2, 謁聖試策.
102 윤사순, 『한국의 성리학과 실학』(삼인, 1998), 63쪽.
103 김인제, 『현대사회와 국민윤리』(일신사, 1982), 113~114쪽.

되고, 도가 없으면 정치가 문란해진다고 생각했다. 나라를 다스리는 데 도를 얻으면 기강을 힘써 세우지 않아도 보이지 않게 서는 것이며, 법도가 힘써 정해지지 않아도 자연히 정해지는 것이라고 했다. 도란 무엇인가. 근본이다. 근본이란 도덕성이다. 통치자가 도덕성과 양심으로 다스린다면 지엽적인 것은 자연히 해결된다고 말한 그의 철학은 비단 통치자에게만 그치는 것이 아니라 시정의 일반 백성에게까지 이르는 말이기도 했다.

그는 또 유학에서 주창하는 민본정치를 강조했다. "대저 임금과 신하는 백성을 위해 있는 것이니 조정의 상하 관원은 모름지기 이 뜻을 알아서 언제나 백성의 심정을 자기의 마음으로 삼아야 한다. 이렇게 해야 비로소 다스리는 도를 이룩할 수 있다."고 하여 임금이 취하는 공과 의의 입장은 구체적으로 위민·애민·이민임을 지적했다. 이것은 공맹 이래의 예치·덕치가 곧 민본·위민의 성격을 띤 것을 다시금 분명히 한 것이라고 했다. 군신 등 지배층은 백성을 위하려는 목적에서 있는 것인 만큼 이를 항상 마음에 새겨두고 통치에 임해야 한다는 것이다.[104]

조광조가 정치 무대에 데뷔할 무렵은 담양부사 박상과 순창군수 김정의 '폐비신씨복위상소사건'으로 국론이 분분할 때였다. 박원종·성희안·유순정 등이 주도한 쿠데타로 왕위에 오른 중종은 천재지변이 잇따르자 수성修省하는 뜻에서 구언의 교지를 내렸다. 이에 박·김 등이 상소를 통해 폐비 신씨를 복위시킬 것과 정비였던 신씨의 폐위를 주장한 박원종 등 쿠데타 실세들을 처벌할 것을 주장했다.[105]

사간원의 최말단인 정언에 임명된 조광조는 첫 경연에 나가 "언로가

---

104 윤사순, 『한국유학사상론』(열음사, 1986), 52쪽.
105 이와 관련, 제3장 제4절을 참조할 것.

통하면 나라가 안정되고 언로가 막히면 나라가 막히는 법이다. 언로의 통함과 막힘은 국운과 가장 밀접한 연관을 갖고 있다. 언로가 통하면 나라가 편안하고, 언로가 막히면 나라가 어지럽다가 끝내 망하고 만다. 그러므로 임금은 모름지기 언로를 넓히는 데 게을리 하지 않아야 한다. 위로는 정승을 비롯한 판서 등 모든 관리로부터 아래로는 일반 백성들에 이르기까지의 말을 모두 들을 수 있어야 한다. 언론을 담당하는 관리가 없으면 여론을 제도적으로 들을 수 없는 까닭에 간관을 두고 언로를 주관토록 해야 한다."며 언로를 막지 말고 열 것을 역설했다.[106]

그는 또한 "대간이 된 자는 언로를 잘 열어 놓은 뒤에야 그 직분을 다 해냈다고 할 수 있을 것이다. 박상·김정 등은 임금의 구언에 따라 의견을 올렸을 뿐이므로 재상들이 '죄를 주자' 청할지라도 대간된 자로서는 언로를 생각하며 그를 풀어주어야 할 터이다. 그런데도 오히려 죄줄 것을 요청하여 언로를 막았으니 이는 실로 제 직분을 망각한 처사라 아니할 수 없다. 어찌 직분을 모르는 대간과 같이 일을 할 수 있겠는가. 박상·김정에게 죄 주기를 청한 대사헌과 대사간을 파직하여야 마땅하다."라고 하여 언로 개방의 당위성을 역설했다.

조광조는 군주의 독단적이며 전제적인 정치인 독치를 반대하고 대신에 맡겨 정치를 해야 정치의 바른 도리[治道]가 확립된다고 주장했다. 대신의 직분은 백성의 마음을 자신의 마음으로 삼아야 하는 것[以民爲心]이요, 군주와 대신은 백성을 위하여 설치된 것이라고 지적하면서 군·신·민의 일치 조화에서 치도의 이상을 찾았다. 이는 곧 유교의 민본사상을 정치의 근본이자 목표로 제시한 것이기도 했다.

---

106 『中宗實錄』卷23, 中宗10年 11月 22日甲辰條: "正言趙光祖啓曰 言路之通塞, 最關於國家, 通則治安, 塞則亂亡. 故人君務廣言路, 上自公卿, 百執事, 下至閭巷, 市井之民, 俾皆得言. 然無言責, 則不自得盡, 故爰設諫官以主之, 其所言雖或過當, 而皆虛懷優容者, 恐言路之或塞也."

이런 맥락에서 관료를 등용할 때는 불현·소인을 버리고 현인·군자를 찾고, 그들을 중신으로 기용할 것이며, 중용한 뒤에는 일단 믿고 오랫동안 일을 맡겨야 한다고 했다.[107] 특히 어진 이를 필요로 하는 까닭은 그의 어진 생각과 바르게 내놓는 말이 필요하기 때문이다. 임금이 만능이 아닌 이상 아무리 군주 체제를 이상시하는 경우라고 하더라도 그 보필자로서의 현명한 관리가 요청될 수밖에 없다. 그와 같은 뜻에서 조광조는 어진 생각이 바른말로 전달될 통로로써 언로의 중요성을 지적하고, 그 확장을 주장했다. 그런 까닭에 간언을 맡은 신하는 소신대로 기탄없이 솔직하게 무슨 일이든 다 말해야 하며, 임금은 그것을 거리낌 없이 받아들여야 한다는 것이다.[108]

조광조는 "진정한 선비란 자신의 재앙과 환난을 헤아리지 않고 기꺼이 나라를 위해 몸을 바치는 자"라고 말하고, 선비의 기풍[士風·士習]을 바로잡는 일이 지치至治의 실현에 있어서 필수적인 선결 조건이라고 강조했다. 그는 여기서 한 걸음 더 나아가 선비의 기개를 배양하고, 선비의 기풍을 바로잡는 것은 선비의 바른 정신을 정치와 교화의 원칙으로

107 조광조는 君子小人之辨을 역사에 남겼다. 그는 "災異가 일어나게 되는 것은 小人이 君子를 모함하는 데 있다. 왜냐하면 소인은 군자를 소인이라 하고, 군자는 소인을 소인이라 하기 때문이다. 그리고 소인은 주야로 군자를 공박하는 것밖에 생각하지 않는다. 소인은 군주와의 접견 때 예모를 갖추고 좋은 말로 수식하므로 그를 가려내는 것은 용이한 일이 아니다."라고 말해 군자를 가까이 하고 소인을 멀리하는 것이 정치의 덕목이라 했다. 군자는 온 나라 사람들을 자기 자신처럼 사랑하는 사람이며, 소인은 그 사랑이 자기 자신과 자기 가족에게만 미치는 사람을 말한다. 예로부터 재주와 덕이 함께 하면 聖人이라 하고, 재주와 덕이 아울러 없으면 愚人이라 했다. 덕이 재주보다 나으면 君子라 이르고, 재주가 덕보다 나으면 이를 小人이라 한다. 따라서 군자와 소인은 진실로 분별하지 않으면 안 된다. 바른말[正言]과 사리에 맞는 이론[格論]으로써 자기 소신대로 행하고, 남에게 의지하지 아니하며, 벼슬을 할 적엔 충성을 다할 것을 생각하고, 벼슬에서 물러갈 적에는 임금의 부덕한 점을 보좌할 것을 생각하며, 공명정대하여 사직이 있는 것만 알고 그 자신이 있는 것을 알지 못하는 사람은 군자이며, 간사하고 아첨하며 남에게 아부하여 용납되기를 취하며, 권한을 도적질하고 세력을 부리며, 남의 좋은 점을 탈취하고 은혜를 팔고서 "예! 예!" 하고 남에게 순종하여 다만 자기에게 이익이 있다면 남의 말은 개의치 않는 사람은 소인이다. 군자는 "서로 합하기는 어려워도 소원하기는 쉬우며, 소인은 친하기는 쉬워도 물리치기는 어렵다."라고 하였다.

108 윤사순, 앞의 책(1998), 64쪽.

확립하려는 사림정치의 실질적 근거를 밝히는 것이라 했다.[109]

선비로서의 조광조는 그 권리 못지않게 책임도 깊게 자각하고 실천하였다. 원래 선비란 나라를 떠받드는 동량이란 뜻에서 흔히 '나라의 원기'라 하고, 이상적인 정치가 실현되고 안 됨은 오로지 선비의 기풍인 사습의 건전함 여부에 달려 있다고 생각했다. 말하자면 선비의 책임은 나라와 사회를 위하여 이바지하는 것인 만큼 선비가 그 책임을 다할 때 민생이 향상되고 마침내 국가의 흥성이 있게 된다는 것이다.

그는 특히 신독愼獨을 강조했다. 조광조는 「알성시책」에서 "사람의 정은 항상 나타나는 데서는 삼가고, 나타나지 않는 데서는 소홀해진다. 나타나지 않는 데를 더욱 삼갈 것이며, 마음에서 생각날 때는 털끝만큼의 삿된 생각과 거짓이 싹틈이 없이 순수하고 의리에서만 나와야 한다."고 하여 선비의 몸가짐을 역설했다. 모름지기 선비는 안과 밖이 한결같은 마음을 가져야 한다는 것이다.

조광조의 이러한 언론은 중종에 의해 가납되어 박상과 김정은 외역에 유배됨에 그쳤고, 대사간 이행과 대사헌 권민수는 언로를 맡은 직에 있으면서 언로를 막아 군주로 하여금 바르게 간하는 신하의 말을 거부케 했다는 죄로 파직됨으로써 정치적 승리를 거두었다.

이후 그는 홍문관 부수찬 겸 경연검토관에 전격 발탁되는 등 국가 권력의 핵심으로 쾌속 승차했다. 조광조는 여씨향약을 실시하고 소격서昭格署를 혁파하며 현량과를 설치하는 등 연이은 개혁정책으로 국정을 쇄신했다. 그리하여 마침내 감찰권과 언론권을 동시에 장악한 대사헌에 이르자 '반정공신의 위훈삭제'라는 개혁정치의 마무리를 시도하게 된다.

109 금장태, 「조정암과 조선조의 선비정신」, 『한국학보』 제10집(일지사, 1977), 187쪽 재인용.

제 5 장 조선시대 언론철학

그러나 "군주가 정치를 잘못하면 권도를 발휘해 신하들이 군주를 바꿀 수 있다."라는 사고에 의해 반정이 기도되었고, 그 쿠데타로 왕위에 등극한 중종은 자신도 때에 따라서는 폐위될 수도 있지 않는가라는 의구심에 사로잡혔다. 따라서 중종은 매사에 실세 반정파들의 눈치를 살폈다. 더구나 폐조의 난정으로 왕권의 권위는 떨어질 대로 떨어져 국왕은 백성들로부터 신망은 고사하고 점차 경원시되었다. 이런 상황에서 중종은 그를 군주로 만들어 준 사람들을 거세해 버리고 왕권을 확고하게 만드는 묘안을 찾고 있었다.

이때 중종이 착안한 것은 "어떤 경우에도 신하는 군주를 버려서는 안된다.", "충신은 결코 두 임금을 섬기지 않는다."라는 의리를 중시하는 사육신류의 사림들을 다시 정치권으로 끌어들여 이들로 하여금 임금을 몰아냈던 사람들을 제압하게 하는 것이었다. 조광조는 중종의 이같은 정치적 계산에 의해 발탁되었다. 따라서 그 용도가 다하면 '팽烹' 당하리라는 것은 불 보듯 뻔했다.

일찍이 아버지를 여의었던 조광조는 중종을 아버지처럼 믿고 따랐고, 중종을 요순시대와 같은 이상정치를 구현하는 임금으로 만들려고 했다. 개혁정치를 통해 '백성이 주인 된 이상적인 유교국가'를 건설하고자 했다. 하지만 중종의 본심은 조광조를 이용해 자기를 임금으로 만들어 준 반정 실세를 털어 버리고 왕권을 반석 위에 올려놓는 것뿐이었다.[110]

조광조는 중종의 그런 의도에 의해 발탁되어 전폭적인 신임을 받으며 4년 동안 중요 직책을 맡아 중종이 눈치를 볼 수밖에 없었던 부담스러운 반정 실세들의 뿌리를 뽑는 일을 했다. 그런 일이 끝나갈 무렵 중종은 조광조를 반역의 괴수로 몰아 전라남도 화순군 능주면 남정리로 유배시

---

110 부남철, 앞의 책(1996), 86쪽.

켰고, 마침내 훈구세력 잔당을 사주하여 탄핵케 했다. 조광조는

愛君如愛父	임금을 어버이처럼 사랑했고
憂國如憂家	나라를 내 집처럼 근심하였네
白日臨下土	밝고 밝은 해가 세상을 굽어보니
昭昭照丹衷	거짓 없는 이 마음을 훤히 비추리

라는 절명시를 남기고 처참하게 스러진 비운의 정치가이자 언론인이
었다.

　조광조가 한 선비로서 도학을 높여 인심을 바로잡고, 성현을 본받아
지치를 이루려 했던 주장은 선비의 이념을 제시하는 것이었고, 임금의
마음을 바로잡아 왕도를 베풀며 의로운 길을 열고 이권의 원천을 막아
야 한다는 것은 선비의 행도방법을 제시하는 것이었다.[111] 그는 이 같은
일을 하다가 기묘사화에 희생되어 38세의 젊은 나이로 사사되었다. 그
의 죽음은 선비의 의로움을 더욱 선명하게 각성시켜주며, 의리를 추구
하는 선비정신을 더욱 강인하게 연마시켜주는 힘의 원천이 되었다.

　그는 원리 원칙에 철저한 사림파를 중심으로 언론을 주도해 가면서
유교에서 말하는 이상국가를 건설하려 했다. 사림파는 군주권 자체는
분명히 인정하지만 군주도 도학정치를 철저하게 실천할 것을 강조했
다. 그러기 위해서는 언관들이 자유롭게 발언하고 비판할 수 있는 언론
정치가 활성화되어야 하고, 바른말을 하는 사람들이 그런 자리에 있어
야 하며, 그들이 어떤 말을 해도 용인되어야 한다고 주장했다. 이에
따라 조광조는 군주·관료·백성들 사이의 삼위 일체적인 유교정치의

111 금장태, 앞의 글(1977), 190쪽.

틀을 꼼꼼히 짜서 자의적인 정치는 불가능하도록 제도를 만들어 갔다.

바야흐로 중종은 반정 세력의 속박으로부터 해방된 대신 유교정치라는 원리 원칙에 다시 속박되었다. 사람으로부터는 풀려났으나 이념과 제도 속에 묶인 것이다. 조광조 덕분에 왕권은 반석같이 다졌으나 군주가 가지는 재량권은 오히려 축소되었다. 애초에 중종이 원했던 것은 단지 자신을 국왕으로 만들어 준 사람들로부터 자유로워진 왕권을 강화하는 것뿐이었다. 이제 그 목표가 달성되자 조광조는 더 이상 필요 없게 되었고, 그래서 용도 폐기라는 처방을 내렸던 것이다.[112]

중종은 조광조가 만들어 준 안정된 권력 기반 위에서 조광조가 죽은 뒤에도 26년을 더 통치했다. 중종 14년(1519) 조광조가 사사되자 사림은 바른말을 하기보다는 침묵으로 종사를 외면했고, 관료 기구마저 군주의 정치권력을 단순히 집행하는 데 그쳤다. 정치가 실종되자 군주의 잘못을 바로잡으려고 달려드는 용감하고 충성스러운 신하들은 점점 줄어들었으며, 이와 비례하여 권력은 부패해 갔고 백성들의 민생고는 끝없는 나락으로 떨어졌다. 『중종실록』을 편찬한 사관은 "재위 40년 동안 정치가 조금도 나아지지 않았고, 다스려진 때보다 혼란한 때가 더 많았다."고 중종조의 오락가락한 정치를 비판했다.

조광조는 정치란 어느 한 사람이나 권력이 독점하는 것이 아니라 군주·관료·백성 삼자 사이의 조화에서 찾았다. 그 민본정치를 원활하게 하는 통로로 언로를 주목했다. 언로는 한 사람의 목소리가 아니라 공동체 구성원 전체의 뜻을 반영하는 장치이기 때문에 정치에서는 필수 불가결한 요소이다. 조광조는 언로가 열려 있는 나라만이 바르게 다스려질 수 있다고 믿었다. 언로가 열려 있으면 모든 사람들이 원하는

---

112 부남철, 앞의 책(1996), 90쪽.

것을 표현할 수 있기 때문에 정치가 모든 사람들이 원하는 방향으로 갈 수 있다는 것이다.

반면 언로가 막혀 있으면 나라가 혼란해진다고 했다. 왜냐하면 정책 결정이 권력 핵심부에 있는 소수의 편견이나 대권을 쥔 사람들의 독단에 의해 좌우되기 때문이다. 또한 시중에는 부의와 유언비어가 난무해 나라는 걷잡을 수 없이 혼란해질 것이라고 보았다. 이에 조광조는 바른 정치가 이루어지려면 최고위직 관료에서부터 평민에게 이르기까지 누구에게나 언로가 열려 있어야 한다고 강조했다. 특히 군주는 보통 사람들이 여론을 들을 수 없는 곳에 있으므로 그를 둘러싸고 있는 사람들의 장막으로부터 벗어나야 하며, 또한 관료들과 자주 대화를 나눌 수 있는 기회를 마련해야 하고 무슨 말이든지 다할 수 있게 해야 한다고 강조했다.

조광조가 말하는 이러한 '언로의 확대'는 엄격히 말해 오늘날의 '언론의 자유'와는 다르다. 언론의 자유란 인간이 갖는 의사 표현의 고유한 자유를 뜻하나 언로는 어떠한 사실을 반영하는 길을 의미한다. 조광조의 언로는 오늘날의 커뮤니케이션 루트Communication Route에 가까운 개념이다. 임금은 각계각층의 사람을 많이 만나서 중의를 들어야 하며, 그러기 위해서는 언로가 열려야 한다는 것이다. 설혹 거짓말이 들어오고 불쾌한 말이 들리더라도 그 '통로'를 확보하기 위해서 우용해야 한다는 것은 오늘날의 자유·평등사상에 입각한 언론관이다.[113]

조광조가 마음속에 품었던 거울 또한 수정처럼 맑았다. 그는 마음속에 있었던 말을 하나도 숨기지 않고 다 했으며, 자기가 한 말을 조금도 주저하지 않고 행동으로 실천하다가 죽어갔다. 중종은 그를 사사하고

---

113 김기중, 「한국의 언론사상」, 『논문집』 제4집(광주개방대학, 1987), 216쪽.

나서 조광조가 "과격했다"고 평계 댔다. 반면 사관들은 조광조가 지녔던 기백이야말로 나라를 위해서는 가장 절실하다고 했다. 군주가 제대로 된 정치를 펼치려면 젊은 사람들이 그런 사기士氣를 갖도록 해야 한다고 평했다.

도학정치의 이상을 실현하기 위해 군주의 신임을 믿고 고군분투했던 조광조의 꿈과 야망은 아버지처럼 믿었던 중종의 배신으로 처절하게 좌절되었다. 사사된 지 50여 년이 지난 후 퇴계 등 당대의 선비들 주청에 의해 정치적으로 복권되어 그는 충성과 의리의 표상이 되었고, 실천과 기백을 강조한 원칙주의자로서 조선 성리학의 정통을 잇는 거목으로 부활했다. 이에 앞서 그를 모함해서 죽게 했던 남곤 등은 관직을 삭탈당하고 추죄되었으며, 중종은 참 선비를 죽인 임금으로 역사에 기록되었다.

조선시대의 성리학이 합리적이며 객관적인 지식 탐구를 소홀히 하는 것은 아니지만, 가장 중점을 두는 것은 순수한 인간의 심성을 밝혀 도덕적이고 인격적인 인간상을 구현하려는데 있었다. 이는 참된 자기완성으로서 진정한 학문정신이라고 여겼기 때문이다. 조광조는 성리학의 목적을 원칙대로 행함으로써 자기 자신을 철저히 닦음과 동시에 사회정의의 실현을 구현하고자 했던 것이다. 비록 그것이 정치적 성공은 거두지 못했지만 그 이상은 날이 갈수록 재조선비들의 사표가 되었다.

원칙에 철저하고 앎과 행함을 일치시키려 했던 조광조를 당시 사람들은 '미친 사람', '화를 낳는 사람'이라고 부르기도 했다. 그는 이상주의자이자 원칙주의자였으며 실천주의자였다. 정치개혁을 통해 성리학에서 이상으로 여기는 대동사회를 건설하려다가 수구세력의 반동에 의해 좌절되었다. 그의 개혁은 당대에는 철저히 파괴되고 실패했으나 후세 사람들에 의해 상당 부분 실현되었다. 긴 역사의 흐름에서 볼 때

그는 실패한 것이 아니라 성공한 것이었다.[114]

역사 발전에 대한 믿음, 미래에 대한 대안 제시, 개혁 의지와 원칙 준수, 자기희생으로 살아온 조광조의 삶은 선비의 이상적인 인간상으로 추앙 받기에 조금도 손색이 없을 뿐 아니라 현대 정치인에게도 시사하는 바가 매우 크다.

3) 조식의 선비정신과 재야언론

선비는 자기를 의식적으로 드러내는 것이 아니라 스스로 인격을 수양하고 학문을 숭상함으로써 저절로 세상에 알려지기를 기다린다. 출처에 대한 선비들의 이러한 자세는 선비를 알아보는 현명한 사람이 있음으로 해서 가능하다. 선비는 자기의 능력을 알아주는 사람을 위해서는 목숨까지도 버린다. 그런가 하면 선비가 선비 대접을 받지 못할 때는 그가 어떠한 부귀를 누리더라도 그 자리를 박차고 나온다. 이런 맥락에서 조식南冥 曺植은 세상에 나가지 않은 재야의 큰 선비였다.

조식은 연산군 7년(1501) 6월 26일 경상우도 삼가三嘉(합천)에서 태어나 선조 4년(1572) 72세를 일기로 세상을 떠날 때까지 일생을 학자로서, 깨끗한 산림처사로서 선비정신을 유감없이 실천한 선비였다. 그는 단순한 은자가 아니라 치국할 포부를 가진 선비였다. 그의 처사상은 세상을 피하여 숨어사는 은일 일변도가 아니라 국가와 백성을 위해 배운 바를 기여하는 항절抗節의 주체로서의 선비상이었다. 요컨대 조식은 인간 체위의 대원칙에 입각하여 현실 정치의 잘잘못을 비판하고 도의를 후세

---

114 고광진, 「원칙에 충실했던 개혁의 화신 정암 조광조」, 『시대가 선비를 부른다』(효형출판, 1998), 32~37쪽.

에 전한 산림처사였다.

그는 선비가 현실 정치에 나아가서 경륜을 펴보지도 못하고 이용만 당하다가 망신당하는 주요 요인이 권세에 유혹되고 허명虛名에 만족하기 때문이라고 보았다. 선비가 권세를 탐내어 벼슬에 나아가면 그는 그것을 탈취하고 지키는 데 골몰하여 상하좌우의 눈치나 살피고, 사로써 공을 움직이게 마련이며, 또 허명에 도취되면 관직이나 차지하고 실제의 일은 해낼 수 없다고 했다. 그리고 집권자는 선비의 비판세력을 약화시키기 위해 실제로 할 일과 권한도 없는 한직에 명망 있는 선비를 끌어들이며, 허명을 좋아하는 선비는 모두 이에 말려들기 마련이라는 것이다. 나라에서 여러 번 벼슬에 불렀어도 끝까지 나가지 않은 이유가 여기에 있었다.[115]

조식은 퇴계退溪에게 쓴 편지에서 말하기를 "요사이 학자들을 보면 손으로는 물을 뿌리고 비로 쓰는 등의 예절은 알지 못하면서 입으로는 하늘의 이치를 말하여 허명을 도둑질하고, 남을 속일 계책을 씀으로써 그 해독이 남에게까지 미치니 어찌 선생·장자의 가르침이 없어서 그런 것이겠습니까?"라고 하였다.[116] 퇴계는 "내가 남명과 한 세상에 나서 서로 사귀지 못하여 항상 사모하였는데 이제 일어나서 소명에 응하니 선비가 때맞추어 세상에 나오고 나오지 않는 의리를 보았다."며 조식의 출처 의리를 칭송했다.

조식이 활약한 것은 명종 대이다. 기묘사화 이후 뜻있는 선비들의 외면으로 정치는 혼란스러웠다. 그는 정의를 신장하고 백성을 옹호할 직무를 가진 처사들이 정의의 편에 서서 권력을 견제·비판하지 못하

115 한국인물유학사편찬위원회, 『인물한국유학사』 권2(한길사, 1996), 595쪽.
116 여기서 선생은 옛 성현을 말하고 長子는 당시 조정에 있던 퇴계를 가르친다(장지연, 『조선유교연원』 권1, 솔, 1998, 183쪽).

고 도리어 권력 앞에 굴복하거나 심지어 그 권력의 비행을 비호한다면 적나라한 폭정이 그대로 백성들을 마구 누르게 될 것이며, 가치기준·정치법도·사회기강 등이 위정자 마음대로 요리될 때 그 나라는 망할 것이라고 생각했다. 따라서 국정의 명암과 성패는 결국 중간 계급인 사림이 그 기능과 직분을 다하느냐 다하지 못하느냐에 달려 있다고 보았던 것이다.[117]

그는 이 같은 관점에서 유가정치, 특히 사림정치의 기능을 생각했고, 당시의 일그러진 정치적 혼란을 극복하기 위해서는 국왕이 실제의 정치를 장악해야 하며, 사림이 자기의 직분을 되찾아 청의를 일으키고 국정을 비판해야 된다고 보았다.[118] 조식은 명종을 소견한 자리에서 "임금은 나라를 다스리는 핵심적 주체이다. 모든 정치와 권력은 임금으로부터 비롯되므로 임금은 우선 덕성을 닦아 항상 그 대본[仁義]을 세우고 있어야 하며, 스스로 얻고 배우는[自得之學] 마음을 귀히 여겨 스스로의 생각과 판단[自力], 소신으로 정무에 임해야 한다. 또 임금과 신하 간에는 틈 없이 대화를 할 수 있어야 하고, 특히 가슴과 마음을 터놓고 언로를 열어 직간을 받아들이는 데 성의를 다해야 한다. 대체로 군주가 현명하면 신하가 충직하고, 임금이 혼미하면 신하가 아첨하기 마련이다. 임금은 정치를 도울 도[求治之道]를 밖에서 구할 것이 아니라 먼저 다스림의 근본인 자신의 인격과 학문부터 닦고 얻는데 힘써야 한다."며 치도를 강조했다.[119]

---

117 김충열, 「조식의 선비정신」, 『한국의 사상』(열음사, 1984), 200~203쪽.
118 당시의 정치는 대비였던 文定王后의 수렴청정으로 국왕의 왕권은 허수아비에 불과했다. 조식은 정치가 혼란한 것이 대비의 세력, 즉 윤원형 일파의 농간 때문으로 보고, 척신정치의 철폐를 주장했다.
119 『明宗實錄』卷33, 明宗21年 10月 7日甲子條: "君臣之際, 上下之情無間, 然後誠意相孚矣. 自上開心聽約, 無有蘊奧, 有如洞開中門, 則群下盡心竭力, 得展其股肱心膂, 上亦照察賢否, 如鑑之明, 能辨別人材, 以爲此人謹厚, 他日必爲某樣人也. 此人才敏, 他日必爲某樣人也. 此人勁直, 當進逆

조식은 55세 때 최초로 올린 상소문에서 관직에 뜻을 두고 있지 않는 자신의 심경과 처사 생활에 만족하고 있음을 고백하고, 이어 "조정의 말단 관리는 아래에서 시시덕거리며 주색만을 즐거움으로 삼고, 고위 관리는 위에서 어름어름하면서 오로지 재물 모으기에만 급급하다. 물고기가 내장부터 썩어 가는데 아무도 그것을 그치게 하지 않는다. 내신內臣(서울의 관리)은 후원하는 세력을 심어서 용을 못에 끌어들이듯 하고, 외신外臣(지방의 관리)은 백성들의 재물 긁어모으기를 이리가 들판에 날뛰듯 한다. 이는 가죽이 다 해지면 털이 붙어 있을 때가 없다는 것을 알지 못하는 꼴이다."라면서 부정부패에 대한 대책을 세우지 못하는 당시의 정치 현실을 개탄했다.

또한 그는 소에서 "자전慈殿(대비大妃)께서는 생각이 깊고 성실하나 깊숙한 궁중에 있는 한 사람의 과부에 지나지 않으며, 전하께서는 어리시어 다만 선왕의 고아일 뿐이니 천백 가지의 천재天災와 억만 갈래가 된 인심을 무엇으로 감당해 내며 무엇으로 수습해 내겠는가."라고 당시의 정치를 직필로 비판했다.[120]

왕권의 확립을 주창한 그의 직간은 목숨을 담보하지 않고서는 감히 거론할 수 없는 것이었다. 하늘을 찌르는 권세에 짓눌려 그 어느 누구도 엄두 내지 못하던 척족정치의 폐단을 서슴없이 질타한 이 상소로 그는 단숨에 재야 선비의 상징으로 떠올랐고, 선비의 서슬 퍼런 직간이 어떤 것인지를 내외에 알렸다. 조식은 모든 비정의 원인인 척족정치가

耳之言. 此人軟熟, 必爲諂諛之徒. 群下亦知聖念所發, 以爲此善念也. 所當十分開導以擴充之, 此不善之念也. 所當遏絶, 不使滋蔓, 上下講明, 情意相通, 則此乃出治之本也."
120 曹植, 『南冥集』卷2, 辭丹城縣監疏: "小官嬉嬉於下, 姑酒色是樂. 大官泛泛於上, 唯貨賂是殖, 河魚腹痛 莫肯尸之, 而且內臣樹援, 龍挐于淵, 外臣剝民, 狼恣于野, 亦不知皮盡而毛無所施也⋯ 慈殿塞淵, 不過深宮之一寡婦. 殿下幼沖, 今是先王之一孤嗣. 天災之百千, 人心之億萬, 何以當之, 何以收之耶."

청산되지 않는 한 국정 개혁에 관한 어떠한 말과 정책도 소용없다며 근본적인 정치개혁을 촉구했다.[121]

이에 대해 명종은 그를 처벌하려고 했으나 승정원은 산림처사의 상소문을 책잡아 처벌하면 언로가 막힐 염려가 있고, 또 조식의 글은 왕가에 대한 불경이 아니라 그 시대의 사회적 폐단을 적중하게 꼬집은 직간이라고 하여 치죄에 반대했다.

조식은 상하 주종관계에 있던 군신 관계를 횡적 쌍무관계로 되잡고, 늘 관에 짓밟히던 민생을 원시유가가 주장하는 '민위방본民爲邦本'의 위치로 세우려고 노력했다. 그는 "물은 배를 띄울 수도 있고 엎을 수도 있는 것처럼 백성은 임금을 추대하기도 하고 정권을 뒤엎기도 한다. 여기에서 물은 백성이요 배는 임금이다. 물은 평탄할 때도 있고 격랑일 때도 있다. 또 배는 물을 순항할 때도 있고 역행할 때도 있다. 그러나 어디까지나 배는 물위에서의 배지, 물이 배의 물일 수는 없다. 국가란 결국 백성에 의해 세워지기도 하고 뒤엎어지기도 한다. 민심을 얻은 자는 백성의 도움을 받아 나라를 세우고, 민심을 잃은 자는 백성들의 외면으로 나라를 잃게 된다."고 하여 백성을 위한, 백성에 의한, 백성의 민본정치를 주장했다.[122]

이는 주희가 말하는 신민新民(관료정치)보다는 왕양명王陽明이 주장하는

297

제5장 조선시대 언론철학

---

121 당시의 사회상에 대해 이이는 "권세 있는 간사스러운 신하들이 나라를 흐리게 하고 어지럽힌 뒤부터 상하가 오직 뇌물만 일삼는다. 관직은 뇌물이 아니면 진급이 되지 않고, 죄수는 뇌물이 아니면 석방이 되지 않으며, 모든 관료들은 서로 결탁하여 법을 어기는 일만 하고 아전들은 문서를 농간하여 술수를 부리니 모든 물건이 관에 공납될 때 정밀한 것과 나쁜 것을 구분하지 않고, 많고 적은 것을 계산하지 않으며, 오로지 뇌물의 등급으로써 취사의 표준을 삼는 데 이르렀다. 그리하여 일개 군노나 일개 사령이 다 약간의 소관만 있으면 그물질하고 빼앗는 것을 일삼게 되었다. 뿐만 아니라 중대한 사건도 교활한 아전의 손에 맡겨져 뇌물의 많고 적음으로 곡직을 결정하게 되었다. 이것이 바로 정치가 어지럽고 나라가 망하는 고질이 아니고 무엇인가."라고 했다(李珥, 『栗谷全書』 卷15, 雜著, 東湖問答).

122 曺植, 『南冥集』 卷1, 民巖賦: "民猶水也. 古有說也. 民則戴君, 民則覆國."

친민親民(위민정치)을 받아 들여 선비는 백성의 쪽에 서서 다스리는 사람들을 비판하고 청의를 일으키는 것이 본연의 직능이라는 것이었다. 말하자면 선비는 사회 국가 속에서 국외자의 안목과 주체적 입장에서 의리적인 가치 기준으로 항상 현실을 비판하고 이상을 제시해야 한다는 것이며, 이것이 바로 선비가 나라의 은혜와 백성들의 노고에 보답하는 길임을 강조했다.[123]

조선시대에는 선비들이 공론의 중심에 서 있었다. 선비들이 집에서 몸을 닦고 학문을 익히는 것은 자기의 몸만 선하게 하는 것이 아니라 종사에 나가기 위해서였다. 그것은 선비가 지녀야 할 최고의 덕목이었다. 출사, 즉 이에 따른 권력 그 자체가 전부일 수는 없었다. 때를 만나면 벼슬길에 나아가고 그렇지 못하면 묵묵히 은거하는 것이 선비의 도리였다. 때문에 선비는 벼슬에 나가면 마땅히 이욕을 탐내는 것을 조심했고 의義로서 임금을 도와 정치가 바르게 되도록 했다.

또한 물러나면 사림에 묻혀 도를 강론하여 실천하는 임무를 수행함으로써 대중을 교화했다. 선비는 평생 동안 학문을 계속했으며 그 학문의 성격은 지식의 축적보다는 도리를 체득하고 실천하여 인격적 성취를 목표로 했다. 선비가 벼슬에 나아가기를 어려워하고 물러나기를 쉽게 여김은 부귀에의 욕망을 버리고 불의에 저항하는 비판정신을 지키는 지성인의 역할을 제대로 하겠다는 뜻에서였다.

선비는 대의를 위해서는 그 뜻을 굽혀 몸을 욕되게 하지 않았으며 옳은 일로 죽음을 택할지언정 결코 불의로서의 삶을 취하지는 않았다. 마음은 순정하여 꾸미거나 가식을 일삼지 않았으며 예·의·염·치를 닦아야 할 법도로 삼았다. 특히 선비의 청렴을 뜻하는 염치는 여인의

---

123 한국인물유학사편찬위원회, 앞의 책(1996), 594쪽.

정조와 정결에 비유될 만큼 소중히 했다. 따라서 선비는 정情을 다하고, 실實을 다하며 남을 속이는 일을 하지 않았다. 의롭지 못한 일을 마음으로 헤아리지 않았으며 사리에 어긋나는 이득을 취하지 않았다. 시세의 이익을 좇아 이리 움직이고 저리 쏠리고 하는 것을 엄격히 경계했다.

선비는 충이라고 생각되면 말이 귀에 거슬리더라도 기필코 간했다. 벼슬을 못한다 하더라도 자신을 지키기 위해 의를 저버리지 않았다. 때를 만나서 출세를 해도 백성들에게 실망을 주기 않기 위해 도를 이탈하지 않았다. 일신이 궁핍해도 그 뜻을 엄격히 단속했고 그 절개를 대쪽처럼 가다듬어 그 본성을 잃지 않고 지조를 삼가서 지켰다. 마음 밝히기를 거울같이 하고 몸 규제하기를 먹줄같이 하여 티 없이 맑고 곧은 마음을 몸가짐의 사표로 삼았다. 선비의 삶은 평생을 따뜻하게 배불리 먹고 입는 것이 아니었다. 그들은 세교世教(치세의 대도大道와 세상의 도의道義)를 정갈히 하고 풍습을 두텁게 하기 위하여 검소함을 숭상하고 염치를 생활화했다.

조선조의 제도언론에는 이와 같은 선비정신이 알알이 배어 있다. 재야에 있건 재조에 있건 가리지 않고 선비는 소신에 따라 서슴없는 직간으로 그 소임을 다했다. 그들은 충간이 비록 지나쳐서 왕의 분노를 자아낼 수도 있으나 아부나 하는 소인배들의 교언영색이나 곡필보다는 훨씬 낫다고 생각했다.

조식은 선비가 산림에 묻히는 것은 의리지학을 강조하기 위해서만은 아니라고 했다. 즉 지성인은 학문 외에도 사회에 져야할 책임이 있다는 것이다. 그것은 두말할 것도 없이 정의의 편에 서서 정치를 비판하고 역사와 문화를 창조하는 일이었다. 조식은 선비의 치욕은 국가의 치욕이라고 했다. 선비는 민족의 원기를 맡아둔 자이며 국가 명맥의 최후의 보루였다. 그러므로 선비에 있어서 가장 귀한 것은 학문보다 기절이었다. 조식의 처사상은 바로 이 '기절' 두 글자로 표현할 수 있다. '안으로 밝은 것이 경이요, 밖으로 절조 있는 것은 의다[內明者敬 外節者義]'라고 칼에 새긴 명구는 어찌 보면 그 자신의 자화상인지도 모른다.[124]

그는 평생을 산림처사로 있으면서 경의지학敬義之學을 바탕으로 철저한 선비정신을 실천했다.[125] 그는 경과 의를 한 몸에 집약하는 자아를 형성하기에 이르러 그것으로써 평생의 학문과 수양, 처세와 교육의 기본 철학으로 삼았다. 그에게서 경이란 엄숙하게 자리잡아 가지런히 하여 조금도 어두운 곳이 없이 환하게 트이게 함인즉 마음[心]을 주재해서 모든 일에 응하는 공적과 재능이 여기에서 나온다고 보았다. 안으로 밝은 것이 경이며, 밖으로 밝은 것이 의라는 것이다. 조식은 이를 바탕으로 처신하여 산림선비의 표상이 되었다.

이익은 조선조 중세 이후 경상도에서 문화의 두 거봉인 퇴계와 남명이 태어남으로 인해 우리나라 문화의 절정을 이루었다고 했다. 그는 여기서 퇴계를 상도, 남명을 하도의 대표적 인물로 꼽고, 상·하도의 기풍을 이 두 사람의 인품으로 비유했다. 즉 상도의 퇴계는 '인'으로, 하도의 남명은 '의'로 상징된다고 했다. 이익은 또 상도[退溪]가 '유화儒化'로 일세를 풍미했다면 하도[南冥]는 '기절氣節'로 나타낼 수 있다고 했다. 퇴계가 유화의 넓은 바다[海濶]라면 남명의 기절은 높은 산[山高]이라고 비유했다.[126]

『명종실록』에서도 사관은 조식을 평하기를 "기상과 도량이 맑고 높으며 양쪽 눈에서 불빛이 환하게 번뜩이는 사람이었다. 그를 보면 누구

124 김충열, 앞의 글(1984), 203쪽.
125 정인애, 「조남명의 선비정신 연구」(경상대학교 대학원 석사학위논문, 1989), 85쪽.
126 李瀷, 『星湖僿說』卷1, 天地門 東方人文條: "退溪生於小白之下. 南冥生於頭流之下. 皆嶺南之地 上道尙仁. 下道主義儒化. 氣節如海, 濶山高."

조선시대의 언론연구

나 곧 그가 이 세상의 속진에 물든 사람이 아니라는 것을 알 수 있다. 또 그의 언로에는 재기가 발랄하고 사람을 위압하는 기개가 있어 저도 모르게 이욕에 물든 마음이 녹아버리게 한다. 집안에서는 홀로 있을 때나 누가 있을 때나 늘 몸가짐을 단정히 한 채로 조금도 움직이는 법이 없었는데 이것은 칠순이 넘어도 언제나 한결같았다."고 그의 인품을 평했다.[127]

127 『明宗實錄』卷19, 明宗10年 11月 19日乙丑條 南冥 曺植에 대한 史臣論.
사신은 논하다. 조식은 逸士로 시골에 있었다. 비록 爵祿 보기를 뜬 구름 같이 여겼지만, 오히려 임금은 잊어버리지 않았다. 정성스럽게 나라를 근심하는 마음이 言辭에 드러났고 간절하고 강직하여 회피하지 않았으니, 명성을 거짓으로 얻은 자가 아니라고 말할 만하다. 어진 사람이다[史臣曰 植以逸士而在畝畎, 雖視爵祿如浮雲, 而猶不忘君, 惓惓有憂國之心, 發於言辭, 切直不避, 可謂名不虛得者矣. 其賢矣哉]!
사신은 논한다. 世道가 쇠미해져서 廉恥가 모두 상실되고 氣節이 쓸어버린 듯하여, 遺逸이란 이름을 칭탁하고 功名을 낚는 자가 참으로 많은데, 어질도다. 조식이여! 몸가짐을 조심스럽고 조촐하게 하며 草野에서 빛을 감추었지만 난초와 같은 향기는 저절로 알려지고 명망은 조정에 진달되어, 이미 參奉에 差任되고 또 主簿에 임명된 것이 두 번 세 번에 이르렀지만 이미 모두 머리를 저으며 거절하였다. 지금 이 수령의 직임은 영광이라고 이를 만하여 특별히 제수한 은혜는 드물다고 이를 만한데도, 가난한 것을 편안히 여기고 스스로 道를 즐기면서 끝까지 나아가려고 하지 않았으니, 그 뜻을 높이 살만하다. 그러면서도 세상의 일을 잊어버리는 데 과감하지 못하여 疏를 올려 義를 지키며 당시의 폐단을 극력 논하였는데 사연이 간절하고 의리가 강직하였으며, 시대를 걱정하고 변란을 근심하여 우리 임금을 덕을 밝히고 백성을 새롭게 하는 곳으로 인도하려고 하였으며, 풍속과 교화가 王道政治의 경지에 도달되기를 바랐으니, 나라를 근심하는 그 정성이 지극하다. 아, 마침내 뜻한 바를 대궐에 진달은 하였지만 隱居하던 곳에서 일생을 마쳤으니 그 마음은 충성스럽고 그 절개는 고상하다. 오늘날과 같은 때에 이와 같이 恬退한 선비가 있는데, 그를 높여 포상하거나 등용하지는 않고 도리어 그를 공손하지 못하고 공경스럽지 못하다고 책망하였다. 그러니 世道가 날로 떨어지고 名節이 땅에 떨어진 것이 당연하며, 危亡의 조짐이 이미 이루어진 것이다[史臣曰: 世衰矣, 道微矣. 廉恥頓喪, 氣節掃如, 托名遺逸, 擬賭功名者, 固多其人矣, 賢哉! 植也, 持身修潔, 韜光草野, 蘭香自聞, 名達朝廷, 旣差參奉, 又除主簿者, 至再至三, 旣皆掉頭, 而且今五馬之職, 可謂榮矣, 特授之恩, 可謂稀矣, 而安貧自樂, 終不肯就, 其志可尙也. 然非果於忘世, 陳疏抗義, 極論時弊, 辭懇義直, 傷時憂亂, 欲納吾君於明新之地, 冀致風化於王道之域, 其憂國之誠至矣. 嗚呼! 畢達所志於紫宸之上, 而以終天年於衡門之下, 其心則忠, 而其節則高矣. 當今之時, 有如此恬退之士, 而不之尊尙褒用, 而反責之以不恭不敬, 宜乎世道之日卑, 而名節之板蕩矣. 危亡之漸, 蓋已成矣].
사신은 논한다. 조식의 疏에 답하지 않았을 뿐만 아니라, 도리어 엄중한 말을 내려 정원이 처벌할 것을 주청하지 않았음을 책망하였으니, 言路가 막히게 된 것이 이로부터 더욱 심해졌고 盛德에 累가 됨이 이로 말미암아 더욱 커졌다. 온 나라의 선비들이 상이 무엇을 좋아하고 무엇을 싫어하는지를 알아서 장차 아첨하며 윗사람의 명령을 그대로 따르기만 하게 될 것이니, 뒷날에 비록 危亡의 화가 있더라도 누가 기꺼이 그것을 말하려 하겠는가? 임금의 말이 한 번 나오면 사방에 전해지는데 관계된 것이 어찌 중대하지 않겠는가. 그런데 전교가 이와 같으니 이는 바로 온 나라 사람들의 입을 막아서 감히 말을 못하도록 한 것이다. 애석하다[史臣曰 曺植之疏,

조식은 평생을 초야에 묻혀 엄격한 자기 수양으로 맑은 심성을 다듬었다. 의롭지 못한 권력이 지배하는 정치의 세계에는 나가지 않고 자연과 벗 삼은 고고한 선비로서 산림에 은둔했던 것이다. 출처에 대한 이러한 엄격한 지조는 재야선비의 표상이 되기에 충분했다.

대체로 사대주의 식민사관에 젖은 역사교육을 받은 우리는 손에 돈을 쥐는 법이 없고, 쌀값을 물어보는 일이 없으며, 어쩌다가는 마당에 널어놓은 곡식이 소나기에 떠내려가도 모르는 체하는 사람들이 선비라고 배웠다. 또 진취성과 실용성이 결여된 고리타분한 복고주의자들로서 하는 일없이 빈둥빈둥 민중에 군림하여 착취나 일삼는 것은 물론

조선시대의 언론연구

非但不爲答之, 反下嚴辭, 以責政院之不請罪. 言路之塞, 自此尤甚, 而盛德之累, 由玆益大. 一國之士, 知好惡之所在, 而將爲諂諛承順之歸, 他日雖有危亡之禍, 而誰肯言之哉? 王言一出, 四方傳之, 機關豈不重且大乎? 傳敎如是, 是乃杜一國之口, 而使之莫敢言也. 惜哉!

사신은 논한다. 조식은 오늘날 遺逸 중에서 가장 어진 사람이다. 재능이 뛰어나고 행실이 깨끗하며, 또 학식도 있다. 초야에서 가난하게 살았으나 榮利를 생각하지 않았고, 여러 차례 불렀지만 나오지 않고 그 뜻을 고상하게 하였다. 비록 수령으로 임명되는 영광에 부임하지는 않았으나, 오히려 나라를 근심하는 마음을 가지고 곧은 말로 疏를 올려 당시의 폐단을 바로 지적하였으니, 이 어찌 君臣의 의리를 모르는 사람이겠는가. '자전은 깊숙한 궁중의 한 과부이다'고 한 말은, 조식이 새로 지어낸 것이 아니고 先賢의 말을 인용하여 글을 지은 것이니, 이것이 어찌 공손하지 못한 말이겠는가. 포상하여 장려하지는 않고 譴責하기를 매우 엄중히 하였는데, 이것은 보필하고 인도하는 사람 중에 적합한 자가 없어 학문이 넓지 못해서 그렇게 된 것이다. 정승의 직임에 있는 자도 잘못을 바로잡아 그것을 해결하지 못하여 조식과 같이 현명한 사람이 등용되지 못하고 초야에 버려졌다. 進言하는 길이 막히고 賢人을 불러들이는 일이 폐기되었으며 다스리는 道가 없어졌으니, 世道가 야박해진 것이 어찌 괴이하겠는개史臣曰: "植, 方今遺逸之最賢者也. 才高行潔, 又有學識, 窮居草野, 不慕榮利, 累徵不就, 高尙其志. 雖不赴五馬之榮, 而猶懷憂國之心, 抗疏直語, 正中時弊, 則是豈不識君臣之義者乎? 以 '慈殿爲深宮之一寡婦'之語, 非植之造作, 乃用先賢之言, 而措辭, 則是豈不恭之語乎? 褒奬不擧, 而譴責甚嚴, 是由輔導之無其人, 而學問之不博而然也. 在台鼎之任者, 又不能匡救而解釋之, 有賢如植, 虛棄草澤而莫用焉, 進言之路塞矣, 招賢之事廢矣, 致治之道滅矣. 世道之澆薄, 何足怪哉"]?

사신은 논한다. 대개 상소의 내용이 격절하고 강직한 것을 감사가 잘못되었다고 바로잡아 책망하여 물리친다면, 이것은 사람들로 하여금 君上의 과실을 감히 말하지 못하게 하여 마침내는 임금의 총명을 가리는 禍가 있을 것이다. 대저 人臣이 임금을 섬김에 있어 그 令을 따르지 않고 그 뜻을 따르는데, 더구나 政令에 반포하여 그것을 따르게 하는 데이겠는가. 크게 신자의 체모를 상실했다고 책망하였으니 상의 뜻하는 바를 누가 감히 어기겠는가. 아, 이것은 성덕에 큰 누가 될 뿐만 아니라 실로 治亂과 興亡에 관계되는 것이니 어찌 길게 탄식하지 않을 수 있겠는개史臣曰: "凡疏辭之切直者, 若監司科正責退之, 則是使人不敢言君上之過失, 而終有壅蔽之禍矣. 大抵人臣之事君, 不從其令而從其意. 況布之於政令, 而使從之乎? 責以大失臣子之體, 則上意所在, 誰敢有違乎? 噫! 此非但爲盛德之大累, 實治亂興亡之所關, 豈不慨然長歎乎"]?

공리공론만 쫓다가 마침내 비행마저 서슴지 않는 집단이라고 매도하기도 했다.

그러나 선비를 보라. 그들의 정치적인 발언은 때로는 국왕의 노여움을 사서 목숨이 달아나기도 한다. 더욱 놀라울 일은 뻔히 그것으로 생명이 없어지는 것을 보면서 똑같은 발언을 뒤이어 한다는 것이다. 더구나 국난에 처하면 이 '남산골 샌님'들이 초개와 같이 목숨을 던져 흔연히 의병장으로 나선다. 그들이 선비이다. 따라서 선비는 곧 이 땅의 거대한 자존심이자 양심이라 해도 결코 과언이 아니다.

4) 최익현의 직간과 기자정신

조선조의 선비들은 변절이란 생각지도 못했다. 아무리 고난을 견디기 어려워도 변절이란 있을 수 없었다. 차라리 목숨을 버릴지언정 선비의 양심은 버리지 않았다. 선비가 한번 뜻을 세우고 정하면 그 절節(절개節槪)은 후대에까지 전승되었다. 이 같은 사풍이 한국인의 가치관으로서 한국사의 가장 믿음직한 뼈대를 이루어 역사를 면면히 이어온 원동력이 되었다. 선비는 대의 속에 사리를 매몰시키는 기절과 강직을 선비정신의 뼈대로 가지고 있었다.

선비의 지조는 입지를 통해 형성되고 직간으로 나타난다. 선비사회가 커다란 건물이라면 간풍諫風(간하는 기개)은 그 건물을 형성하는 철근의 골조 같은 것이었다. 권력의 남용이나 어긋난 독주가 있을 때마다 선비사회의 간풍이 가장 큰 압력이 되었고, 이 압력 때문에 그것이 저지되었으며, 또 그 간풍 때문에 많은 선비들이 죽어갔다. 그 의로움에의 순교는 그들 후손의 자랑스러운 훈장이 되기도 했다.[128]

최익현勉庵 崔益鉉은 선비의 기개와 언론으로 국권이 풍전등화에 이른 구한말, 백척간두에 선 국권을 수호하고자 했던 이 땅의 대표적인 학자이자 정치가였으며 민중의 지도자였다. 그는 인간의 윤리를 말했고, 국내 정치에 대해서는 정의를 역설했으며, 국제 질서에 관해서는 도의를 제시한 대표적인 사상가이자 민족언론인이었으며 동시에 민권운동의 선도자였다. 그는 창의호국의 민족정신과 혼을 춘추대의에 의해 행동으로 실천했고, 국가의 위란을 회복하기 위해 민족의 자주의식으로 외세를 배격한다는 위정척사와 춘추의리 사상을 구현한 정통 유자였다.

순조 33년(1833) 12월 5일 경기도 포천현 내북면 가채리에서 태어난 최익현은 14세 때 이항로李恒老의 문하에 들어가 기호사림의 정통 성리학을 계승했다. 23세 때 명경과에 급제, 권지승문원 부정자를 필두로 순강원 수봉관, 사헌부 지평, 사간원 정언, 이조정랑, 신창현감, 성균관 직강, 사헌부 장령, 돈녕부 도정, 승정원 동부승지 등 수봉관·지방관·언관 등을 두루 역임했다.

불의와 부정을 참지 못하는 강직한 성품의 최익현은 36세 때 사헌부 장령에 임명되어 대원군의 비정을 구체적으로 지적하며 신랄한 비판을 가한「시폐사조소時弊四條疏」를 시작으로 일생 동안 상소언론을 통한 구국의 대장정에 나섰다. 하늘을 찌르는 대원군의 철권통치가 그 상징으로 경복궁 중건을 도모함으로써 민폐가 날로 심해지고 정치가 문란해져 가는데도 정론과 직언이 없음을 통탄하고 무리한 토목 공사로 인한 국민 부담의 가중, 당백전의 발행 등에 따른 재정의 파탄 등을 들어 대원군의 비정을 탄핵하는 상소를 올렸다.[129]

128 이규태,『선비의 의식구조』(신원문화사, 1985), 110쪽.
129 이를 무진년(1868)에 올린 상소라 하여 戊辰上疏, 혹은 掌令時言事疏라고도 한다.

조선시대의 언론연구

온 천하가 대원군의 세도 권력에 짓눌려 숨죽이고 눈치만 보고 있을 때, 최익현은 애국 충의의 선비정신에 입각해 동부승지를 사퇴하는 소를 통해서 대원군의 실정을 비판했고 마침내 실각케 했다.[130] 대쪽같은 한 선비의 직간이 대원군의 10년 세도를 하루아침에 무너뜨리고 역사의 물줄기를 정위치로 되돌린 것이다. 그러나 최익현은 형식상 군부를 논박하였다 하여 제주도로 위리안치[131] 되었다.

선비의 칼날 같은 기개가 시퍼렇게 살아 있는 최익현의 상소는 일생동안 그칠 줄 모른다. 「사돈녕부도정소辭敦寧府都正疏(고종 5년 10월 25일)」, 「사동부승지소辭同副承旨疏(고종 10년 10월 16일)」, 「사호조참판겸진소회소辭戶曹參判兼陳所懷疏(고종 10년 11월 3일)」, 고종 13년에는 일본과의 수호를 반대한 「지부복궐척화의소持斧伏闕斥和議疏(동년 정월 22일)」, 복식 개혁과 단발령이 내려지자 "내 목은 잘라도 머리카락은 자를 수 없다[吾頭可斷 髮不可斷]." 라며 항거했던 「청토역복의제소請討逆復衣制疏(고종 32년 6월 26일)」, 각지에서 의병이 봉기하자 이들을 진압하라는 선유의 명을 거부하고 올린 「선유대원명하후진회대죄소宣諭大員命下後陳懷待罪疏(건양 원년 1월 11일)」, 「사의정부찬정소辭議政府贊政疏(광무 2년 9월 18일)」, 「사궁내부특진관소辭宮內府特進官疏(광무 2년 11월 19일; 광무 6년 3월 27일)」, 「의관허체후인구자명소議官許遞後引咎自明疏(광무 6년 10월 27일)」, 「사의정부찬정소辭議政府贊政疏(광무 8년 7월 26일; 동년 8월 13일; 동년 8월 21일; 동년 9월 23일)」, 1904년 동짓달 수옥헌에서 고종을 입대하고 시급한 정무 5조를 수차한 「수옥헌주차嗽玉軒奏箚(광무 8년 12월 2일)」, 포덕문 밖에서 국왕의 처분을 기다리며 일신하는 정령을 받지 못하고는 물러갈 수 없으며 아울러 일화日貨 차관과 외화 의존의

---

130 崔益鉉, 『勉庵集』, 疏, 癸酉(高宗10年·1873) 10月 16日字, 辭同副承旨疏.
131 圍籬安置는 귀양살이하는 죄인의 유배지 둘레에 가시나무로 울타리를 둘러치고 일반 사람들과의 접근을 금지했던 형벌을 말함.

불가함을 강력하게 논한 「궐외대명소闕外待命疏(광무 8년 12월 8일; 동년 12월 24일; 동년 12월 28일; 광무9년 1월 26일)」, 왜 관원에 의해 일본군 사령부로 압송되며 열린 「피왜압축고귀소被倭押逐告歸疏(광무 9년 3월 15일)」, 을사조약이 일제의 강압에 의해 강제로 체결되자 관계 대신을 탄핵하는 「청토오적소請討五賊疏(광무 9년 11월 3일; 동년 11월 14일)」, 태인에서 의병을 일으키며 올린 「창의토적소倡義討賊疏(광무 10년 윤 4월 11일)」, 일본 대마도 배소에서 제자 임병직에게 구술한 「유소遺疏(광무 10년 7월 11일)」 등이 그것이다.

특히 굴욕적인 병자수호조약이 일제의 강요에 의해 체결되려 하자 도끼와 거적을 들고 경복궁의 정문인 광화문 앞에 단식하고 앉아 저 유명한 「청토오적소請討五賊疏」라는 척화소를 올렸다. 최익현은 죽음을 무릅쓴 이 척화소에서 첫째, 왜구가 우리의 무방비 상태의 약점을 알고 강화를 요청하는데 이에 응하는 것은 고식적인 방책이며 둘째, 왜구의 상품은 삶에 도움이 되지 않는 사치품인 데 비해 우리의 물화는 백성들의 실생활에서 꼭 필요한 필수품이므로 만일 그들과 교역한다면 백 년 안에 우리나라가 황폐하게 될 것이고 셋째, 일본을 왜倭라고 하지만 실제는 서양의 도적놈들과 같으므로 그들과 강화하면 사학邪學, 즉 천주교가 전국에 만연되어 나라의 근본 질서와 윤리를 뿌리부터 흔들게 되며 넷째, 그들과 강화하면 부득이 왕래하며 같이 살게 되는데 그들은 짐승과 같은지라 미구에 재산이나 부녀자를 약탈하므로 나라가 혼란하게 되고, 그리하여 종래에는 멸망하게 될 것이며 다섯째, 청나라와 강화하는 것은 청이 비록 오랑캐이긴 하지만 중원을 지배해 온 이래로 중국의 인의를 배워 사람이 되고자 하였으므로 도리를 묻지 않고 이소사대以小事大로 교호交好하였으나 왜국은 화색貨色만 즐기고 사람의 도리를 모르는 짐승인지라 절대로 교호할 수 없다고 진언했다.[132]

이 「청토오적소」를 계기로 그의 사상과 이념은 민족 구제를 위한 행동철학으로 바뀌었다. 즉 종전의 화이의식華夷意識에 기초를 둔 위정척사의 범주에서 첫째는 위정의 가치 내용과 척사의 배척 대상에 커다란 변화가 나타났고, 둘째로 현실 상황에 대처하기 위하여 자기만의 고집이 아니고 도리어 자기에 대하여 엄숙히 비판하는 자아비판의 객관성을 수반하게 되었으며, 셋째로 그것은 고답적인 사림들의 이론 형태로서가 아니고 민중 속에 행동화할 수 있는 의식 형태로서 전개되는 군왕과 민족에 대한 충군애민의 사명감을 전제로 하는 강한 민족적 행동윤리가 구체화되었다.[133]

최익현은 한반도에 진입하려는 열강의 세력이 일본의 일방적인 외교형식을 통해 구체적으로 나타나고 있다고 지적하고, 이에 통화한다면 서양 오랑캐가 몰려들어 조선을 뜯어 삼킬 것이라며 그것의 부당함을 명분과 현실 양면에서 비판하고 배척했다. 그는 상소 말미에 이르러서는 "이 도끼로 신을 쳐죽임으로써 조정의 당당하고도 정의로운 대의를 널리 비추고 신의 죽음이 애통 절박하지 않도록 여기게 해 달라."라며 우국충정의 절개를 내외에 절규했다.

망국의 한을 품은 최익현의 지조는 74세의 노령에도 불구하고 행동으로 실천에 옮겨졌다. 전라도 태인에서 「창의토적소倡義討賊疏」를 올렸고, 의병을 일으켰다가 일본 대마도로 잡혀가서는 서향 사배했고, 유소遺疏를 구술한 다음, 적이 주는 음식은 물 한 모금 쌀 한 톨도 먹을 수 없다며 단식 투쟁하다가 마침내 순절했다.

최익현의 사상적 특징은 언론에 의한 개인적·평화적인 위정척사衛正斥邪의 정치운동으로부터 집단적·무력적인 위정척사의 정치투쟁으

---

132 崔益鉉, 『勉庵集』, 疏, 乙巳 12月 3日字, 請討五賊疏.
133 홍순창, 「면암 최익현선생의 생애와 사상」, 『하정서정덕교수 화갑기념 학술논총』(하정서정덕교수 화갑기념학술논문집간행위원회, 1970), 434쪽.

로 변화하였고, 배타적인 국수주의로부터 민족의 자주의식을 토대로 한 자각적인 민족주의로 위정척사 사상의 실천 방법을 강구한 것이라 하겠다. 이에 따라 전자는 의병운동으로 실천되었고 후자는 항일 민족운동에 의해 계승되었다. 그것은 유교적 가치관에 입각한 단순한 윤리적 전개만이 아니라 종사宗社(국가), 생민生民(민족), 사문斯文(가치 체계)에 대한 철저한 유가적 자기 책임을 주장하는 긍정적 참여와 사회적 실천성을 전제로 하는 것이었다.[134]

최익현의 사상적 바탕은 위정척사이다. 위정척사에는 주자학의 정통 사상이 강렬하게 반영되어 있다. 그에게는 외압에 의하여 전통 사회가 급격하게 변천하고 국가 안위가 백척간두에 서게 된 역사적 상황 속에서 이단으로부터 정통을 수호하고, 외압에 의하여 잠식된 국권을 회복하기 위해 이기론과 같은 형이상학적인 이론적 연구보다는 구국을 위한 실천철학이 더 급선무였다. 그래서 최익현의 학문사상은 공리공담적인 관념론이 아니라 위정척사라는 실천윤리에 집중되었고 그것이 항일 구국운동의 지도 이념이 될 수 있었던 것이다.[135]

구한말 위정척사파 선비들은 유교이념의 전통에 배반되는 이념들을 거부하고 도학의 이념을 수호하고자 했다. 그들은 서양 문물의 침투가 가중되면서 서양의 위협을 정치적인 것에 앞서 문화적 내지 도덕적 성격의 것으로 파악하는 유교이념의 입장을 확인하였다. 곧 인간의 욕망을 개방하여 인간으로 하여금 재화를 유통하게 하고 여성을 자유롭게 접촉하는 통화通貨·통색通色의 것으로 간주했다. 이에 도학 정통에 상반되는 이단으로서 천주교에 대한 배척을 강화하였고, 도학적 의리에

134 홍순창, 위의 글, 429쪽.
135 홍순창, 위의 글, 427쪽.

배반되는 오랑캐로서 서양의 침략세력을 거부하였던 것이다. 이들은 도의 정통성에 대한 신념과 우리 민족의 문화적 우월성에 대한 신념을 확고하게 지녔다.[136]

위정척사론은 저항정신에 사로잡혀 보수적이고 폐쇄적인 수구론을 주장했다. 이에 개화파 신지식인들로부터 고루하고 시의에 어둡고 공리공론에만 젖어 나라를 망하게 한 원흉으로 지목되어 혹독한 비판을 받기 일쑤이다. 그것은 일제에 협력하여 개인의 출세주의로 내달렸던 신지식인들이 자신을 변명하려는 뜻에서 역사정신을 크게 왜곡하는 것으로 진실이 아니다. 나라가 망하자 그들은 산수간에 은둔하여 끈질기게 일제에 저항했다.

나라를 망하게 한 책임을 출세주의에 눈이 먼 신지식인들로부터 역사에서 일방적으로 매도당하던 전통 도학선비들은 일제의 민적 등록을 거부하고 창씨개명의 강요에도 항거하였다. 일제하 시대를 살던 유림은 일본의 동화정책에 끈질기게 투쟁하였을 뿐 아니라 단발의 강행에도 응하지 않았고 일본말도 입에 올리지 않았다. 심지어 일본인이 설치하였다 하여 철도조차 이용하지 않았고, 신학교에 자녀들을 입학시키지도 않았다. 이러한 저항정신은 선비들의 강인한 민족의식을 발현한 것이었으나 사회로부터는 개인적으로 점점 나락의 늪으로 떨어지는 것이기도 했다.[137]

수구적인 태도로 개화를 방해해 나라를 망하게 한 보수반동·기득권 세력이라고 조선 선비들을 매도했던 개화파 신지식인 세력들은 다 어디로 갔는가. 하나같이 대부분 일제의 회유와 압박에 스스로 굴복, 마

---

136 금장태, 『유학사상의 이해』(집문당, 1996), 324쪽.
137 금장태, 위의 책, 326쪽.

참내 어용 지식인, 외세의 앞잡이로 둔갑하여 이 땅과 이 민족의 고혈을 쥐어짜 착취하는 식민지 권력의 전위대로 나섰다. 이 사이비 지식인들에 의해 이 나라의 역사정신은 크게 왜곡되었고, 민족정기마저 휘어지게 되었다. 그러나 대의大義를 바탕으로 한 선비정신을 끝까지 발현한 선비가 있었기에 우리의 역사와 민족정신은 이만큼이라도 이어올 수 있었음을 잠시라도 잊어서는 안된다.

최익현은 선비에게 지워진 사명을 기꺼이 다했다. 그의 기상과 충절은 지조를 생명으로 하는 선비정신에서 나온 것임은 두말할 나위 없다. 우리는 최익현의 선비정신, 그 직간충절直諫忠節을 현대 지성인들의 기풍으로 되살려야 한다. 특히 정치와 언론, 교육에서 선비정신의 회복은 더욱 절실한 과제라 아니할 수 없다. 왜냐하면 선비가, 지성인이 바로 서야 나라가 반듯하게 바로 서기 때문이다. 선비를 반듯하게 바로 세우는 것은 지조이다. 지조는 선비의 기절에서 나오며 직간은 선비의 기개에서 비롯된다.[138]

138 최익현의 위정척사를 현대언론이 오해해서는 안된다. 국수주의적인 징고이즘 보도와 폐쇄적이고 수구적인 언론행위는 근절되어야 한다. 그러나 현실은 불행하게도 최익현의 위정척사로부터 자유롭지 못하다. 소위 말하는 보수·우익·반공언론을 자임하는 '코뿔소언론'의 형태가 그것이다. 어느 한 곳, 한 목표에만 초점을 맞춘 보도는 21세기 다문화 글로벌 시대의 저널리즘이 취할 자세가 아니다. 그런데도 한국의 주류언론은 여기에서 탈피하지 못한다.
명색이 공영방송의 사장이라는 사람이 재임시 재벌로부터 보도를 잘 해달라는 대가로 뇌물을 받은 혐의로 구속되었다. 대한민국을 대표하는 유수 언론사의 사주는 신인여배우를 성적으로 농락했다는 혐의에서 자유롭지 못해 독자들로부터 따가운 눈총을 받았다. 어떤 신문의 사주와 경제부 기자는 취재 중 입수한 사실을 이용하여 주식에 투자해 수십 억 원의 부당 이득을 취했다고 한다. 이 밖에도 우리나라 언론계에는 관행처럼 굳어진 비리가 있다. 이른바 '촌지'가 그것이다. 기자에게 잘 봐달라며 돈 봉투를 건네거나, 술이나 음식을 대접하기도 한다. 언론사 간부들로 올라가면 골프 모임, 해외여행 등을 주선해 주는 경우도 있다.
기자 촌지는 한때 사회문제가 되는 바람에 과거처럼 공공연하게 이루어지지는 않지만 은밀히 주고받는 촌지와 향응 접대는 사라지지 않고 있다. 특히 일부 지방신문사들이 경영난에 몰리면서 비리는 더 성행하고 있다. 사흘이 멀다 하고 잇따라 터지는 언론인 비리와 촌지수수에 언론의 공신력은 땅바닥에 곤두박질하고 있다. 신문사에 종사하는 언론인은 자유롭고 독립적인 위치에서 국민의 알 권리와 언론자유를 위해 노력해야 한다. 현대의 언론인들이 최익현의 직간정신을 기자윤리로 거울삼아야 하는 이유가 여기에 있다.

제6장 결론

결론

1. 연구의 요약

이제까지 우리는 조선시대 언론의 주체였던 선비들의 사관과 언론관을 통해서 조선시대의 유교문화를 성립하고 주도적으로 유지·발전시켜 온 언론문화를 이해하려고 하였다. 결론에서는 지금까지 논의된 내용들을 유교적 커뮤니케이션의 특성과 언론제도, 언론사상과 선비들의 언론정신 등으로 정리해 보고자 한다.

첫째, 조선시대 언론문화의 성격을 개괄적으로 이해하기 위해서 조선조의 사상적 기반이었던 유교문화와 성리학, 유교적 커뮤니케이션의 특성을 살펴보았다. 조선시대의 유교문화는 유교와 성리학을 기반으로 성립되었다. 여기에서 유교는 인간의 윤리와 도덕을 기초로 한 철학이자 종교로서 육경六經을 사상적 기반으로 하고, 육예六藝를 통해 삶의

존엄성을 가르쳐 인간으로서의 도리를 실천해 감으로써 이상적인 대동사회大同社會를 만들려고 했다. 결국 유교문화는 덕과 예로 정치를 해야 한다는 덕치주의와 민의를 하늘의 뜻으로 알고, 백성을 주인으로 섬기는 민본주의에 정치사상의 뜻과 뿌리를 두었다고 할 수 있다.

이와 같은 유교의 영향을 받은 조선시대는 특히 성리학을 통치 체계의 원리로 삼았다. 성리학은 진정한 자기완성을 통해 유학사상을 바르게 실천하는 학문으로서 합리적인 객관성을 추구하면서 동시에 인간 내면의 성실성과 엄숙성의 실천을 강조한다. 따라서 유교적 커뮤니케이션의 특성은 한마디로 인본주의에 귀결된다. 조선시대의 언론에는 '인간', 다시 말해 '백성'과 '민본', '위민'이라는 가치관이 배어 있는 셈이다. 역사적으로 볼 때 조선 초기의 성리학은 윤리적 측면에서 건국의 기초를 다지는 논리를 제공했으며, 중기에는 개혁정치를 통해 철학적 의미가 강조됨으로써 사림정치의 절정기를 가져 왔다. 후기에 이르면서 성리학은 점차 공리공론에 빠져들고, 붕당에 이은 세도정치를 낳아 마침내 역사의 몰락을 재촉했다.

조선시대 언론문화를 성립시킨 유교적 커뮤니케이션의 특성은 무엇보다도 '글의 문화'에 기초한다는 점이다. 특히 성리학을 삶의 최고 이념으로 한 조선조 사회의 문자 숭상은 절대적이었다. 이것은 공자의 신언사상, 정명사상[名分], 간쟁사상이나 맹자의 민본·위민언론 사상에 토대를 두고 있으며, 그 실천 방법으로서 백성에 의한, 백성을 위한, 백성의 공론이 되어야 한다는 위민·민본사상을 제시했다.

둘째, 조선시대의 언론제도를 파악해 보기 위해 제도언론의 성립 과정과 함께 언론매체와 언론제도의 특성을 알아보았다. 대표적 언론제도인 대간제도와 상소제도의 기능 및 역할도 간략히 조감했다. 민중커뮤니케이션 제도를 통해 조선시대 제도언론으로부터 소외된 민중들의 언로가 어떻게 기능하고 작동하는지를 짚어보았다. 조선조를 통해 언론 활동이 가장 활발했던 중종조의 '폐비신씨복위상소사건'을 중심으로 그 당시 치열하게 전개되었던 제도언론의 실제적인 기능을 가늠했다.

　조선시대의 언론은 공식적인 정치적 커뮤니케이션의 담당자로서 대체로 규범적이고 가치 지향적인 활동을 수행했으며, 성리학적 정치이념에 입각한 시대정신을 반영시키기 위해서 언로의 광개를 시도하고 스스로 투쟁했다. 조선시대의 언론 활동은 주로 언론삼사言論三司를 통해 간쟁·탄핵·시정·인사 등을 수행한 제도권 언론과 민중에 의한 비제도권 언론으로 발전했다. 대체로 조선조의 언론은 논사를 통한 사정기관으로서의 사명을 완수하기 위해 희생도 감수함으로써 사회적이고 윤리적인 지도성을 발휘할 수 있었다.

　조선시대의 언론 활동은 엄격한 정치사회적 제도의 틀 속에서 행해졌다. 그 방법으로는 상소와 같은 서면 형식을 통한 문자의 언로와 조정공론을 위해서 시사나 경연의 자리에서 토의나 건의 형식을 통한 구두의 언로, 복합이나 복궐과 같은 형식의 시위적인 언로 등 여러 가지 통로가 있었다. 언론활동은 그 절차가 매우 까다로웠으며 주체와 내용에 따라 극히 제한적이었다.

　조선시대의 언론매체로는 중앙의 '조보朝報'와 지방 감영에서 모은 소식을 필사로 전달하는 형태의 '영기營寄', 서원이나 향교를 중심으로 여론 형성을 주도했던 '통문通文' 등이 있었으며, 언론제도의 배포기관으로는 '경저京邸'와 '영저營邸'가 있었다.

　조선시대의 대간제도는 언론활동을 주관했던 '권력의 꽃'으로, 유교적인 인품과 덕성, 학문을 구비했던 대관과 간관言官의 선비들이 언론 주체로서 유교적인 정치기능을 수행했다. 대간의 직무는 국왕으로부터 권력을 위임받아 실질적으로 집행하거나 통치하는 권도를 견제하는 세력으로 작용했으며, 그것은 곧 성리학이 지향하는 '사회정의'라는 이데 올로기를 현실화하는 것이기도 했다. 그들에게 '언로의 확대'는 정치의 본질 그 자체로 인식되었다. 결국 대간은 군주의 이목지관으로서 정치의 득실과 백성들의 여론을 국왕에게 알리고 규찰과 탄핵을 통해 관료들의 기강을 확립해 감으로써 왕권의 일익으로서 재상권의 상호 견제를 통한 권력구조의 안정을 꾀하는 존재였다.

조선시대 문자 언로의 대표적인 형태는 소疏·차箚·계啓와 같은 제도였다. 상소제도는 그 자격과 내용에 제약을 받지 않고 자신의 의사를 개진할 수 있는 일반적이고도 열린 커뮤니케이션 제도였다. 언론 행위가 누구에게나 열려 있는 것이 아니라 소수의 몇몇 위임받은 사람에게만 허용되던 시절에 상소는 그나마 '하의상달下意上達'할 수 있는 몇 안되는 열린 글터였으며 말길이었던 셈이다. 특히 벼슬길에 나가지 않았던 산림처사의 상소는 당시의 정치를 통렬히 질타하고 준엄하기 짝이 없어 국왕조차도 경건한 마음으로 받아들였다. 상소는 그 내용에 따라 사직소, 시무소·시폐소, 청원소, 간쟁소, 탄핵소, 논사소, 변무소 등이 있으며, 그 절차가 매우 복잡했음에도 불구하고 조선시대 언로의 중요한 제도로 기능했다. 상소에는 그 시대를 사는 지성인들의 고뇌와 진통이 얼룩져 있는 역사가 담겨 있다.

제도적 언론에서 소외된 백성들은 다양한 예술적 커뮤니케이션을 동원해 자신들의 뜻을 전하기도 했다. 민요나 민화·가면극 등 민중예술이라는 장르에 의해 간접적으로 표현하는 민중들의 언로가 제대로 기능하지 않는가 하면, 벽서나 괘서 등으로 자신들의 뜻을 표현했고, 백성들의 의사가 억압당할 때에는 등장이나 격쟁 등으로 커뮤니케이션을 했다. 백성들의 의사소통제도는 그다지 활성화되었다고는 할 수 없다. 백성들의 의사가 일방적으로 왜곡되고 무시되었을 때 민란이 일어나기도 했다.

커뮤니케이션은 사회의 안전망 확보를 위해서라도 매우 중요했다.

셋째, 조선시대의 언론사상으로 말길사상과 공론의 본질 및 의미를 파악하고, 사관의 사론과 언론관을 통해서 역사와 언론의 관계 및 언론 주체들의 커뮤니케이션 사상을 규명해 보고자 하였다. 조선조는 중앙 집권적인 전제 군주 국가였다. 그런데도 5백여 년의 긴 종사를 이어 올 수 있었던 것은 조선시대의 커뮤니케이션제도가 비교적 의사소통기구로서는 건강했기에 가능했다. 상소문에 나타나는 선비들의 언론관을 통해서 조선시대 '언로광개'의 말길사상을 정치 사회적으로 살펴보면 "언로, 즉 여론의 통로[公道]가 열렸는가 또는 막혔는가에 따라 한 나라의 흥하고 망함이 달려있다[言路開塵興亡所係]."고 강조하고 있다. 이와 같은 '말에 의한 통치' 사상은 곧 '문민정치의 정신'이자 조선조가 5백여 년의 유구한 역사를 이어 오게 한 근본적인 원인이 되었다.

조선시대의 정치사회적 구조는 공론에 의한 국가 통치를 특징으로 한다. 특히 유교적인 언론문화의 핵심 이념으로 확고하게 자리잡은 '공론'이란 그 사회에서 보편타당성을 지닌 하나의 원칙이자 사리에 합당한 중론이다. 공론은 언론 요소 가운데 커뮤니케이션의 목적이었다 해도 과언이 아니다. 조선시대의 위정자들은 공론을 지키고 또 이를 관철하기 위해 정치를 했다. 그것은 다름 아닌 정의사회를 구현하기 위한 언론행위를 통해서였다.

조선조는 역사와 언론을 춘추라는 하나의 굴레로 보았던 선비들의 역사관에서 지탱되었다. 조선조 사관들의 언론행위는 춘추필법春秋筆法의 정신에 의해 이뤄졌다. 역사는 단순히 지나간 사실만을 기록하는 것이 아니었다. 그들은 역사를 통해 오늘과 내일의 삶을 가늠하는 잣대로 삼았다. 그것은 곧 유교적 이념을 실천하는 것이었다. 사관은 직접적인 견제 기능을 가진 대간과 상호 보완적인 관계를 유지하며 사초와 시정기의 작성을 통해서 특유의 간접적이지만 영속적인 견제 기능을 발휘함으로써 조선의 역사를 건설하였다.

결국 조선시대는 언관과 사관과 같은 선비들을 중심으로 권력의 도덕성과 통치 이데올로기의 정당화를 모색했다. 그들은 특히 열린 언론조직과 언론제도를 통해서 정치적 커뮤니케이션 사상을 만들어 나갔다. 이렇게 왕권을 확립해 갔던 권력 주체들의 언론정신은 순지거부順志拒否나 삼간불청즉거三諫不聽卽去, 양시양비론의 배격, 언로광개言路廣開를 통해 끊임없이 구현되었다. 조선조의 선비들이 지녔던 이러한 언론정신은 무엇보다 현대언론과 언론인이 되살려 본받아야 할 귀감이라고 할 수 있다.

사관과 함께 경연관의 언론적 기능과 역할은 조선시대 언론시스템에서 매우 중요한 역할을 했다. 경연관은 국왕과의 직접적인 커뮤니케이션을 통해 자신의 학자적 소신이라는 명분으로 언론을 전개함으로써 커뮤니케이션 수용자로서의 국왕에게 미치는 영향력이란 대간언론에 결코 뒤지지 않았다. 뿐만 아니라 제도적으로도 그들은 대간의 인사권을 장악해 대간을 통제하는 기관으로서의 역할을 하면서 대간들의 언론자유 남용에 브레이크를 걸기도 하였다.

조선시대의 언론은 제도언론으로서의 대간언론과 재야언론으로서의 상소언론, 그리고 언론보조시스템으로서의 사관과 경연관에 의해 언론이 행해졌다. 이는 동시대 전세계 어느 국가에서도 찾아보기 힘든 꼼꼼한 커뮤니케이션 망으로서, 조선이 얼마나 공론에 의한 정치를 펼치고자 했던 문제의식이 드러난다. 다만 백성들을 위한 커뮤니케이션제도가 제도적으로 흡수되지 못한 것이 하나의 흠이다.

국왕언론은 커뮤니케이션의 수용자이자 동시에 커뮤니케이터라는 이중적인 성격을 지닌다. 언론현실에서 국왕언론은 막강한 영향력을 지니고 있다. 당쟁이 치열해 언론의 정기능이 왜곡되었을 때 국왕이 백성들의 여론을 내세워 '윤음언론'으로 왕권의 강화를 기도했던 점은 눈길을 끈다. 그것은 전제 왕조시대에 국가 최고통수권자가 백성들의 뜻을 명분으로 내세웠다는 정치적 명분은 '민본의 회복'이라는 점에서 그 의미가 매우 깊다.

넷째, 조선시대의 언론 주체는 선비였다. 선비는 조선시대를 대표하는 지성인으로서 벼슬을 하는 관료이건 산수간에 묻혀 있는 재야 선비이건 간에 유교적인 인품과 덕성 그리고 학문을 구비해야 했다. 그들은 언론의 활성화를 통한 정치를 통해 유교적 이상 국가인 대동사회를 구현하려고 하였다. 따라서 유교적인 이념을 언행으로 실천한 몇몇 선비들의 언론정신을 살펴보고 각각의 사례에서 나타나는 공통점을 찾아내어 조선시대 선비들의 언론정신을 개괄적으로 조망해 보았다.

점필제佔畢齊 김종직金宗直의 「조의제문弔義帝文」은 우리의 역사나 언론사상사적으로도 매우 중요하고 큰 의미를 지닌 글이다. 역사적으로 무오사화戊午史禍의 단초가 된 이 글은 불의와 타협하지 않고 충절을 실천적으로 이어 온 성리학의 의리지학義理之學이 정신적으로 담겨 있다. 조선 사림의 사종으로 일컫는 김종직의 유구한 역사정신에서 현대언론은 언론정신을 엿볼 수 있다.

정암靜庵 조광조趙光祖는 도학정치를 통해서 그의 이상을 실현하고자 했다. 그는 당시의 혼란했던 사회질서를 정치개혁을 통해 바로잡고자 했으며, 원칙에 철저하고 앎과 행함을 일치시킴으로써 성리학에서 이상으로 여기는 대동사회를 건설하기 위해 자기희생을 감수했다. 이와 같은 정치개혁을 언론의 활성화를 통해 구현하고자 했다. 여기서 언론의 자유가 왜 필요한지, 그것이 정치에 어떤 영향을 미치는지 다시금 되새겨 볼 필요가 있다.

　남명南冥 조식曺植은 조선조 재야의 큰 선비였다. 그는 평생을 산림처사로 있으면서 경의지학敬義之學을 바탕으로 철저한 선비정신을 실천했다. 그는 경과 의를 바탕으로 자아를 형성해 갔으며 이를 평생의 학문과 수양, 처세와 교육의 기본 철학으로 삼았다. 이와 같이 '안으로 밝은 것이 경이요, 밖으로 절조 있는 것은 의다[內明者敬 外節者義].'라는 그의 기절은 특히 그의 출처에 대한 엄격한 지조를 통해서 고고한 재야 선비의 표상과 함께 조선조 재야언론의 실체가 되었다.

　면암勉庵 최익현崔益鉉의 위정척사는 직간충절直諫忠節을 기풍으로 삼았던 조선조 선비정신의 마지막 발로였다. 차라리 목숨을 버릴지언정 양심을 버릴 수 없다는 선비정신은 오늘날 우리에게 자랑스러운 훈장으로 남아 있다. 특히 광화문 네거리에 거적 데기를 깔고 앉아서 "나의 말을 듣던지 아니면 도끼로 나를 쳐죽여라."고 외치는 지부극간持斧極諫은 극렬한 언론 행위로서 기회주의에 익숙한 현대의 언론인들이 이해하기에는 매우 어려운 선비들의 언론정신이었다.

　참 소리나 바른말을 세 번씩이나 충고했는데도 듣지 않으면 물러난다는 삼간불청즉거三諫不聽卽去와 한번 뜻을 세우면 그것이 관철될 때까지 절대로 물러나지 않는 순지거부順志拒否의 정신은 상업주의에 오염된 현대의 언론인들이 귀감으로 이어 받아야 할 자랑스러운 민족적인 전통이다. 언론이 '위의 뜻'이라고 하여 무조건 받아들인다면 그것은 이미 언론이라고 할 수 없다. 따라서 비판정신의 회복은 현대 언론이나 언론인이 시급히 되새겨야 할 과제라 하겠다.

2. 결론 및 제언

우리는 조선시대를 관류하며 정신적인 지주로 사회를 이끌어 왔던 선비들의 언론정신을 통해서 한국 언론문화의 뿌리에 대해서 개괄적으로 살펴보았다. 특히 조선조 대간들의 언론관을 통해 면면히 흐르고 있는 민본주의와 위민정치에 바탕을 둔 언론사상은 세계 어느 국가에서도 볼 수 없는 우리만의 고유한 언론철학으로써 우리 민족의 위대한 문화유산이라고 할 수 있다. 그것은 오늘날 한국언론의 전통과 사상적 원천을 만들었다.

이러한 전통적인 '자유언론' 추구의 정신은 19세기 말 열강 외세의 주권 위협에 과감히 맞서 민족주의와 민권수호 그리고 민족의 계몽을 위한 투쟁으로 나타났으며, 특히 『독립신문獨立新聞』의 자주정신과 당시 한말 관료들의 부정부패에 대한 고발정신으로 계승되어 표출되었다.[1] 20세기에 들어와서도 일제의 국권 강탈에 항거한 『황성신문皇城新聞』의 「시일야방성대곡是日也放聲大哭」이나 을사오적乙巳五賊을 맹렬하게 규탄하면서 '신교자강新教自強'을 역설한 『대한매일신보大韓每日申報』의 국권수호를 위한 논지 등으로 민족적인 자주언론의 정신은 끊임없이 계승되고 유지 발전되어 왔다고 할 수 있다.[2]

오늘날 우리에게 주어진 언론문제는 어제의 역사를 올바르게 이해하지 못하고 언론문화 현상을 하나의 역사 과정으로 인식하지 않았기 때문이다. 대체적으로 민중을 계몽 선도하고, 열강 외세에 항거하며, 불의와 부정을 고발하고, 반식민·반독재 투쟁에 앞장선 한국의 '자주언론'

---

1   신용하, 「독립신문의 계몽」, 『저널리즘』(한국기자협회, 1976년 가을호), 53쪽.
2   이해창, 「한말 국권 회복운동과 민족언론」, 『韓國史學』 제2집(한국사학회, 1980), 81쪽 참조.

사상의 전통적 뿌리는 역사 속에 있었다. 그런데도 우리는 우리의 선현
들이 다듬고 일구어 놓은 그러한 값진 정신적 유산을 등한시하였으며,
우리의 전통사회를 서구의 잣대로 재단하고 식민사관을 통해 부정적으
로 인식해 왔다.

한국의 언론현상이나 언론사상에는 한국 고유의 특색이 있다. 우리가
연구 시야를 수평적으로나 수직적으로 확대해서 비교언론학 또는 언론
사상사의 시각으로 본다면 우리는 한국적인 것의 내부에 깊이 침잠하여
동화되어 있는 동양적인 것의 존재를 만나게 된다. 결국 한국언론사상사
는 동양언론사상사의 지평까지 열어 제침으로써 비로소 자기 형성의
역사적 환경이 밝혀질 뿐만 아니라 바로 그러한 배경의 사상적 문맥
속에서 오히려 스스로의 정체성과 고유성도 부각될 수 있을 것이다.[3]

이와 같은 맥락에서 오늘날 한국언론의 사상적 배경은 오랜 투쟁으
로 획득한 역사과정에서 찾아야 한다. 물론 어느 시대의 역사든 영욕이
교차되는 고뇌의 역정이겠지만 특히 한국언론의 투쟁사는 20세기를 전
후한 근대화 과정에서 끊임없는 외세의 영향을 받아야 했던 오욕의 과
정이었다. 한말韓末과 일제 치하에서의 피 어린 민족언론 항쟁사나, 광
복 후와 50년대의 이승만 독재정권, 1960~1970년대의 박정희 개발독
재·권위주의 시대, 1980년대의 전두환 군사독재, 1990년대의 노태
우·김영삼 정권하의 기회주의 시대, 그리고 2000년대 초의 김대중·
노무현 정권하의 언론이 그나마 격렬한 비판적 항거와 투쟁을 벌였던
민족언론의 발자취에서 우리는 가장 생생한 언론자유의 투혼과 개화의
숨결을 생생히 느낄 수 있는 것이다.

그렇다면 한국에서 이러한 '언론의 자유'를 위한 투쟁의 역사적 전통

3   최정호, 「조선조 공론권의 구조변동에 관한 시론」, 『사회과학논집』 제17집(연세대학교 사회과학
     연구소, 1986), 5쪽.

은 어디에서 연유한 것일까. 우리 언론사의 사상적 뿌리는 근대화 과정에서뿐만 아니라 조선조를 더 거슬러 올라가는 오랜 역사의 발자취에서 찾을 수 있다. 특히 조선조의 정치적 엘리트였던 선비들은 정치적 언론에 있어서 매우 적극적이고 긍정적인 입장을 지니고 있었다. 그들의 언론사상은 '공론公論'과 '언로言路', 그리고 '간쟁諫諍'의 이념을 가지고 통치체제에 정당성을 부여하는 데 큰 비중을 두었다. 즉 '언로'라고 하는 커뮤니케이션 채널communication channel을 통해서 전달되는 메시지로서의 '공론'의 내용이란 무엇보다도 '간쟁'의 그것이었다.

조선조에는 고려시대의 제도를 계승 발전시켜 이러한 간쟁의 기능을 대간제도臺諫制度로 확립시켰으며, 그 제도적 기반 위에서 왕권과 관권의 전제를 견제하는 언론의 역할이 명분상 공인되었다. 이것은 비교언론학적인 전망에서 볼 때 획기적인 사실이요, 근대적인 언론의 형성기를 전후하여 한국언론사를 일관하고 있는 매우 소중한 역사적 전통이라고 평가된다.[4]

'대간제도'가 비록 옛 왕조 하에서의 '제도언론制度言論'였지만 왕이 바른 정치를 베풀 수 있도록 하기 위해 죽음을 무릅쓰고 행하는 간쟁이나 관권의 부정부패를 막기 위해 당대의 권력자인 백관들을 대상으로 하는 탄핵, 백성에 대한 정책이 올바르게 펴질 수 있도록 감시하고 비판했던 시정, 깨끗한 공직자나 목민관이 되도록 충고했던 인사 등은 매우 중요한 대간의 논사기능이었다. 그것은 우리나라 전통사회에 있어서의 독특한 언론 유형으로서 조선조의 농경문화적인 특수 환경과 유교이념의 특수성을 반영시킨 커뮤니케이션 현상이었다고 할 수 있다.[5]

---

4   최정호, 위의 글, 13쪽.
5   김기중, 「한국의 언론사상」, 『논문집』 제4집(광주개방대학, 1987), 221쪽.

조선시대의 제도언론이 발휘하고, 수호하며, 추구했던 다음과 같은 정신과 특성은 어떤 의미로든 현대언론의 사상과 정신으로 재현되어 그 밑거름으로 삼을 필요가 있다.

① 순지거부의 정신을 지니고 있었다.

② 수호해야 할 가치와 목표를 뚜렷이 했다.

③ 스스로 언론의 광개를 위해 투쟁했다.

④ 시비를 가리는데 엄격하였으며, 양시양비를 철저히 배격했다.

⑤ 사회적 정기正氣를 발양하고, 시대정신을 반영하는 데 투철했다.

⑥ 언론 구성원 자체의 정화와 감시, 비판, 견제에 더욱 엄격하였으며, 대간(언론)의 과오는 그 죄가 더 무겁다고 인식했다.

⑦ 규범적이고 가치지향적인 커뮤니케이션을 수행했다.

⑧ 한번 제기한 문제는 사태가 해결될 때까지 절대로 망각하지 않았다.

⑨ 전임자에 의해 제기된 문제는 당파를 초월해 후임자가 충실하게 계승함으로써 인사교체가 언론봉쇄 효과를 나타내지 못하도록 하였다.

⑩ 민의를 수렴하고 세론世論을 대표하는 공의기관公議機關으로서 사명 완수를 위하여 어떠한 고초도 감내하였다.[6]

21세기 디지털 시대가 급속히 전개되고 있는 오늘날 우리가 새삼스럽게 타임머신을 타고 아득히 먼 과거로 날아가 조선시대의 언론과 언론주체였던 선비를 역사에 되살려 얘기하는 것은 그것이 새로운 밀레니엄의 우리 사회 모습을 미리 말해주고 있기 때문이다. 다시 말해 조선시대의 언론은 단순히 역사에 박제된 언론이 아니라는 점이다.

6   목정균, 『조선전기 제도언론 연구』(고려대학교 민족문화연구소, 1985), 244~245쪽.

조선시대의 언론은 우리 역사상 가장 풍요했던 '글 문화'의 정수를 보여준다. 서양의 언론과 철학이 '말의 문화'에 의해 꽃피고 전승되었다면 동양의 언론과 철학은 '글'에 의해 면면히 이어져 왔다. 글은 본디 '앎'이란 무엇인가를 깨우친 사람이 향유할 수 있는 문화이다. 누구나 아무렇게 지껄일 수 있는 성질의 것이 아니다. 때문에 글에는 논리성과 당위성이 있어야 했다. 이를 담보하는 것은 글[言論]이 지향하는 목적성과 도덕성이었다. 여기에는 검소하고 질박하며, 나아가 자신과 불의에 더욱 엄격했던 유교언론의 특성이 가미된다.

조선시대의 언론주체들은 따라서 글을 전개함에 있어 이를 사사로이 사용하지 않았다. 대간[言論人]은 나라의 눈과 귀[耳目]이므로 국가전체의 입장, 즉 국익을 수호한다는 입장에서 논설이 이루어져 정치에 반영되어야 한다고 보았다. 이는 공론정치사상이라 하겠다. 또한 민심은 천심이므로 백성들의 소리는 말길을 통해 거침없이 도도히 흘러야 한다는 민유방본民惟邦本을 실천했다. 여기에는 공익의 구현이라는 현대언론의 자유주의적 언론사상이 스며있다.

이러한 조선시대의 언론사상은 부정과 불의에 대한 저항정신과 권력과 금력, 기득권에 대한 반골정신으로 이어져 온다. 그것은 성리학이 가르치는 유교적 이념에 따라 의의 실천을 바탕으로 한 조선시대 선비들이 지녔던 선비정신에 의해 면면히 표출된다. 예컨대 구한말 국권이 풍전등화에 이른 때 잇따라 창간한 『독립신문』, 『황성신문』, 『대한매일신보』 등 민족언론은 조선조 언론의 기본철학과 조선시대의 언로과정을 주도했던 대간들의 사상을 적나라하게 드러내고 있다.

이들 민족언론의 주체는 근대화 된 유교적인 선비이자 지조있는 지사였다. 그러므로 그들의 언론행위는 백성들의 눈높이에서 바라보았으며, 그 논조는 항상 야당적이었을 뿐 아니라 비판적이었고, 진보적이었으며,

자주적이었다. 권력이나 금력에는 조금도 아부하지 않았을 뿐 아니라 당시에 만연하고 있던 탐관오리의 부정부패와 곳곳에서 자행되고 있던 국민 수탈 등의 죄악상을 폭로함에 있어서는 조금도 굴함이 없었다.

한국언론의 정신적 골조는 유학의 가치지향적이고 규범적인 가치관을 바탕으로 개인의 영달보다는 공공의 이익을 위해 헌신했던 언론주체들의 '저항의 정신'과 '반골사상'에서 찾아야 한다. 조선시대의 제도언론이 행한 바른 정치를 베풀게 하기 위해 죽음을 무릅쓰고 간했던 간쟁언론諫諍言論, 부정부패를 응징하기 위해서는 당대의 권력자·실권자를 서슴없이 탄핵했던 탄핵언론彈劾言論, 백성들을 위한 정치가 되도록 감시하고 비판했던 시정언론時政言論, 깨끗한 공직자·목민관이 되도록 충고했던 인사언론人事言論은 곧 유교사상의 이념적 특수성을 반영하는 커뮤니케이션 행위였다.

이를 굳이 현대적으로 해석한다면 언론의 비판정신의 회복이라 할 수 있다. 언론의 본질은 비판정신에 있다. 비판이 결여되면 역사발전은 정체되고 무사안일주의, 관료주의, 권위주의와 퇴폐주의가 풍미하게 되고, 진부하고 부패하여 마침내 괴멸된다. 오늘날 한국언론이 끊임없는 가치추구를 외면하고 대중모멸적인 관료적 권위주의로 민중에게 군림하고 여론을 궁박하며 오도하고, 대중의 말초신경이나 자극하며 돈벌이에 급급한 나머지 저질의 상업지로 전락하게 된 것은 비판정신이 실종되었기 때문이다. 따라서 한국언론에 주어진 최대의 과제는 비판정신의 회복이라 하겠다.

언론이란 원래 '언정논치言政論治'의 준말이다. 이 말은 올바른 정치가 무엇인지를 수시로 언급하고 토론한다는 뜻을 담고 있다. 우리 옛 선비들은 언론을 올바른 정치를 논하는 제도로 인식하고 언론활동을 전개했다. 조선조의 제도언론은 비록 권력에 편입된 언론이기는 했으나 유교적 이념의 구현을 위한, 즉 민위방본民爲邦本(민본주의民本主義)의 방편으로 인식했다. 조선시대의 언론인인 간관들의 신분은 조정의 말단 관리였으나 그 이념을 실천함에 있어서는 국왕은 물론 삼공대신, 관료들의 부정과 비위를 서슴없이 간하고, 탄핵했다.

광화문 네거리의 '도끼상소'는 조선조 선비들의 간언은 민중百姓의 소리를 대변한 정언正言·정론正論이었기에 가능한 것이었다. 이를 공론에 의한 언론사상이라 할 수 있다. 공론이 떳떳하기 위해서는 유교에서 말하는 명분이 있어야 했다. 여기서 명분이란 다름 아닌 공익을 기반으로 한다. 공익은 나보다는 우리를 생각하는 사고이다. 우리는 곧 보편적인 인간을 말한다. 그것은 바로 민중이다.

권력과 시세에 아부하지 않는 대쪽선비들의 상징이었던 사간원의 간관들은 죽음을 두려워하지 않는 기개로 정언정론正言正論을 폈다. 지성의 상징이라는 청렴지사들의 홍문관 선비들은 백성의 뜻은 곧 하늘의 뜻이라는 유교적 이념의 전개를 통해 정도정학正道正學이 무엇인지를 제시했다. 자신에게 마저 엄격하기가 추상같았던 사헌부의 대관들은 권세에 흔들리지 않는 엄격한 법 적용을 통해 정법정률正法正律을 실천함으로써 백성을 위한 언론제도를 구현했다.

선비가 왕조시대의 지성인의 표상이라면 기자는 현대사회에서 앞서가는 엘리트의 표상이다. 선비는 의리사상의 실천자로서 백성을 머리에 이고, 벼락이 치고 목에 칼이 들어와도 할 말을 하는 언론정신으로 살아왔다. 기자는 비판정신으로 권력과 사회의 부조리에 대해 감시를 함으로써 민주정치의 파수꾼으로서의 역할과 사명을 다해야겠다. 이는 시대를 살아가는 언론인에게 지워진 멍에이다. 비록 그것이 아무리 무겁고 힘든 것이라 할지라도 피할 수 없다. 여기에 언론과 언론인의 위대함이 있다.

　우리는 새로운 천년의 문턱을 넘어서는 변화의 시점에 들어섰다. 특히 지난 20세기를 주도해 온 기계문명은 획일화된 오늘날의 대중사회를 만들어냈다. 그 속에서 다수가 중심이 되는 생존 환경은 내가 '나'라는 개성으로 존재할 수 없었다. 그저 일방적인 정보의 흐름 속에서 획일화된 문화만을 받아들여야 했다. 이제 그 시대는 새로운 가치 판단의 요구에 따라 다양한 모습으로 얼굴을 바꾸고 있다. 21세기를 맞아 우리에게 하나의 가능성으로 다가온 삶의 형태는 무엇보다도 전자문명을 통한 정보화 사회이다. 특히 개인성과 상호작용성이 논의의 중심이 되는 디지털 시대는 아마도 우리를 '분중사회分衆社會'의 일원으로 만들어 갈 것이다.

　이렇게 시대적인 상황의 변화에 따라 언론 역시 그 모습을 달리해 왔다. 여기에서 언론은 시대적인 인간 삶의 총체성이라고 할 수 있는 문화의 핵심에 자리잡고 있으며, 어느 시대를 막론하고 개인과 집단 그리고 사회간의 체계를 유기적으로 연결시켜 관계의 통합을 주도하는 수단으로 기능하고 있다. 결국 인간은 언론이 만들어 놓은 사회 체계 속에서 살아가고 있는 셈이다. 특히 정보사회로 진입하면서 언론 환경이 급속하게 변하고 있는 요즈음, 우리에게도 역시 다양한 정보의 필요성이 커짐에 따라 언론의 중요성이 더욱 강조되고 있는 것이다.

그러나 오늘날 우리에게 주어진 언론 문제를 거의 서양사적인 잣대로 재단하고 있는 것은 이제껏 우리가 식민사관을 통해서 우리의 전통사회를 부정적으로 인식하고 있는 것과 같은 맥락에서 해석해 볼 수 있다. 문제는 우리가 가진 열쇠이다. 분명히 주어진 문제는 독자적인 모습을 띠고 있는 우리만의 문제이므로 남의 열쇠로는 풀 수가 없다. 결국 우리 문제는 우리의 자체적인 열쇠와 방법으로 풀 수밖에 없는 것이다. 따라서 주어진 오늘의 문제를 해결하고 역사를 올바르게 기술하기 위해서는 우선 어제의 역사를 올바르게 이해하려는 자세가 필요하다. 그리고 역사와 언론 사이의 연관성을 새로운 관점에서 재점검하고 주어진 문제를 정확하게 인식하는 데서부터 출발해야 한다.

이 책은 저자들이 공유하고 있는 이러한 문제의식을 통해서 조선시대의 언론문화 현상을 하나의 역사 과정의 문제로 살펴보고자 하였다. 여기에서 조선시대의 언론문화는 그 당시의 사회 체계를 구성하고 개인과 집단과 국가를 규정하는 잣대였으며 거울이었다. 이에 저자들은 부분적으로 흩어져 있던 조선시대의 언론제도나 사관과 선비들의 언론행위와 언론사상들을 모아서 체계적으로 규명해 보고자 하였다. 그러나 사학을 전공하지 않은 저자들의 역사 이해와 식견 부족은 처음부터 본 연구가 지닌 근본적인 한계였다. 더구나 부분적으로는 역사 해석에서 저자들 간의 견해가 다르기도 했으며, 또한 분석된 자료들을 가지고 조선시대 언론현상의 이론적 틀을 체계적으로 구성하는 데는 역부족이었다.

그럼에도 이 책을 통해서 우리가 이제껏 잘못 이해하고 있는 우리들의 역사, 특히 조선시대 선비들의 언행을 올바르게 인식하고 그들의 언론사상과 언론정신을 되짚어 오늘날 우리들의 현대언론을 반추해 볼 수 있다면 매우 큰 의미가 있다고 할 수 있다. 또한 사관과 선비들의 진정한 언론정신을 특히 현대언론의 기자들이 배우고 스스로의 언론활동에 준거의 틀로 삼을 수 있다면 더욱 바람직한 일이다. 따라서 이 책은 부족한 내용에도 불구하고 기자들의 자기 수양서이자 기자를 지망하는 예비 언론인들의 지침서가 될 수 있다 하겠다.

2000년 6월

김세철 · 김영재

조선시대의 언론연구

참고문헌

1. 1차 자료

○ 전적

『論語』

『禮記』

『孟子』

『書經』

○ 문집

鄭道傳, 『三峯集』

金宗直, 『佔畢齋集』

趙光祖, 『靜庵集』

李彦迪, 『晦齋集』

李滉, 『退溪全書』

曺植, 『南冥集』

李珥, 『栗谷全書』

李睟光, 『芝峯類說』

申欽, 『象村集』

李瀷, 『星湖僿說』

朴趾源, 『燕巖集』

丁若鏞, 『與猶堂全書』

崔益鉉, 『勉庵集』

○기타 사료

『朝鮮王朝實錄』

『經國大典』

2. 단행본

고려대학교 사학과 교수실 편, 『역사란 무엇인가』, 고려대학교 출판부, 1979.

금장태, 『유학사상의 이해』, 집문당, 1996.

_____, 『한국유학의 탐구』, 서울대학교 출판부, 1999.

김경수, 『언론이 조선왕조 500년을 일구었다 - 조선시대의 언론・출판 이야기 - 』, 가람기
　　　획, 2000.

김복수 외, 『조선시대 커뮤니케이션 연구』, 한국정신문화연구원, 1995.

김세철 외, 『지역사회와 언론』, 커뮤니케이션북스, 1997.

김영재, 『현대사회와 민주언론』, 사람, 1997.

_____, 『시민언론 창간론; 언론의 미래와 전략』, 이담북스, 2009.

김정탁, 『예&례: 한국인의 의사소통 사상을 찾아서』, 한울, 2005.

류승국, 『한국의 유교』, 세종대왕기념사업회, 1976.

목정균, 『조선전기 제도언론 연구』, 고려대학교 민족문화연구소, 1985.

박선정, 『점필제 김종직 문학 연구』, 이우출판사, 1989.

박홍갑, 『사관 위에는 하늘이 있소이다』, 가람기획, 1999.

박흥식 외, 『현대인의 유교읽기』, 아세아문화사, 1999.

박허식, 『동양의 고대 커뮤니케이션』, 커뮤니케이션북스, 2008.

백상기, 『조선시대 감사제도 연구』, 영남대학교 출판부, 1990.

부남철, 『조선시대 7인의 정치사상』, 사계절출판사, 1996.

송영일, 『조선시대 경연과 제왕교육』, 문음사, 2001.

오석원 외, 『안동의 선비문화』, 아세아문화사, 1997.

유학과 교재편찬위원회, 『유학사상』, 성균관대학교 출판부, 1996.

윤사순, 『한국유학사상론』, 열음사, 1986.

_____, 『한국의 성리학과 실학』, 삼인, 1998.

이광표 외, 『시대가 선비를 부른다』, 효형출판, 1998.

조선시대의 언론연구

이규대, 『선비의 의식구조』, 신원문화사, 1985.

이상희, 『조선조 사회의 커뮤니케이션 현상 연구』, 나남, 1993.

이성무, 『조선의 부정부패 어떻게 막았을까 - 대간 · 감찰 · 암행어사 이야기 - 』, 청아출판사, 2000.

이장희, 『조선시대 선비연구』, 박영사, 1989.

이종호, 『안동선비는 어떻게 살았을까』, 신원, 2004.

장지연, 『조선유교연원』, 솔, 1998.

정두희, 『조선시대 대간연구』, 일조각, 1994.

정옥자, 『우리가 정말 알아야 할 우리선비』, 현암사, 2002.

정창수 편, 『한국사회론』, 사회비평사 1995.

최봉영, 『조선시대 유교문화』, 사계절출판사, 1997.

최승희, 『조선초기 언관 · 언론 연구』, 서울대학교 출판부, 1976.

_____, 『조선초기 언론사 연구』, 지식산업사, 2004.

최창규, 『한국의 사상』, 서문당, 1973.

한국인물유학사편찬위원회, 『인물 한국유학사』, 한길사, 1996.

3. 논문 및 기타 글

강상현, 「유가적 언행윤리의 기본원칙과 표상화 방법 - 논어 및 예기에 나타난 공자의 언론사상 소고」, 『언론사회문화』 창간호, 연세대학교 신문방송학과, 1991.

강종철, 「조선조 커뮤니케이션의 유가사상」, 연세대학교 대학원 석사학위논문, 1980.

고영일, 「보부상 및 객주의 커뮤니케이션 형태에 관한 연구」, 한국외국어대학교 대학원 석사학위논문, 1987.

공용배, 「공자의 '신언'사상 - '논어'를 통해본 공자의 언론사상을 중심으로」, 『언론사회문화』 창간호, 연세대학교 신문방송학과, 1991.

구덕희, 「언론과 언관」, 『역사비평』 제37호, 역사비평사, 1997년 여름호.

권정안, 「춘추의 근본이념과 비판정신에 관한 연구」, 성균관대학교 대학원 박사학위논문, 1990.

김경수, 「조선 중종대 사관연구」, 충남대학교 대학원 박사학위논문, 1995.

김광옥, 「조선초기 커뮤니케이션 구조에 대한 고찰」, 『고황논집』 제2집, 경희대학교 대학

　　　원, 1987.

김광옥, 「조선후기 민중공론에 관한 연구」, 경희대학교 대학원 박사학위논문, 1989.

김기중, 「한국의 언론사상 – 대간제도를 중심으로 본 자유언론의 원류」, 『논문집』 제4집, 광주개방대학, 1987.

김돈, 「중종대 언관의 정치적 역할 – 사림의 정계진출과 관련하여」, 서울대학교 대학원 석사학위논문, 1983.

김영주, 「한국 언론사상 원류고」, 『논문집』 제12집, 경남대학교, 1984.

_____, 「삼봉 정도전의 언론사상과 태조조의 언론현실고」, 『신문학보』 제19호, 한국신문학회, 1985.

_____, 「조선조 언론사상에 관한 시론 – 언관들의 언론사상을 중심으로」, 『언론사회문화』 창간호, 연세대학교 신문방송학과, 1991.

김충렬, 「조식의 선비사상」, 『한국의 사상』, 열음사, 1984.

남지대, 「조선 중종대의 대간언론」, 『한국사론』 권12, 서울대학교 국사학과, 1985.

류춘열, 「조선시대의 언론 사상」, 『사회과학연구』 제14집, 국민대학교 사회과학연구소, 2001.

박기순, 「유교에서 본 인간커뮤니케이션에 관한 일 고찰 – 모형정립적 접근 – 」, 『한국언론학보』 제31호, 한국언론학회, 1994.

박영규, 「조선 중종초에 있어서 대신과 대간의 대립」, 『논문집』 제5집, 경북대학교 인문대학, 1962.

박용운, 「대간제도의 성립」, 『한국사논총』 제1집, 성신여자사범대학 국사교육과, 1976.

박재환, 「원시유가의 커뮤니케이션사상 – 특히 '논어'와 '맹자'를 중심으로」, 『신문연구소학보』 제12집, 서울대학교 신문연구소, 1975.

박정규, 「조선 왕조시대의 전근대적 신문에 관한 연구 – 조보와 그 유사물의 특성을 중심으로 – 」, 서울대학교 대학원 박사학위논문.

박정순, 「예의 커뮤니케이션 – 유교사상과 한국인의 인간커뮤니케이션」, 『한국언론학보』 제30호, 한국언론학회, 1993.

박정자, 「조선초기 여성언론」, 『중앙사론』 제3집, 중앙대학교 사학연구회, 1980.

박준석, 「조선 초기 대간의 언론관행에 관한 연구 – 원의와 풍문탄핵을 중심으로」, 연세대학교 대학원 석사학위논문, 1995.

박허식, 「커뮤니케이션학의 관점에서 본 원시유가의 정명사상에 관한 기축론적 연구 – 공자와 순자를 중심으로 – 」, 『한국언론학보』 제44-2호, 한국언론학회, 2000.

백남형, 「조선조 성종시대 언관의 언론활동에 관한 연구 – 초기 14년간을 중심으로」, 연세대학교 대학원 석사학위논문, 1985.

서재일, 「정암 조광조의 언론관」, 『호남문화연구』 제13집, 전남대학교 호남문화연구소, 1983.

설석규, 「16~18세기의 유소와 공론정치」, 경북대학교 대학원 박사학위논문, 1994.

_____, 「조선시대 유생상소의 유형과 추이」, 『경북사학』 제17·18집, 경북사학회, 1995.

손보기, 「조선전기의 왕권과 언관」, 『세종학연구』 권1, 세종대왕기념사업회, 1986.

송찬섭, 「농민항쟁과 민회」, 『역사비평』 제37호, 역사비평사, 1997년 여름호.

오인환·이규완, 「상소의 설득구조에 관한 연구」, 『한국언론학보』 제47-3호, 한국언론학회, 2003

유병윤, 「조선시대 사회제도 속에 나타난 언로에 관한 연구」, 청주대학교 대학원 석사학위논문, 1994.

이규완, 「맹자의 교화언론과 왕도언론사상」, 『언론사회문화』 창간호, 연세대학교 신문방송학과, 1991.

_____, 「조선왕조의 언론윤리 체계에 관한 연구」, 『한국언론학보』 통권53권1호, 한국언론학회, 2009.

이범수, 「사서삼경에 나타난 커뮤니케이션사상 연구」, 성균관대학교 대학원 박사학위논문, 1993.

이상은, 「조선조 국론에 반영된 의리정신」, 『사문논총 – 전통사상과 주체의식』 사문학회, 1973.

이종호, 「정암의 언론사상 연구」, 연세대학교 행정대학원 석사학위논문, 1987.

이택휘, 「조선조의 정치문화와 언로의 기능」, 『현대사회』 제18호, 현대사회연구소, 1985년 여름호.

이현희, 「상소제도의 이론과 실제」, 『한국청소년』 제8호, 한국청소년연맹, 1985년 여름호.

이홍렬, 「대간제도의 법제사적 고찰」, 『사총』 제5집, 고려대학교 사학회, 1960.

임근수, 「한국의 커뮤니케이션사 연구의 방법에 관한 일고찰」, 『신문연구』 제16권 제1호, 한국신문연구소, 1975.

장재천, 「조선시대 성균관 유생문화 일고」, 『한국사상과 문화』 제11집, 한국사상문화학회, 2001.

정대철, 「율곡 이이의 언론관에 관한 연구」, 『언론학보』 제18집, 한양대학교 언론문화연구소, 1998.

정만조, 「조선시대의 언로와 상소」, 『담수』 제15집, 담수회, 1986.

정인애, 「조남명의 선비정신 연구」, 경상대학교 대학원 석사학위논문, 1989.

정홍준, 「17세기 대신과 대간의 역학관계」, 『사총』 제42집, 고려대학교 사학회, 1993.

조맹기, 「조선시대 언관구조에 관한 연구」, 『커뮤니케이션 이론 토착화』, 한국언론학회, 1993.

조문호, 「언론과 언관」, 『계간 전통과현대』, 전통과현대사, 1997년 가을호.

차장섭, 「조선전기의 사관 – 직제 및 정치적 역할」, 『경북사학』 제6집, 경북대학교 사학과, 1983.

_____, 「사관을 통해 본 조선전기 사림파」, 『경북사학』 제8집, 경북대학교 사학과, 1985.

최이돈, 「사간원 헌납 김조신의 하루」, 『조선시대 사람들은 어떻게 살았을까』 권1, 청년사, 1996.

_____, 「사림과 중앙정치」, 『역사비평』 제37호, 역사비평사, 1997년 여름호.

최정호, 「조선조 공론권의 구조변동에 관한 시론」, 『사회과학논집』 제17집, 연세대 사회과학연구소, 1986

_____, 「언론과 언론사상사」, 『언론사회문화』 창간호, 연세대학교 신문방송학과, 1991.

최창규, 「조선조 유학과 한민족의 주체성」, 『사문논총 – 전통사상과 주체의식』, 사문학회, 1973.

한상권, 「민소의 활성화와 민본정치」, 『역사비평』 제37호, 역사비평사, 1997년 여름호.

한영우, 「정도전의 사회 · 정치사상」, 『한국사론』, 국사편찬위원회, 1973.

홍순창, 「면암 최익현 선생의 생애와 사상」, 『하정서정덕교수화갑기념논총』, 하정서정덕교수화갑기념문집간행위원회, 1970.

조선시대의 언론연구

인명

서지

340

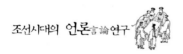

조선시대의 **언론**言論 연구

초판1쇄 발행 ㅣ 2010년 12월 31일

지은이 김영재   펴낸이 홍기원

총괄 홍종화
디자인 정춘경 · 강계영
편집 오경희 · 조정화 · 오성현 · 신나래 · 김현아
관리 박정대

펴낸곳 민속원   출판등록 제18-1호
주소 서울 마포구 대흥동 337-25   전화 02) 804-3320, 805-3320, 806-3320(代)   팩스 02) 802-3346
이메일 minsok1@chollian.net   홈페이지 www.minsokwon.com

ISBN 978-89-285-0050-5 93300